Mordechai Strigler

Majdanek

Mordechai Strigler

Majdanek

Verloschene Lichter

Ein früher Zeitzeugenbericht
vom Todeslager

Herausgegeben von Frank Beer
Aus dem Jiddischen von Sigrid Beisel

Mit einem aktuellen Vorwort von Yechiel Szeintuch
Eingeleitet von H. Leivick

zuKlampen!

Der Herausgeber dankt Frau Leah Strigler (New York) für die freundliche Genehmigung zum Abdruck der deutschen Ausgabe sowie Frau Brigitte Bilz fürs Korrekturlesen.

Deutsche Erstausgabe

www.zuklampen.de

Titel der Originalausgabe:
Maydanek. Bukh eyns funem tsikl »oysgebrente likht«
(Majdanek. Band I der Reihe »Verloschene Lichter«)
Unión Central Israelita Polaca en la Argentina
(Zentralverband der Polnischen Juden in Argentinien), Buenos Aires 1947

Umschlaggestaltung: Hildendesign · München · www.hildendesign.de
unter Verwendung mehrerer Motive von www.shutterstock.com
Satz: Germano Wallmann · Gronau · www.geisterwort.de
Druck: Bookfactory Buchproduktion GmbH · Bad Münder

ISBN 978-3-86674-527-8

Bibliografische Information der Deutschen Nationalbibliothek
Die Deutsche Nationalbibliothek verzeichnet diese Publikation
in der Deutschen Nationalbibliografie; detaillierte bibliografische Daten
sind im Internet über ‹http://dnb.dnb.de› abrufbar.

Mordechai Strigler und die Notwendigkeit der realistischen Schoahbeschreibung

Eine Einführung

Der jiddische Schriftsteller und Journalist Mordechai Strigler (1918–1998) wurde im Dorf Stabrów bei Zamość (Polen) geboren. In Zamość, wo er seine Kindheit verbrachte, begann er sehr jung an einer Jeschiwa, einer jüdischen Hochschule, zu lernen, und im Alter von achtzehn Jahren hatte er bereits das Talmudstudium in zwei weiteren Jeschiwot in Luck und Kleck abgeschlossen. Das Rabbinerdiplom erlangte er in jungen Jahren. 1937 gab er das Jeschiwaleben auf und ließ sich in Warschau nieder, wo seine Laufbahn als Schriftsteller und Journalist in jiddischer und hebräischer Sprache begann. Seinen Lebensunterhalt verdiente er sich hingegen als Moralprediger (Matif) in der Warschauer Großen Synagoge.

Bei Ausbruch des Zweiten Weltkriegs beschloss er, zu seinen Eltern nach Zamość zurückzukehren, wurde beim Versuch, die russische Grenze zu überschreiten, von den Nazis gefasst und zu Zwangsarbeit in verschiedene Arbeitslager verschickt. Am 8. Juni 1943 ging er mit einem Transport nach Majdanek, wo er sieben Wochen lang Gefangener war. Kurz nach der Befreiung beschrieb er das dortige Lagerleben in seinem ersten Buch. *Majdanek* wurde im jiddischen Original in Buenos Aires, beim Verlag »Dos Poylishe Yidntum«, höchstwahrscheinlich im Juni 1947 veröffentlicht.

Nach einem Leidensweg, der ihn durch zwölf verschiedene Nazi-Lager führte, wurde Strigler am 11. April 1945 im KZ Buchenwald befreit.[1] Seine Eltern und drei von sieben Schwestern fielen dem Holocaust zum Opfer.

Zwischen den biografischen Einzelheiten, die über Mordechai Strigler in verschiedenen Quellen heutzutage auffindbar sind, findet man keine genauen Datumsangaben hinsichtlich seiner Aufenthalte in den zwölf Nazilagern bis zur Befreiung. Eine vollständige Liste aller zwölf Lager, in die Strigler deportiert worden war, bevor er am 11. April 1945 von den Alliierten im Lager Buchenwald befreit wurde, fehlt ebenso. Auch liegen keinerlei Informationen darüber vor, wann genau Strigler nach Majdanek gebracht worden ist. Eine aufmerksame und vorsichtige Lektüre von *Majdanek* selbst kann dabei helfen, einige historische Details, die Strigler eher nebenbei und kurz angebunden fallen lässt, nachzuvollziehen. So finden wir auf Seite 30 im jiddischen Original folgenden Satz: »Es war ein wunderschöner Vorabend des Schawuotfestes.« Da Strigler sich hier auf das hebräische Datum beruft – ein Datum, das im jüdischen Jahreszyklus von höchster Bedeutung ist, nämlich *Schawuot*, ein Fest, an welchem jedes Jahr der Empfang der Tora am Berg Sinai gefeiert wird – offenbart er ein genaues Datum: den 5. Sivan 5703 oder den 8. Juni 1943.

Nach der Befreiung lässt sich der 27-Jährige in Paris nieder und lebt dort sieben Jahre lang. In dieser Zeit arbeitet er als Journalist und Redakteur der jiddischen Tageszeitung *Undzer Vort* und verfasst gleichzeitig sechs Bücher über

1 Ausführliche biografische Einzelheiten über seine Zeit in den Lagern, insbesondere im Lager Skarżysko-Kamienna, sowie in Buchenwald können in der folgenden Publikation eingesehen werden: Between Destruction and Reconstruction, Vol. 1: The Correspondence between M. Strigler and H. Leyvick, 1945–1952 (Jiddisch und Hebräisch), Hrsg. Yechiel Szeintuch/Miriam Trinh, Dov-Sadan Institut/Hebräische Universität, Jerusalem 2015. Zu den literarischen und journalistischen Arbeiten des jungen Strigler aus den Vorkriegsjahren wurden bisher keinerlei Forschungen veröffentlicht, obwohl Archivmaterial, das auf rege schriftstellerische Tätigkeit in dieser Zeit hinweist, durchaus vorliegt.

seine Schoaherfahrung. Im Jahre 1952 emigriert er in die Vereinigten Staaten, wo er in New York als Redakteur der jiddischen Wochenschrift *Yidisher Kemfer* bis 1995 tätig ist. Ab 1987 und bis zu seinem Tode 1998 ist er auch Redakteur der jiddischen Tageszeitung *Forverts*.

Mordechai Strigler zählte zu den gebildetsten und produktivsten jiddischen Schriftstellern in der zweiten Hälfte des 20. Jahrhunderts. Er war Dichter, Essayist, Kulturhistoriker, rabbinischer Gelehrter, politischer Kommentator und Romanautor. 1978 erhielt er den Itzik Manger-Preis für Jiddische Literatur. Schwerpunkt seiner Romane und Erzählungen war das jüdische Leben in Polen vor dem Zweiten Weltkrieg. Er machte es jedoch auch zu seiner Pflicht, die persönliche und kollektive Lagererfahrung in den Jahren der Naziverfolgung nicht lediglich literarisch zu schildern, sondern auch zu analysieren. In den ersten Nachkriegsjahren schrieb er vermehrt über die Holocaustüberlebenden, insbesondere über die Pariser Kreise.[2]

Einige jiddische und hebräische Romane, sowie über tausend Erzählungen und Essays und tausende Zeitungsartikel, die ursprünglich in zahlreichen jiddischen und hebräischen Periodika (unter seinem wahren Namen und unter wenigstens zwanzig Pseudonymen) veröffentlicht worden waren, liegen bisher nicht in Buchform vor.

2 Die folgende Liste spiegelt seine Publikationen in Buchform zu verschiedenen Themen:
Tsu Aykh Shvester un Brider Bafrayte (*An meine befreiten Schwestern und Brüder*, 1945); *In a Fremdn Dor: Lider un Poemen* (*In einer fremden Generation: Gedichte und Balladen*, 1947); *Majdanek* (1947); *In di Fabrikn Fun Toyt* (*In den Fabriken des Todes*, 1948); *Di Ershte Libe Fun Kopl Matsh: Roman* (*Die erste Liebe des Kopl Matsh: Roman*, 1948); *Verk Tse* (*Werk C*, 2 Bände, 1950); *Goyroles* (*Schicksale*, 2 Bände, 1952); *Georemt Mitn Vint: Historisher Roman Fun Yidishn Lebn in Poyln* (*Arm in Arm mit dem Wind: Ein historischer Roman über jüdisches Leben in Polen*, 1955); *Indzlen Oyf der Erd: Noveln* (*Inseln auf der Erde: Erzählungen*, 1957); *Shmuesn Mit der Tsayt* (*Gespräche mit der Zeit*, 2 Bände, 1959–61).

Gleich nach der Befreiung von Buchenwald bemühte sich Strigler um Kontaktaufnahme mit jiddischen literarischen und journalistischen Kreisen in Übersee. Sein erster Brief aus dem befreiten Lager richtet sich an den Dichter H. Leyvick (1888–1962) in New York. In ihm liefert Strigler die intime Abrechnung eines Holocaustüberlebenden, der eine neue Heimstätte sucht, in der er seine inneren Seelenkräfte, die um literarischen und journalistischen Ausdruck kämpfen, zu verankern hofft; ein Hilferuf nach sechs Jahren nationalsozialistischer Unterdrückung und im Namen eines Volkes, das ein Drittel seiner Söhne und Töchter durch die Mörderhand der Diener des Bösen – der Nazi-Deutschen und ihrer Helfer – verlor.

Der Dichter H. Leyvick erkennt in Mordechai Strigler einen jungen talentierten und hochgelehrten, jiddischen Schriftsteller und beantwortet dessen Anfrage unverzüglich. Bereits im August 1945 veröffentlicht H. Leyvick in Amerika Mordechai Striglers Brief an ihn und fügt einige persönliche Begleitworte hinzu. Striglers literarischen Text stellt er dem Jiddisch-Leser in den Vereinigten Staaten als eines derjenigen Dokumente vor, »die uns erreichten zusammen mit Briefen und literarischen Chroniken, verfasst durch die Handvoll junger jiddischer Schreiber, die die Todeslager durchmachten und wie durch ein Wunder überlebten – mit diesen Dokumenten öffnet sich vor uns eine jüdische Tragödie, die so anders ist, so bitter und brutal.«

In seinem Vorwort zu Striglers *Majdanek* hebt Leyvick dessen inneren Drang hervor, der ihn, zusammen mit der treibenden Kraft des Gedenkens, dazu bewegt, die Schrecken seiner Erfahrungen unter den Nazis neu aufleben zu lassen, um sie kompromisslos und ohne jede Beschönigung zu Papier zu bringen. Strigler wird als Chronist einer finsteren Epoche vorgestellt; einer Epoche, die auf keinen Fall übergangen werden darf – vielmehr niedergeschrieben werden muss, um das nötige psychische Gleichgewicht nach der Befreiung wiederherzustellen. H. Leyvick betont, dass Strigler einen Leser wie ihn gerade dadurch mitreißt, dass er das Böse und Niederträchtige in der Natur des Menschen nicht als das Endstadium der menschlichen Erfahrung darstellt.

Wer Striglers Bücher über die Schoah liest, kann nur zustimmen, wenn Leyvick in seinem Vorwort unterstreicht, dass trotz des Abgrundes, in welchem sich Strigler in den Nazijahren befand und trotz der extremen Erfahrungen, die er mit allen anderen Opfern teilte und die seine geistige Gesundheit bedrohten – er doch seelisch ungebrochen die Jahre der Schoah überstand.

Striglers seelische Standhaftigkeit rührte mitunter von einem direkten Einfluss her, den der Dichter H. Leyvick bereits in seiner Jugend auf ihn gemacht hatte. In der Zeit seines frühen Jeschiwastudiums in Zamość hatte sich etwas Schicksalhaftes abgespielt:

In einem autobiografischen Poem, das er nach dem Krieg verfasste, schildert Strigler ein traumatisches Erlebnis, das er als elfjähriger Schüler (also 1929) einer Musarjeschiwa hatte und welches ihn dazu bewog, seine Heimatstadt zu verlassen. Besagtes Erlebnis war eng mit einem damals schon erschienenem Gedichtband H. Leyvicks verbunden (der genaue Titel ist nicht bekannt). Der Jeschiwabocher Strigler wurde »auf frischer Tat ertappt« – bei der Lektüre streng verbotener weltlicher Literatur. Unverzüglich vor ein Jeschiwatribunal gestellt und nicht bereit, gegen das eigene Gewissen zu handeln, bevorzugte Strigler es, die Jeschiwa zu verlassen, um sich nicht der Forderung des Leiters unterwerfen zu müssen, Leyvicks Buch zu zerstören und gleichzeitig zu schwören, dass er nie wieder jiddische Literatur lesen werde.

Eine derartige biografische Einzelheit ist nicht nur für Strigler charakteristisch. Zahlreiche berühmte Jiddisch-Schriftsteller seiner Generation hatten als Jeschiwaschüler ähnliche Erfahrungen mit der verbotenen, säkularen Jiddischliteratur. So zum Beispiel auch Chaim Grade, der mit einem Buch des Schriftstellers Joseph Opatoschu unter seiner

Gemara erwischt wurde und dafür teuer bezahlen musste. Und auch der junge H. Leyvick selbst.

Die moderne jiddische Literatur wurde zunehmend zu einer ernsten Konkurrenz für die talmudische Literatur und gewann die Herzen junger talentierter Männer, die um die Jahrhundertwende geboren worden waren.

Zu Leyvicks wichtigem Vorwort für *Majdanek* fügte Mordechai Strigler selbst eine erläuternde Einleitung hinzu, in der er sowohl die Beweggründe für das Verfassen seines Buches, als auch seine persönliche Poetik darstellt. Diese Einleitung datierte er mit »Mai 1946«. In einem Brief an Leyvick vom 27. Juli 1946, teilt Strigler diesem mit, dass er das Kopieren seines Buches *Majdanek* beendet hat, um es nach New York zu schicken, da Leyvick ihm zuvor versprochen hatte, bei der Veröffentlichung des Buches in Amerika behilflich zu sein. In den 40er Jahren des vergangenen Jahrhunderts war es gang und gäbe, handgeschriebene Kopien anzufertigen. Da ein Vorwort oder eine Einleitung normalerweise verfasst werden, nachdem das gesamte Buch bereits vorliegt, ist es naheliegend, dass Strigler schon kurz nach der Befreiung in Buchenwald an seinem ersten Buch *Majdanek* zu schreiben begann – höchstwahrscheinlich im Sommer oder Herbst 1945 – und es im ersten Viertel des Jahres 1946 beendet hatte.

In seiner Einleitung zu *Majdanek*, sowie auch in seinem ersten Brief an H. Leyvick von Anfang Mai 1945 – als er sich noch im befreiten Lager Buchenwald befindet – schreibt Strigler über sich selbst und die persönlichen Schreckenserlebnisse während der Schoah in der dritten Person. Dies lässt die Schlussfolgerung zu, dass Strigler bewusst oder unbewusst eine Objektivierung seines Zeugnisses anstrebt, das er zwar als ein individueller Überlebender ablegen, mit welchem er jedoch das Leiden des Kollektivs während des Naziregimes schildern will – wobei er sich selbst als »einen der vielen« ansieht.

Das einzige Mal, dass Strigler in seinem Brief an Leyvick zum ausdrücklich persönlichen »Ich« übergeht, geschieht im Zusammenhang mit der Zukunft, dem Leben nach der Befreiung.

Gleichzeitig drückt Strigler in besagter Einleitung nicht wenig Sorge darüber aus, das Thema der Schoah überhaupt zu berühren. Diese Sorge entspringt der tief verankerten Angst vor einer erneuten Konfrontation mit den ehemaligen Erlebnissen. Verschiedene Stellungnahmen Striglers aus anderer Quelle deuten darauf hin, dass er recht kritisch gegenüber überlebenden Schriftstellern und deren Schoahbeschreibungen war; umso mehr noch – gegenüber solchen, die nicht dabei gewesen waren. Was ihn am meisten empörte und dazu bewegte, die persönliche Angst vor einem erneuten Kontakt mit seinen Erfahrungen der Schoahjahre zu überwinden, war sein Eindruck, dass die Mehrheit dessen, was in seiner Zeit über die Schoah geschrieben wurde, überwiegend auf folgender Mystifikation und Mythologisierung beruhte: Das Heldenhafte und Heilige im menschlichen Verhalten während der Schoah wurde betont, wohingegen das Ordinär-Menschliche, Schwache und Tagtägliche in der Verhaltensweise der durchschnittlichen jüdischen Masse gänzlich unberührt blieb. Strigler veranschaulicht seine Stellung durch eine absichtsvolle Überparaphrasierung des berühmten Verses aus Jesajah 53:7 (»Wie ein Lamm, das zur Schlachtbank geführt wird«). Die ihrer Vernichtung entgegenschreitenden Juden beschreibt er nicht als »Lamm, das zur Schlachtbank geführt wird«, sondern als »ein Volk, das als *Menschen* zur Schlachtung ging« (in der Originalfassung S. 8, in der deutschen Ausgabe S. 18). Strigler fühlt, dass seine Kollegen obsessiv darum bemüht sind, wesentliche Aspekte der Schoaherfahrung zu umgehen, und nachdem er alles, was bis zum Jahr 1946 geschrieben worden war, gelesen hatte, beschließt er, dass er sich auf niemand anders verlassen kann und persönlich Verantwortung dafür übernehmen muss, jener Zeit durch realistische Literatur gerecht zu werden.

Daher rührt also seine literarische Tendenz, auf kleinste Einzelheiten des Lagerlebens einzugehen, dem Leser durch mikroskopischen Fokus ganze Gefühls- und Gedankenwelten erschütterter Menschenseelen zu offenbaren, die unscheinbarsten Geschehnisse detailliert darzustellen. Um all diese nuancierten literarischen Beschreibungen vollends zu erfassen, kann sich der Leser im Grunde nicht mit einer einmaligen Lektüre der Bücher Striglers zufriedengeben. Erst mehrmaliges, wiederholtes Lesen legt die zahlreichen Aspektschichten frei, welche bei der ersten Lektüre entgehen.

Man kann von einem entscheidenden Wendepunkt in Striglers Schriften reden – ein Wendepunkt, der mit dem unwiderruflichen Einschnitt des Krieges in sein Leben zusammenhängt. Bis zum Alter von 21 Jahren war Strigler einerseits ein Talmudstudent gewesen – andererseits bereits ein produktiver jiddischer Schriftsteller. Mit Kriegsausbruch kam es bei Strigler zu einem kritischen Zusammenstoß zwischen seinem literarischen Schreibverständnis der Vorkriegsjahre und einer neu empfundenen Pflicht, seinem Schreiben nun eine andere, von der Geschichte diktierte Dimension zu geben – er wird nun zum Zeugnis-Schreiber seiner Zeit.

Hinzu kommt, dass seine außerordentlich intensive literarische und journalistische Tätigkeit vor dem Krieg überwiegend dem – in seinen Augen heiligen – Zweck diente, zu dem Fortgang der jiddischen Literatur und Kultur beizutragen, die alten hebräischen Quellen zugänglich zu machen, das jüdische Leben in den vorangehenden Jahrhunderten bis Anfang des 20. Jahrhunderts zu verewigen und an memoireistisch-autobiografischen Schriften zu arbeiten, die übrigens erwähnenswerte literarische Qualität bezeugen. All diese verlieren nun an Bedeutung, und Strigler begreift sich als innerer Beobachter, der selbst zu den Opfern des Naziregimes zählt und das, was um ihn herum verbrochen wird, fieberhaft verzeichnet.

In seiner Einleitung beschreibt Strigler den Seelenzustand, in welchem er sich befindet, als er *Majdanek* zu schreiben beginnt: »Schweren Herzens, mit einem inneren Zittern und einem Fluch auf den Lippen.« Strigler sieht das Schreiben als eine übermenschliche Pflicht an. Dies mag zum Teil der Grund dafür sein, dass er um einer subjektiven Objektivierung willen, sowohl in der Einleitung als auch in seinem ersten Brief an H. Leyvick, die dritte Person benutzt – selbst dann, wenn er eigentlich über sich selbst schreibt. Darüber hinaus verbirgt er sich in dem literarischen Sextett seiner Prosa über die Schoah hinter einer neugeschaffenen Gestalt namens Mechele.

Sein tiefes Verantwortungsgefühl als Schriftsteller diktiert ihm eines: Verewigen. Für ihn bedeutet das, so genau und objektiv wie möglich den jüdischen Menschen und sein Verhalten zu beschreiben – das Edle sowie das Niederträchtige – aber auch das Verhalten derer, die ein ganzes Volk nicht nur in physische Vernichtung führten, sondern auch zum anwachsenden und andauernden geistigen Vegetieren zwangen.

Strigler ist der Meinung, dass die Böswilligkeit und das Böse, welche im naziokkupierten Europa herrschten und das Leben der Juden bestimmten, ihn zum Realismus verpflichten. Es ist für ihn ausgeschlossen, die Betroffenen schlechthin als Heilige zu beschreiben, sie kollektiv zu idealisieren. Gegen Ende der Einleitung betont Strigler wiederholt, dass sein Schreiben über die Schoah, so wie er sie persönlich erfuhr, frei von jeglicher Idealisierung oder Mythologisierung der Opfer sein will. Und abschließend fügt er hinzu: »Möge ihr heiligmenschliches Andenken damit gesegnet werden. Und mögen ihre im Leben geschändeten Seelen ihre Anklage hinausschreien gegen die Verbrecher an Leib und Seele – bis in alle Ewigkeit.«

Wer die Korrespondenz zwischen Mordechai Strigler und H. Leyvick liest, entdeckt ein Phänomen, das für Strigler charakteristisch ist. Als Schriftsteller und Schoahüberlebender spürt Strigler, sobald er nach der Befreiung beschließt, unverzüglich seine persönlichen Erfahrungen und die der europäischen Juden unter den Nazis niederzuschreiben, dass ein erster Impuls ihm befiehlt, alle Eindrücke und Erlebnisse aus den Schoahjahren in einem einzigen Buch zu erfassen. So übrigens auch ein anderer Schoahüberlebender – der Schriftsteller K. Zetnik. Beide Autoren sahen jedoch sehr schnell ein, dass die zahlreichen und komplexen Erinnerungen der sechsjährigen Naziunterdrückung keinesfalls in einem einzigen Band zusammengefasst werden könnten, und mit der Zeit veröffentlichten beide wenigstens sechs verschiedene Bücher über das Leben unter Naziherrschaft, in Ghetto und Lager.

Striglers erstem Buch *Majdanek* folgte ein Jahr später das zweite Buch in der Tetralogie *Oysgebrente Likht* (*Verloschene Lichter*), *In di Fabrikn fun Toyt* (*In den Fabriken des Todes*). In *Majdanek* beschreibt Strigler seinen dortigen Aufenthalt von einigen Wochen; entsprechend einer persönlichen Aussage Striglers, kann angenommen werden, dass er in Majdanek sieben Wochen verblieb, bevor er ins Arbeitslager *Werk C* überführt wurde. Dieses Lager, das der Munitionsherstellung für den HASAG-Konzern diente und sich in Skarżysko-Kamienna befand, erreichte Strigler höchstwahrscheinlich am 28. Juli 1943. Im Werk C lebte Strigler zwölf Monate als Gefangener. Anfang August 1944 wurde er ins Lager Buchenwald transportiert, wo er bis zu seiner Befreiung am 11. April 1945 überlebte.

Yechiel Szeintuch, Hebräische Universität, Jerusalem

aus dem Hebräischen von Dr. Miriam Trinh, Hebräische Universität, Jerusalem

Verloschene Lichter werden wieder entzündet

Mordechai Striglers Buch »Verloschene Lichter: Majdanek« bedarf keiner Empfehlung. Es trägt die Empfehlung in sich.

Es bedarf auch keiner Empfehlung, um im Leser den Wunsch zu wecken, es zu lesen. Denn sobald der Leser anfangen wird es zu lesen, wird er nicht mehr aufhören können. So war auch meine Erfahrung.

Nicht deshalb, weil das Buch lieblich ist.

Sondern deshalb, weil das Buch bitter ist – gallebitter. Aber von jener scharfen Bitterkeit, die mit aller Intensität von des Menschen Schicksalshölle widergespiegelt wird.

Und Strigler war in der allerschlimmsten Hölle – in Hitlers Inferno; was er dort sah, hat nicht nur mit Hitler, nicht nur mit Nazideutschland zu tun, sondern mit dem ganzen Menschengeschlecht. Er sah das Grauenhafteste in der grauenhaftesten längsten Nacht, und – er sah auch den Juden in der längsten Nacht, und – auch sich selbst in der nämlichen Nacht.

Er stand nicht nur einmal in Gefahr, innerlich verletzt zu werden, eine Gefahr, die schwärzer ist als der Tod und das Umkommen selbst, aber sein Charakter, sein eigener Verdienst, diese wundersame Kraft stand ihm bei.

Er kam heil heraus, innerlich gerettet, aber angefüllt mit Gräuelerlebnissen, mit einer Erfahrungsreife, mit Beobachtungen, welche wert sind, entdeckt zu werden. Die Schwere der Last liegt auf seinen strapazierten jungen Schultern und treibt ihn mit Nachdruck, ein ums andere Mal, das Durchgemachte, das Erlittene neu zu erleben. Er jagt wieder mit größter Anspannung durch das Höllenlabyrinth und wir folgen ihm.

Seine Sinne sind wach, hochsensibel. Ebenso sein Gedächtnis. Er überwältigt uns und reißt uns mit. Wir können nicht stehenbleiben. Wir müssen ihm folgen. Wir müssen sehen, was er uns enthüllt. Das Unheimlichste. Wir müssen es sehen.

Ich sage noch einmal: Striglers »Majdanek« braucht keine Empfehlung. Meine Begleitworte sind Ausdruck der Anerkennung für einen jungen Kollegen, der sich aus der Zerstörung erhoben hat und dessen Sendungsdrang nicht ruhen wird, ehe er uns alle mit seinen Erlebnissen bereichert hat.

Er ist dazu berufen.

»Verloschene Lichter« nennt Strigler den Zyklus. Aber aus diesem Verloschenen zündet Strigler neue Lichter an, sowohl Lichter des Gedenkens als auch Lichter des Glaubens daran, dass die allerfinsterste noch lange nicht unsere allerletzte Erfahrung ist.

Mehr noch – die verloschenen Lichter selbst entzünden sich erneut.

H. Leivick
New York, Juli 1947

Einführung des Verfassers

Schon ein Jahr ist es her, dass der Verfasser dieses Buches aus dem Konzentrationslager befreit wurde. Im Laufe dieser Zeit begann er wieder, seine Gedichte und politischen Artikel zu schreiben. Eine Art verborgener Angst hielt ihn davon ab, die sechs Jahre zu berühren, die er in so vielen Ghettos und KZs verbrachte. Er schreckte davor zurück, diesen ganzen Erlebnissen noch einmal zu begegnen und ihnen noch einmal von Angesicht zu Angesicht gegenüberzutreten. Er wartete mit klopfendem Herzen ab, ob nicht irgend jemand käme und die schwere Aufgabe auf sich nähme; er bräuchte sich dann dieser großen Last nicht anzunehmen, eine Generation so entblößt zu schildern, wie sie es faktisch gewesen ist. Er wies jeden Vorschlag, Erinnerungen zu schreiben zurück, las alles, was geschrieben wurde über das, was geschah, in der Hoffnung, dass dieser Gräuel-Epoche über kurz oder lang Gerechtigkeit widerfahren würde. Leider ist das bis heute nicht geschehen. Es ist noch niemandem eingefallen, dass man auch über unsere Märtyrer wie über Menschen aus Fleisch und Blut schreiben muss, deren menschliche Gestalt abertausende Male am Tag geschändet wurde. Alles, was über unsere Epoche geschrieben wurde, drehte sich nur um die Details. Das Allerwichtigste war deshalb nicht erkennbar. Aber etwas muss doch über den inneren Schmerz erzählt werden, über den tiefen psychologischen Kampf und den so menschlichen Schmerz einer Generation im grauenvollen Untergehen. Aber dann konnte der Verfasser nicht mehr, und schweren Herzens, mit einem inneren Zittern und einem Fluch auf den Lippen auf diejenigen, die uns auf diesen Weg geführt hatten – nicht nur des physischen, sondern auch des geistigen langen Todeskampfes – setzte er sich daran, seiner übermenschlich schweren Verpflichtung nachzukommen. Anstatt wie alle jungen Menschen seines Alters bei anderen Völkern über Sonne, Luft, Licht und Lebensfreude zu schreiben, bestimmte das unbarmherzige Schicksal ihn dazu, der Chronist des Untergangs seines heiligen Volkes zu werden. Des Volkes, für dessen Aufbau er mit Freude seine Jugend und sein Leben gegeben hätte.

Groß ist aber die Verantwortung. Man muss es für alle Zeiten festhalten. Die Welt, selbst die jüdische, weiß noch gar nichts davon, was tatsächlich passiert ist! Und sie muss es wissen! In allen Einzelheiten. Denn auch das Gezanke um einen Bissen Brot, das Hereinschmuggeln eines Stückchen Goldes, die tagtägliche, immerwährende Qual des Verhängnisses, in welchem man oft den Menschen in sich vergaß, auch dieses war ein Menschenopfer, der Ausdruck des menschlichen Martyriums, des jüdischen Märtyrers. Gerade in dem typisch Menschlichen, in dem Alltäglichen, liegt das Heroische im Opfertod eines Volkes, das als Menschen zur Schlachtung ging.

Der Verfasser möchte nicht einfach heldenhafte Geschichten erzählen, keine hervorstechenden Einzelfakten, denn damit würde man über sie, die echten Märtyrer, gar nichts erzählen, sondern nur über abstrakte Gestalten, die sie nicht verkörpert haben. Soll also dieses Buch, wie auch die weiteren Teile, alles über sie erzählen, jede Regung verzeichnen, jedes Auf und Ab in den letzten Minuten, soll es der wahre Grabstein auf ihren verlorenen Knochen sein.

Der Verfasser weiß, dass möglicherweise viele nur Engelsbeschreibungen erwarten – auch das hat ihn bisher davon abgehalten, seine Schilderungen zu veröffentlichen – er will aber denen treu bleiben, die bloß wegen der Bösartigkeit anderer umkamen. Er will nur über sie schreiben und nur sie, so wie sie gewesen sind, verewigen und nicht die, die jemand in seiner Fantasie sehen will. Genau deshalb werden seine Bücher so geschrieben, wie sie sind. Möge ihr heiligmenschliches Andenken damit gesegnet werden. Und mögen ihre im Leben geschändeten Seelen ihre Anklage hinausschreien gegen die Verbrecher an Leib und Seele bis in die Tiefe aller Zeiten.

Mordechai Strigler
Paris, im Mai 1946

Erster Teil

Majdanek

Kapitel eins

I

In jener Nacht wurden alle irgendwie von Unruhe befallen. Schon seit Wochen gingen allerlei Gerüchte um, dass unser Arbeitslager in Zamość liquidiert werden würde. Von verschiedenen kleineren Lagern in der Umgebung trafen Nachrichten ein, eine schrecklicher als die andere. Die große »Aktion«, die Lubliner Gegend von den restlichen Juden zu säubern, hatte begonnen. Bei Nacht wurden die Städtchen umstellt und geleert bis auf den letzten Juden. Der Hurrikan begann, auch die Lager eins ums andere zu erfassen. Im ganzen Umkreis wurde es immer leerer und leerer. Immer wieder kamen neue Nachrichten:

Alle Juden von Łabunek erschossen!

Izbica[3] wurde liquidiert!

Krasnyk!

Und jedes Mal aufs Neue gefror einem das Blut in den Adern.

Nur unser Lager wurde nicht angerührt. Jeden Tag rechneten wir damit. Alle waren vorbereitet, das Schicksal anzunehmen, das mit seinem Feuerschwert von Ort zu Ort zog; alle Rechnungen waren abgeschlossen, die Seele wie versteinert. Es sah aber so aus, als habe man uns vergessen. Und wieder läuft die Arbeit normal. Die SS-Leute gehen weiterhin mit finsteren Gesichtern umher und schweigen. So vergehen Tage und Wochen in höchster Anspannung.

Aus und vorbei. Alles um uns her ist schon »judenrein« und nur wir sind geblieben wie eine Insel inmitten eines

3 Das Transit-Ghetto Izbica wurde nach dem letzten Deportationszug am 28. April 1943 geschlossen.

offenen, aufgepeitschten Meeres. Werden auch wir an die Reihe kommen? Niemand zweifelt daran. Ein Großteil hat die Geduld und den letzten Nerv bereits verloren und wartet auf das Maschinengewehr wie auf den einzigen Erlöser. Die anderen unterhalten sich flüsternd in kleinen Gruppen zwischen den verwanzten Lagerbetten in der Tiefe der Baracke. Man schmiedet Pläne.

Fliehen! Fliehen!

Wie mechanisch wiederholen die Lippen das Wort aus Furcht vor etwas Schlimmerem als dem Tod.

Niemand hat einen klaren Plan, wohin. Selbst wenn es gelänge, von der Arbeit hinaus in die Freiheit zu entkommen, würde auf der Straße der erstbeste Pole dich verraten. Vor dem geistigen Auge erhoben sich die jungen heldenhaften Männer aus verschiedenen Lagern, die es geschafft hatten, sich die ganze Strecke bis zu den Zwierzyniecer Wäldern durchzuschlagen, um sich den polnischen Partisanen anzuschließen, und deren tote Körper später, nach etlichen Tagen, gefunden wurden, nackt oder mit einem zurückgelassenen Lumpen am Leib, präsentiert auf einem kleinen Steg oder beim Wäldchen mit einer kleinen polnischen Notiz, die sich brüstete:

Gefallen, aber nicht von deutscher Hand.

Doch das bisschen bebendes Leben will nichts wissen von Abwägungen. Man spürt, das jetzt und hier alles enden wird und der letzte Tropfen warmen Blutes schlägt hastig Alarm an alle Türen der Gedanken: Such! Tu etwas! Auf wen wartest du? Man wird zerrissen zwischen dem instinktiven Trieb, der alle Glieder wachrüttelt und die Gefahr meldet, die über allen Köpfen schwebt, und dem nüchternen Verstand, der entschlossen urteilt: Nichts zu machen! Versperrt sind alle Auswege, der Tod hat sich überall häuslich niedergelassen! So ereifert man sich und packt den ganzen kleinen Rest nervöser Energie in die Pläne, in die Debatten über Rettung, Weglaufen und das rächende Partisanendasein. Aber man weiß selbst, dass man gar nichts tun wird, dass man so lange warten wird, bis das, was kommen muss, mit aller Kraft an das Lagertor schlägt. Alles wird ruhig ablaufen, wohin auch immer die helmbewehrten Botschafter des Todes uns hinzubringen wünschen. Man will aber gerade diese innerste Gewissheit übertönen und betäuben, man schämt sich vor sich selbst zuzugeben, dass man schon längst mit dem Schicksal Frieden geschlossen hat. Man tuschelt so lange herum, bis die eigene mahnende Stimme in der Tiefe schläfrig und müde wird. Bis alles ausgeredet ist, was es zu bereden gegeben hat, und jeder Einzelne sich wieder in seinen eigenen stinkenden Winkel verkriecht, genau wie gestern, genau wie vor einer Woche.

Von irgendwoher brachte jemand einen vertrauenswürdigen Termin: am 31.! Mit Schwertesschärfe schnitt es allen ins Bewusstsein: am 31.! am 31.! Mit wortlosem Gebet erflehte jeder Einzelne vom eigenen Herzensgrund, vom letzten Brocken Verstand oder von der bleichen Silhouette des klügeren Freundes: Hilf mir! Gib mir einen Rat! Aber alles war verstummt, das eigene Herz war leer bis auf den Grund und auch die Weisheit des Freundes war gelähmt.

Man geht tagsüber wieder zur Arbeit und kommt nachts zurück in die verlausten Baracken. Man isst schweigend und schaut lange, sehr lange einer den anderen an, dann fällt ein Wort, ein Satz nur, in dem alle Reden und alle Pläne eingeschlossen sind:

Schon der 29.!

Der 30.!

Man war ermüdet davon, Tag um Tag den Schrecken in den Gliedern und in den Augen wachzuhalten. Man wartete nur noch – auf nichts mehr wartend.

Und eine Nacht begann, wie alle Nächte im Lager. Verräuchert vom Barackenofen, gepeinigt vom Monatsende. Nur das Entsetzen, versteckt im tiefsten Winkel des Herzens, warnte mit ersticktem Mund ein letztes Mal zaghaft:

Die Nacht zum 31.!

II

Gegen 12 Uhr in der Nacht trug es alle hinüber in eine andere Welt. In dieser Nacht kamen nicht einmal die ukrainischen Wachposten betrunken in die Schlafbaracke herein. Sie vergaßen sogar, ein fröhliches Spektakel in der benachbarten Frauenbaracke zu inszenieren. So hatte jeder die Gelegenheit, sich im Traum zu holen, was das wahre Leben ihm genommen hatte. Aber die heutige Ruhe ist eigenartig verdächtig und unangenehm. Es ist zu ruhig. Das Herz war schon so an den »normalen« nächtlichen Schrecken der einfallenden betrunkenen Wachposten gewöhnt, dass es fast zu einer Art betäubender Sucht geworden war. Im Angesicht derer, in deren Händen du vogelfrei bist, beginnt das schläfrige bisschen Leben von neuem, in den Gliedern zu pochen, du spürst eine zappelnde Angst vor etwas; doch dabei freut sich etwas in dir, das tiefer ist als du selbst, weil du dadurch gleichzeitig erkennst, dass da noch etwas ist, dass du noch etwas besitzt, um dessentwillen du zittern musst, mit dem du vorsichtig umgehen musst.

In der Einsamkeit wird die ständige Furcht der einzige Wecker des erstarrten Lebens. Die reale dröhnende Angst wird dir vertraut wie ein Freund. Und jetzt, da es so still ist, entsteht gleichzeitig eine Leere um dich herum. Es fehlt etwas. So als sehntest du dich danach, die Gefahr zu fühlen, die von einem nahebei lauernden Gewehr eines Betrunkenen ausgeht. Die Hilflosigkeit wird ohne den allnächtlichen grausamen Trubel noch entsetzlicher.

Das erschrockene Schnarchen müden Atems sägt sich knirschend in die Stille der dunklen Baracke. Nur noch hier und da sitzt ein gebeugter Schatten auf der Bettkante, in Gedanken versunken, dabei gar nichts denkend.

Ein Schatten von gegenüber winkt meinem zu:

Motl?

Ein Wortbrocken löst sich von meiner müden Trägheit:

Was ist?

Und wieder wird ein leises Wort zu mir herübergetragen, auf dem Rücken eines verschlafenen Krächzers meines Bettnachbarn:

Warte!

Der dürre Körper meines Nachbarn wiegt sich über mir mit einer fremden Unruhe. Seine großen, unruhigen Augen dringen in mich ein bis in die tiefsten Tiefen. In der Dunkelheit haben sie einen gespenstischen, irren Glanz. In meiner diffusen Hoffnungslosigkeit erkenne ich nicht, wer da redet: sein Mund, seine Augen, seine Hände oder seine Kleidung? Mein Verstand erscheint mir verhüllt von einem dünnen Vorhang. Ich spüre nur, wie seine Gedanken mich umklammern.

Motl, und wenn doch? Vielleicht noch heute?

Seine Finger deuten dabei durch das vergitterte Barackenfenster auf den Stacheldraht beim Zaun.

Schon hundert Mal habe ich diese Frage und diesen Plan gehört, schon tausend Mal selber darüber gegrübelt. Die Antwort ist mir selbst so klar, dass die Lippen nicht mehr beim Verstand nachfragen müssen, sondern jedes Mal selbstständig antworten:

Unmöglich!

Aber jetzt bin ich schon zu müde. Mein Verstand ist so verdunkelt und ausgezehrt, dass er dieses einzige, mechanische Wort der Resignation nicht mehr über die Lippen bringt. Also schweige ich. Mein Kamerad nimmt es als Zeichen der Zustimmung. Er stachelt mich weiter an mit seiner glühenden Ungeduld:

Heißt das, du bist bereit? Soll ich hinausgehen und einen Blick auf die Zaunpfähle werfen?

Er wartet nicht einmal meine Antwort ab, sondern schlurft hinaus aus der Baracke. Für eine Minute bleibe ich allein unter Schlafenden. Nüchterne Wachsamkeit schüttelt mich. Ich fühle mich wie auf einem Friedhof. Schwach höre ich es in mir fragen: Schlafen sie nur, diese Menschen um mich herum, auf ihren grabähnlichen Betten?

Die gefühlte Gefahr, die sich monatelang in der Luft, zwischen den Betten und in den Winkeln zusammengeballt hatte, fühlte sich plötzlich kräftiger an. Sie senkte sich herab und gab mir mit einem Flügel einen Schlag an den Kopf. Es war, als ob alle Schlafenden ihre Schrecken des Tages im wachen Diesseits zurückgelassen hatten, und all diese Schreckensbrocken sammelten und verknoteten sich zu einem Körper. Dieser ganze schwarze Gedanken-Koloss, der sich nicht durch die weiten Grenzen des Schlafes hindurchreißen konnte, warf sich mir wie einem Erlöser zu Füßen. Alle müden Wände, die meine Gedanken im festen Griff hielten, fielen mit einem Krachen zusammen. Eine klare Stimme schrie mir mitten ins Mark: Hier ist der Tod! Ich wachte auf und wunderte mich über mich selbst: Warum habe ich es bis jetzt nicht gesehen? Wie schafft man es zu leben in einer Welt, wo man dermaßen schläft? Die Gefahr bricht in Lachen aus, aus jedem Winkel tönt ihr Gelächter über meine machtlose Erkenntnis. Mein Verstand wird plötzlich gesprächig und ich lausche mit beiden Ohren:

Nein! Er wird es nicht lange halten, der Deutsche, dieses Lager mit Menschen, aus denen die Müdigkeit herausschreit und aus deren Augen ständig die Furcht blickt. Sprechen ihre Münder nicht instinktiv über den Tod, der sicher kommen muss? Ich fühle mich hier plötzlich wie ein Fremder, ein Verlassener. Der Schweiß bricht mir aus: Was tue ich hier? Was tue ich hier? Von allen Seiten schreit es auf mich ein: Flieh! Flieh! Sogar ohne ein »Wohin?«. Nur mit solchen erschöpft Schlafenden nicht zusammen sein!

Mein Kamerad hatte sich inzwischen wieder hereingeschoben durch die Tür. Seine Schritte hatten während des Weges den fieberhaften Schwung verloren, seine Augen waren draußen erloschen. Er sah schlapp und halb bewusstlos aus. Als er näher kam, winkte er nur kummervoll mit beiden Händen wie eine geschächtete Gans mit den Flügeln und brachte kaum noch einen schwachen, verzweifelten Ton heraus:

Zu spät!

Zugleich aufgeregt und benommen erzählte er:

Verstärkte Wachen um das Lager herum, alle zwei Schritte ein Posten. Diesmal döst keiner von ihnen an die Wachbude gelehnt. Durch einen kleinen Spalt im Zaun sah er, wie alle Augen auf das Lager gerichtet waren.

Ich weiß nicht, wen ich damals beruhigen wollte: ihn oder mich? Vielleicht wollte ich auch nicht den Toten auf ihren Lagerstätten das letzte Lächeln rauben, das sie im Traum bei ihrem Kind sahen. Die Gedanken scherten sich schon damals um keinerlei Kontrolle und spazierten im Kopf umher, wie es ihnen gefiel. Nicht auf meine eigene Rede achtend, sprach ich zu ihm und bat ihn: Still! Ruhig! Wecke sie nicht auf!

Ohne es selbst zu wissen, spürte etwas in mir, dass die letzte Stunde der nächtlichen Stille geschlagen hatte. Jetzt wollte ich sie noch einen Moment aufhalten, nur noch einen Moment, solange, bis alles von selbst geschehen würde.

Und die Stunden haben sich einschläfern lassen, wie Kinder, die lange geweint hatten.

III

Halb drei. Eine Gestalt, halb nackt, klettert von einem Etagenbett herab und geht hinaus, in den Augen kleben noch Reste von warmem Schlaf. Das Klosett ist dicht bei den Drahtzäunen, neben einem Wachhäuschen, und es ist zu schade, für diesen Gang von nur wenigen Minuten aufzuwachen. Die Füße scharren beim Gehen und die Augen fallen immer wieder zu.

Zurück kommt er schnell und aufgeregt. Alles in ihm bebt; wie benommen geht er mit wildem Geheul auf den erstbesten am Rand Schlafenden zu:

Und ihr schlaft? He, ihr schlaft?

Da schüttelt er bereits den in Schlaf Versunkenen mit der ganzen Kraft seiner knöchernen Finger, als ob er die Gefahr höchstpersönlich gepackt hielte. Aber er lässt schnell ab von ihm, greift sich mit den Händen in die zerwühlten Haare und bricht in Gejammer aus:

Wir sind verloren! Verloren!

Der Klang seiner Stimme erinnert an den resignierten Ton eines abgelaufenen Weckers. Instinktiv gehe ich zur Tür. Ich will sehen, was draußen vor sich geht. Der neugierige Mündungslauf eines Maschinengewehrs versperrt mir den Weg mit einer Frage auf Deutsch:

Wohin?

Ich weiß selbst, dass ich mich mit meiner Antwort lächerlich mache:

Ich muss nötig, auf den Abort ...

Die Büchse hat aber offensichtlich keine große Lust, mit mir zu debattieren. Sie schleudert mir nur ein Wort entgegen, in dem die Drohung aller Todesstrafen mitschwingt:

Zurück!

Zu allen Barackenfenstern sieht man Augen hereinfunkeln. Wehe mir! Wie viele finstere Zornesblicke! Die hat der Todesengel persönlich auf nächtlichen Wegen hinuntergeschickt ins Lager.

Jeder rappelt sich hoch mit einer eigenen Wehklage:

Wehe uns! Das Lager ist umstellt! Umstellt!

Alle schreien gleichzeitig, ringen die Hände. Zitternde Finger beginnen unsinnigerweise, alle Lampen anzuzünden. Ein Hämmern an die Scheiben warnt:

Licht aus!

Geräusche von Schüssen wandern umher über das Barackendach mit boshaften, eilenden Schritten und lassen den anbrechenden Tag vor Schreck erblassen. Dem neuen Tag ist nicht besonders froh ums Herz. Er schaut trüb und grau herein durch die Scheiben und es scheint, damit wolle er sich wegen seiner Machtlosigkeit rechtfertigen:

Ich kann euch gar nicht helfen, Kinder. Ich habe nicht die Kraft dazu.

Und mit einem Mal spüren alle über sich die Flügel des Todes. Mein Kamerad Itzel zerreißt voller Zorn seine paar

Hunderter-Geldscheine. Sie wehen in kleinen Fetzen über die ganze Baracke. Ich finde ein Päckchen Streichhölzer und reibe mit mutwilliger Absicht eines davon an. Ich will damit einen Strohsack anzünden, es soll alles drumherum in Flammen aufgehen! Meine Gedanken rufen mir mit großer Klarheit in Erinnerung, dass es um uns herum ein großes Lager mit vollen Benzinfässern gibt, und wir könnten gemeinsam mit unseren Bewachern in die Luft fliegen. Ein gehetzter Blick zur Seite lässt mein Streichholz verlöschen. Hände reißen mir die Schachtel aus den Fäusten. Jemand zügelt mich mit der Frage: Du weißt schon alles ganz sicher? Ich schweige verschämt. Verloren suchen meine Hände etwas. Sie fingern fiebrig in allen Taschen herum und können doch nichts finden. Sechs Monate lang trug ich ein Päckchen Gift mit mir herum. Ich hütete es und versteckte es bei jeder Durchsuchung, die im Lager stattfand. Es erleichterte mir beständig die Gedanken an meine letzten Minuten. Wenn die Zeit kommt, besänftigte mich die Hoffnung, werde ich tun, was nötig ist und damit dem schmutzigen Tod durch ihre Hände entkommen. Jetzt suche ich in den Hosentaschen, im Bettrand, auf der Erde. Verzweiflung umklammert mich, weil ich den Tod in der eigenen Tasche nicht finde. Wie im Nebel erinnere ich mich, dass ich ihn in meinem alten Kittel vergessen habe, auf der Arbeitsstelle.

Mein Alter Ego hänselt mich wegen meiner Gefühle: Was ist, gnädiger Herr? Sogar den Tod willst du anders haben, abgesondert von den anderen? Zehn Minuten, bevor alle umkommen, willst du auf besondere Art sterben, damit man dich und dein Verlöschen bemerkt und über dich redet?

Machtlosigkeit zerreißt mir das Herz und zerstreut meine Gefühle in alle Richtungen. Ich verliere den selbstständigen Gedankengang und gehe unter im allgemeinen stürmischen Gewirbel. Bald aber spüre ich, wie eine tollkühne Klarheit mich erfasst und mich in einen abgelegenen Winkel treibt.

IV

Inzwischen sind alle Leute hier verrückt geworden. Der kleine Josef-Ozer schraubt die Seiten der Betten auf. Sie streben auseinander wie entfernte Verwandte und die Bretter in der Mitte fallen mit einem resignierten Ton heraus. Und mitten im allgemeinen Geschrei und Gejammer steht der kleine Lausebengel und kugelt sich vor kindlichem Gelächter darüber, dass ganze Betten, die solange menschliche Körper auf ihren Rücken getragen haben, jetzt durch nur eine Bewegung seiner halbkindlichen Hände auseinanderfallen. Es fliegen Strohsäcke herum, vergessene Knöpfe, Lagerlöffel, ein aufbewahrtes Stück trocken Brot; wie es scheint hat der Kleine schon lang mit solchen boshaft-zerstörerischen Gedanken gespielt. Nur die allgemeine, strenge Ordnung hielt ihn davon ab. In dem jetzt herrschenden Tumult lässt der 15-Jährige seinen Begierden freien Lauf, sein Gesicht strahlt mit allem Glück der Welt.

Es sind schon etliche Stunden, dass man keinen Schritt hinausgehen kann. Der Schreck fuhr den Menschen in die Eingeweide, man verrichtete seine Notdurft mitten in der Baracke, auf dem Fußboden. Andere wollen eine letzte Rache nehmen, sie kriechen hinauf auf die Betten, quetschen das letzte aus sich heraus, schmieren alles ein, was ihnen unter die Hände kommt und schreien dabei über alle Maßen.

Der kleine Abele, der Lebensmittel ins Lager schmuggelt und Handel treibt, ist schon ganz heiser vom sinnlosen Schreien. Er schleppt aus irgendeinem hintersten Winkel einen Korb mit rohen Eiern hervor. Seine Stimme bittet: Leute! Wer will, soll nehmen! Eine Wüste werde ich ihnen hinterlassen! Etliche zögernde Hände strecken sich aus in hungriger Gier. Sie wissen selbst nicht, was hier vor sich geht. Die Wildheit in ihren Augen kann gar nicht glauben, dass Abele heute kostenlos austeilt. Aber alles drum herum ist versunken in sich selbst und in den eigenen Jammer. Abele steht finster da bei seinem Korb mit Eiern und fordert ein letztes Mal mit verlöschendem Kratzen seiner ausgetrockneten Stimme auf:

Nehmt, ich bitte euch, nehmt!

Plötzlich überkommt ihn der Zorn. Als ob er durch irgendetwas beleidigt worden wäre, springt er hinein in den Korb! Unter den Eiern entsteht Panik. Eines drängt sich ans andere, vergießt dabei seine gelbe Galle. Unter Abeles Schuhen dringt ein kratzendes Geräusch hervor. Auf seinen Schuhspitzen erscheint eine gelbe glänzende Flamme. Doch seine Augen sehen jetzt gar nichts mehr. Das Gesicht ist vertieft in leidenschaftliche Arbeit. Schon sind alle Eier aufgebrochen. Eine schwere, fette Flüssigkeit quillt durch die kleinen Löcher im Korb und umschlingt ein vertrocknetes Stück Brot, das von einem zerstörten Bett hergeflogen war. Aber Abele steht immer noch, hebt die Füße und tritt zu, immer wieder mit demselben Zorn.

Mehr Erfolg dagegen hat der dicke Kurt, der Händler gedrehter Zigaretten im Lager. Aus dem doppelten Brett unter seinem Bett zieht er etliche kiloschwere Packen mit gelbem feingeschnittenem Tabak hervor. Er lockert und zerpflückt eigenhändig die feuchten festgepressten Ballen und wirft alles in die Mitte der Baracke.

Leute! Wer will, soll rauchen! Nehmt euch auch mit für den Weg! Das ist das Beste für solch eine Reise! Es zieht schon alle Hände dort hin, ich fühle mich wie ein Schlafwandler. Er erkennt mich aus der Ferne und bringt mir ein einzelnes Päckchen. Er ist verlegen und aufgewühlt, er will sich bei mir entschuldigen, dass er mich mitten in meinen letzten Gedanken stört. Er sucht irgendwelche anderen Wörter, kann aber keine finden. So wiederholt er nur immer wieder:

Es ist das Beste für solch einen Weg, das Beste.

Ich reiße inzwischen von irgendwoher ein großes Stück Zeitung ab, stopfe es mit Tabak und stecke es in den Mund. Eine zitternde Hand reicht Feuer. Ich nehme einen Zug von dem Rauch und fühle mich, als wäre ich aufgesessen auf einen feurigen Streitwagen und aufgefahren in den Himmel.

In der Baracke stieg ein Gestank auf, der sich in der Luft mit umherirrenden Federn und abgerissenen Fetzen von Geschrei stieß. Fliegende Flicken dreckiger Wäsche tanzten einen verrückten Wirbel in der Luft und liebkosten für eine Weile den beginnenden Tag.

Kapitel zwei

I

Große Lastwagen, besetzt mit Sturmtrupps, kamen zum Lager gefahren. Ihr Schreien, ihre schweren, rohen Stimmen, drangen bis in die Baracke. Jemand in einer Ecke stellte resigniert fest: Jetzt sind sie da! Die Tür wurde aufgerissen. Der Gestapo-Chef Langenkämpfer[4] blieb auf der Schwelle stehen. Es wurde still, als wären alle von geheimer Zauberhand erstarrt.

Er machte es kurz:

In fünf Minuten muss alles bereit zum Abmarsch sein! Ihr kommt in ein anderes, gut eingerichtetes Lager. Decken können mitgenommen werden. Habt ihr das alle verstanden?

Eine Anzahl Stimmen aus den Ecken antwortete aus unterwürfiger Gewohnheit:

Jawohl!

Der größte Teil der Baracke blieb aber in tiefes Schweigen versunken. Niemand glaubte mehr den Reden einer deutschen Uniform. Aber einen Rat wusste man auch nicht. Man muss sich schnell für den Weg vorbereiten. Jeder will den letzten Gedanken an Widerstand damit abtöten, dass er ein Bröckchen Hoffnung in die Herzen wirft. Und vielleicht will die Gestapo genau das? Langenkämpfer geht hinaus. Hektisch verteilt die Menge sich über die riesige Baracke. An allen Betten stehen aufgerissene Kästchen voller Armseligkeit, die man von Ghetto zu Ghetto, von Lager zu Lager geschleppt hatte. Jetzt liegen die zerdrückten Sachen da und sorgen sich, dass sie bald verwaist zurückgelassen werden.

4 Heinrich Langenkämpfer war stellvertretender Gestapo-Chef und Leiter des Gefängnisses in Zamość.

Die Decken auf den Betten sind unordentlich aufgerollt, als ob sie sich vor Schmerzen krümmten. Die strohernen Kissen fallen mit stimmlosem Rascheln herab, jedem Einzelnen zu Füßen, und bitten um Mitleid. Fiebernde Hände beginnen zu packen, man packt und weiß doch nicht, was. Man hebt etwas auf und steckt es in den Sack; dann wirft man es wieder hinaus; man nimmt es wieder in die Hände. Das alles geschieht noch dazu in knapp bemessenen Sekunden.

Die Wachen hinter den Fenstern werden spärlicher. Unser Fenster geht hinaus auf die gegenüberliegenden militärischen Kasernen. Deshalb ist hier eine starke Wache nicht so nötig.

Der kleine Josef-Ozer steht die ganze Zeit und schaut durch das Fenster. Der Kasernenhof ist jetzt leer. Hohe Heuhaufen türmen sich auf, Futter für die Militärpferde. Der Kleine beißt mit den Zähnen in die geballte Faust. Irgendetwas ruft ihn dort in einer Sprache, die nur ihm verständlich ist. Auch ich stehe und gucke hinaus durch das Fenster. So nehme ich Abschied von meiner Stadt. Der Kleine sieht mich und flüstert mir still zu: Ich hau ab! Ich will ihm nichts entgegnen. Sein Gesicht sieht nicht im Mindesten jüdisch aus. Wer weiß? Vielleicht kann es ihm gelingen. Das Herz lechzt nach etwas Aufregendem, das geschehen soll. Während man selbst wie gelähmt ist, wünscht es doch risikofreudig, dass zumindest jemand anders etwas tun soll, wenigstens einer. Der Kleine hat unterdessen ganz ruhig den untersten Luftschlitz des Fensters geöffnet. Im großen Lärm bemerkt es niemand. Er steckt den Kopf in das offene Loch und zwängt den Körper vorsichtig ein Stück hindurch, dann noch ein Stück. Beim Bauch wird es schwierig. Dafür zieht aber dann das Übergewicht den unteren Teil des Körpers schnell hinunter. Man hört einen harten Fall. Einen Moment reißt sich etwas los von meinem Herzen. Des Jungen katzengleiche Dreistigkeit hat mich in ihren Bann gezogen. Ich denke nicht mehr an mich. Das eigene Leben ist bereits wie aufgegeben und es gibt nichts mehr, worüber nachzudenken wäre. Hier dagegen, hier hat sich jemand auf den Wettkampf eingelassen, und alle meine Sinne beschäftigen sich mit ihm, geradeso, als ob mir hier gar nichts drohen würde. Ich fiebere vor Ungeduld und Neugier, als hätte ein Teil von mir sich mit dem Jungen losgerissen. Ich zittere: Hört nicht womöglich jemand von der Wache den Fall? Ich erwarte einen Schuss. Stille. Dann erscheint der Kleine auf dem Drahtzaun, und schon ist er im Kasernenhof. Und immer noch nichts.

Eine Vielzahl von Augen folgt inzwischen gebannt dem Spiel. Der Kleine, der sich jetzt bereits im Hof befand, hob spielerisch grüßend die Hand, gerade als ob er irgendwo einen Spaziergang machte, als ob er gespürt hatte, dass man ihn von der Baracke aus beobachtete – und verschwand.

Alle waren wie versteinert: Heißt das, man hätte sogar jetzt noch fliehen können? Einfach so? Über den Zaun in die Kaserne, sich irgendwo bis zur Nacht verstecken und am Abend über den Zaun springen, in eine abgelegene Gasse? Neid griff um sich auf den Jüngsten und einzig Kühnen, der es gewagt hatte. Dabei fühlte aber jeder irgendwie eine innere Befriedigung darüber, dass niemand bemerkt hatte, wie der Kleine sich hinausgestohlen hatte. Geradeso, als wäre er jedermanns Botschafter. Jeder Einzelne wurde mitgerissen von der einen Sorge:

Oh weh, man soll ihn bloß nicht schnappen!

Bald ging ein schweigender Wächter unter dem Fenster durch, der keine blasse Ahnung davon hatte, was hier vor einigen Sekunden passiert war.

II

Die ersten Schläge mit Gewehrkolben rissen die Menschen aus ihrer Verwunderung. Alle drängten in Panik zur Tür. Aus der Frauenbaracke klang lautes Weinen herüber. Von beiden Seiten drängten die Menschen in den Hof hinein. Einer fiel über den anderen, Männer über Frauen, und man spürte nicht einmal, wann man fiel und wann man wieder aufstand.

Die ineinander verflochtene Menge wurde von schwarzuniformierten Volksdeutschen tiefer in den Hof hineingedrängt. Dort begann man, mit Hilfe von Gummischläuchen gerade Reihen aufzustellen.

So wie die Panik noch vor ein paar Minuten die Menge aufgewirbelt hatte, entfaltete sie jetzt eine suggestive Wirkung in entgegengesetzter Richtung. Sie tötete in jedem den unbändigen Drang zu laufen, zu ungezügelter Bewegung. Der Schreck stellte die Menschen auf wie gespannte Saiten und formte aus ihnen gerade Fünfer-Reihen. Der jüdische »Lagerkommandant« kam mit seinen Gehilfen gelaufen. Er war erschrocken, und doch fühlte er sich etwas dreister. Er ging mit untertänigem Lächeln zu seinem Oberscharführer:

Muss ich mich auch in die Reihe stellen, mit all den anderen?

Jener aber kannte ihn bereits nicht mehr. Sein Blick schaute über ihn hinweg, irgendwo in die Ferne. Er gähnte nur träge in seiner frühmorgendlichen Schläfrigkeit und brummte mit einem langen Gähnen:

Natürlich!

Der Kommandant wollte noch etwas sagen, etwas erklären, aber eine feste Hand griff ihn und stieß ihn in die Reihe. Es war nichts zu machen. Jemand in der Reihe wollte sich selbst einreden:

Es könnte doch sein, dass es bloß ein allgemeiner Appell ist, und gut möglich, dass man vielleicht nur einen Teil raussuchen will, die Schwächeren?

»Die Schwächeren«, ein Begriff, der schon immer den Kampfeswillen in den kräftigsten jüdischen Muskeln abtötete. Doch die Zeit ließ kein langes Nachdenken zu. Die SS-Männer auf den Lastautos langweilten sich. Von dort kamen ständig Schreie:

Schneller da! Schneller mit der Schweinebande!

Und wieder begann das Treiben. Dieses Mal durch das Tor auf die Rampe hinauf.

Das Beladen der Lastwagen ging schnell. Zuerst besetzte man die Wagen dicht an dicht, dann warf man die Letzten hinauf über die Köpfe der anderen. Man wurde hineingepresst und einer verflocht sich mit dem nächsten. Es war nicht möglich, sich aufzurichten oder einen Fuß zu bewegen. Man musste mit gekrümmtem Rücken dasitzen und auf dem Buckel diejenigen tragen, die sich nicht in das Gedränge hineinquetschen konnten. Jemand wollte sich aus einer Ecke heraus aufrichten, um sein eingeschlafenes Bein unter einem anderen hervorzuziehen. Doch ein Schlag von der Seite ließ bei ihm das Blut fließen und ihn in einer erstarrten Position sitzen bleiben.

Als letzte sprangen die SS-Leute auf. Sie traten mit den Stiefeln über die Köpfe und schlugen sich durch bis zum Dach des Busses. Fünf Begleiter auf jedem Auto wachten über die Bewegungen. Als ob es möglich gewesen wäre, sich aus diesem zusammengepressten Gemenge menschlicher Gliedmaßen herauszureißen.

Schon sind die Frauen auf den letzten Wagen verladen. Ein paar Wachmänner springen zufrieden auf den Wagen hinauf und amüsieren sich reitend und Stiefeltritte austeilend auf den gekrümmten zarten Frauenrücken. Unsere nächtlichen Wächter und die uniformierten Volksdeutschen bleiben am Tor stehen. Auf ihren Gesichtern ist freudige Ungeduld zu erkennen. Sie wissen, dass die Juden allerlei Sachen und Gold versteckt haben. Sie warten nur auf die Gelegenheit, dass man ihnen erlaubt, wieder hineinzugehen und das Lager zu durchsuchen. Dem Chef des Transports ist die ganze Sache schon zuwider. Er beeilt sich, er will nicht einmal hören, was der Oberwachmann ihm auseinandersetzen will. Der will ihn, so sieht es aus, davon überzeugen, dass noch etliche fehlten und man deshalb so lange suchen müsse, bis man sie gefunden habe. Der Transportchef will aber nichts davon hören. Er schreit nervös auf den Oberwachmann ein. Abgerissene Satzfetzen gelangen bis zu uns:

Erschießen … und fertig!

Es kommt das Zeichen für die Fahrer. Die Autos lösen sich erschrocken von der Stelle, wie aus tiefem Schlaf aufgeschreckt. Die Wachmänner am Tor verabschieden uns spöttisch:

He, Jiddelech! Führt euch dort ordentlich auf, in Majdanek!
Ein feuriger Blitz zuckt durch unsere Adern:
Majdanek! ... Majdanek!

III

Die Autos bewegten sich schnell über den glatten Asphalt der Lubliner Landstraße. Es war ein wunderschöner Vorabend des Schawuotfestes.[5] Die Sonne hatte sich herausgeputzt wie eine junge Braut mit golden strahlender Brosche und neckte spielerisch die jungen, aufgeregten Gräser an den Wegen. Ein milder Wind schmiegte sich verliebt an ihre Füße und schüttelte eifersüchtig die Köpfchen der Grashalme, die die Liebkosungen der Sonne genossen. Da und dort hob sich ein Kopf, wollten Augen, nur für eine Minute, ein Bad in der grünen Weiträumigkeit nehmen und vom lächelnden Spiel der Natur naschen. Ein Hagel aus Schlägen erstickte aber dieses letzte Aufwallen und trieb die Köpfe wieder hinunter. Der Motor rauschte und schleuderte zornig Wolken von Rauch hervor, so dass der erschrockene Staub über die Wege zerstob. Alle, die noch atmeten, schwiegen und sogen den Autolärm in sich auf. Die Schwächeren fingen an zu keuchen vor Atemnot. Ein Arm riss sich in hilfloser Unbedachtheit aus der Umklammerung in die Höhe, um eine bessere Lage zu finden. Der Ärmel rutschte hoch und etwas Rundes blitzte in der Sonne auf.

Der rothaarige Wachmann gegenüber bemerkte etwas. In seinen versteinerten gelblichen Augen funkelte ein tanzendes Flämmchen auf. Er sprang vom Dach der Fahrerkabine und streckte sich über die gebeugten Köpfe. Er war ganz erhitzt vor Zorn und Begehren:

Wer hat da eine Uhr, wer?

5 8. Juni 1943. Striglers Bezug auf das Schawuotfest, das auch ein Erntefest ist, ist hier vermutlich als jahreszeitlicher Bezug zu verstehen und weniger als Angabe eines konkreten Datums.

Alle schwiegen. Die anderen Begleiter kamen ihm zu Hilfe. Sie schlugen die Köpfe und fluchten zeternd. Sie konnten aber nichts feststellen. Alle Körper waren so zusammengepresst, dass eine Kontrolle nicht möglich war.

Der Rotschopf brannte vor Zorn. Seine flammenden Haare röteten sich zusammen mit seinem zornigen Gesicht. Er bewegte sich über die Köpfe, von einem zum anderen, seine Hände tasteten über Rücken, auf der Suche nach etwas. Seine Finger tauchten in die Tiefe von jemandes Tasche hinein und zogen von dort ein verknotetes, schmutziges Tuch heraus. Er wickelte es auseinander und holte zwei 500er Scheine heraus. Einer seiner Kameraden warf einen neidischen Blick auf das Glück des Rothaarigen und stimmte ein Geheul an:

Was? Ihr habt Geld bei euch? Ihr Teufelsbrut! Wofür braucht ihr das alles, was ihr dabei habt? Man bringt euch doch nach Majdanek.

Die Leute aber, als ob sie sich durch eine geheime Körpersprache lautlos abgesprochen hätten, schwiegen. Und selbst wenn jemandem die Schläge so verleidet gewesen wären, dass er in Gedanken bereit wäre, alles herzugeben, um den wüsten Schlägen ein Ende zu bereiten, wäre es ihm gar nicht möglich gewesen, einen Arm aus dem Gedränge herauszuziehen. Es verspürte auch niemand Lust, auch nur das kleinste Wort durch die eingetrocknete Kehle herauszulassen. Insbesondere die Gliedmaßen der Nachbarn drum herum schrien sich durch die verschwitzte Wärme des Blutes zu: Schweig! Sei still!

Alle ertrugen mit eigenartiger Geduld die Schläge und das Geschrei.

Aus der Ferne tanzte uns inzwischen ein Netzwerk aus Drähten entgegen. Die Autos gaben ein schweres Krächzen von sich und blieben stehen. Schwarze Schilder mit knöchernen Totenköpfen kündeten am Tor, dass sich hier das Reich des Todes öffnete.

Kapitel drei

I

Vom Konzentrationslager Majdanek hörte ich schon vor Monaten. Schon zu der Zeit, als dort das provisorische Ghetto der Lubliner Juden war. Später gingen in allen Lagern entsetzliche Gerüchte um, was in Majdanek geschah. Es sei kein »normales« Tötungslager – vor so etwas erschrak man schon gar nicht mehr – sondern etwas, das noch mehr war als Tod, noch mehr als Folter. Und was man von denen hörte, denen es gelungen war, von dort zu entkommen, überstieg in der Tat alle Vorstellungen. In den Gesprächen, die wir im Lager unter uns führten, waren wir uns deshalb immer einig, dass wir uns nicht lebendig nach Majdanek bringen lassen würden. Wenn es mir beim ersten Mal, vor 16 Monaten, auch gelang zu fliehen (davon an anderer Stelle), so war ich diesmal hilflos und psychisch am Boden. Die erstbeste Bewegung hätte im jetzigen Augenblick im Übrigen den sicheren Tod bedeutet. Es blieb nur abzuwarten, was die Zeit bringen würde. Ich bemühte mich, kühl und vernünftig zu bleiben. Man musste jede Minute sorgfältig abschätzen. Die Möglichkeiten jeder Chance tiefer ausloten und erkennen, wann man eine günstige halbe Sekunde ausnutzen kann. Wachsamkeit!, schrie der disziplinierte Lebensinstinkt jedem einzelnen Glied zu. Das war der einzige eigene Befehl, dem man noch gehorchen konnte.

Die Autos hielten auf einem Berg an. Man konnte sehen, wie es dort weiter vorn, in der Niederung, zwischen den verschiedenen Drahtnetzen vor Menschen wimmelte. Sie führten und schleppten verschiedene Lasten und Gepäckkarren auf schmalen, eisernen Schienen bergauf. Der erste Gedanke, der einem in den Kopf kam, war:

Menschen leben hier ja! Man arbeitet!

Die Erfahrung der Jahre in den Lagern hat bewiesen, dass das Arbeiten unter schwersten Bedingungen auch gewisse Chancen mit sich bringt zu leben. Leben! Das man doch so sehr begehrte. Teuer war doch jedes Stückchen freie Luft, jeder Schritt auf nicht stolpernden Füßen. Niemals hätte man doch vermutet, wie viele geheime Genüsse in jeder Sekunde des Lebens verborgen liegen. Es gab Minuten, Stunden und Tage aus Furcht und Wahnsinn, in denen du erstarren wolltest, um gar nichts mehr zu fühlen. Oftmals standest du tagelang mit gebeugtem Rücken und schmerzenden Gliedern und wartetest, dass jemand dir den Tod brächte. Dann aber richtetest du dich für ein paar Minuten auf und du spürtest, wie viel Glück in einem Atemzug reiner Luft liegt, wie viel süße Kraft ein aufrechter Schritt geben kann. Eine Stunde ruhig und ausgestreckt auf einem harten, verführerischen Bett liegen – und du fühltest, wie das Leben dich in einen geheimnisvollen Raum führte, sich vor dir entblößte und dir die Reize zeigte, die in jedem Fingerchen verborgen lagen.

Ein Bissen Brot nach einem langen Hungertag bewies dir, welcher Lebensreichtum und welche Labsal in jedem Gegenstand stecken, der im Leben in Freiheit gar nicht wahrgenommen wird. Leben!, dachtest du, unbedingt leben! Denn jetzt weißt du schon, wie man jede Minute nutzen kann, dieses wunderliche Elixier aus dem kleinsten Brocken zu ziehen. Ein Leben in Freiheit? Wer kann es denn verstehen? Wer hat denn eine Ahnung, wie das zu genießen ist?

So sehr man auch schon verkümmert war, fühlte man doch, wie stark man mit dem Leben verbunden war, wenn man die letzten Minuten vor Augen hatte. Noch fünf Minuten leben, dachtest du oft, und in jeder Sekunde konntest du die Weiträumigkeit der Umgebung einsaugen, konntest den Himmel, ein Haus, einen rosafarbenen Stein sehen. Jeder deiner Sinne begriff erst damals, wie schrecklich groß das Glück ist, das in den Falten jeden Augenblicks vibriert.

Das Leben unter den schauderhaftesten Sklavenbedingungen konnte nie gänzlich verabscheuungswürdig werden, denn umso mehr der Tag dich peinigte, desto größer wurde das Glück der Stunde Ruhe in der Nacht, desto mehr gab dir die halbe Stunde, in der du dich in einen Winkel setzen konntest, an nichts mehr denken musstest und von niemandem gestört wurdest.

Der schwerste Tag von Pein wurde versüßt, wurde berauscht und trunken gemacht durch den bloßen Gedanken, dass zur Nacht, aber ja, zur Nacht, du ein Stückchen Brot bekämest. Deine Fantasie stellte sich vor, wie du es ruhig kauen würdest, bröckchenweise. Wie jeder Bissen sich gesondert in unruhiger Freude auf alle Glieder verteilen würde. Und später, viel später würdest du deinen müden Körper in deine Ecke schleppen, dich hinaufziehen auf ein hartes Bett, um dich herum würde es dunkel sein und niemandes Blick dich schrecken können. Deshalb wirst du deine Beine frei ausstrecken, deine Arme auf die Seite legen, wohin du willst, und alle Glieder werden in Tränen ausbrechen über das stundenlange Vergnügen und du …

Wer sollte denn nicht erzittern beim Erkennen einer halben Chance auf Hundert, weiterleben zu können. Weitere ganze Tage gebrochen zu sein, doch auch in diesem Gebrochensein, in diesem Sich-Ducken das Entzücken des Wartens zu spüren und sich bewusst zu sein, dass du dich mit jeder Minute jener glückseligen Stunde näherst, in der du den Mund öffnen wirst und ein frischer Luftstrom sich in dich hineindrängen wird.

Ein kleiner Brocken Hoffnung war in der Lage, dich zu verzaubern, die ganze Seele umzukrempeln. Ein Hauch mehr Bequemlichkeit lockte mit so vielen Versprechungen, liebkoste das Blut so wohlig, dass man oft bereit war, mehr zu geben als man besaß, um noch eine Minute, noch einen Augenblick Leben zu bekommen. Nur Leben? Nein! Es war mehr als das, was die gewöhnlichen Sinne unter diesem Wort verstehen.

Deshalb sollte man versuchen, zu verstehen, was dieser kleine wiederaufglimmende Docht Hoffnung vor den Toren von Majdanek bedeutete.

Schon allein der Marsch bis zum Tor, als Beine und Rücken sich wieder strecken konnten, als der Körper nicht mehr zwischen anderen Körpern eingeklemmt war, als man wieder dahinschreiten konnte, bewies, wie viel Wunderbares jeder Moment in seinem Schoße trägt, von welcher Gnade du in vollem Maße schöpfen kannst. Wen störte es denn, dass an deiner Seite bewaffnete Uniformen liefen und dir deine Schritte bemaßen, wenn du spürtest, dass in dieser minutenlangen gestreckten Haltung jeder Schritt in dir sang.

Ein Tor nach dem anderen öffnete sich. Schlammige Adern zogen sich in alle Richtungen. Ein Meer von Drahtzäunen grenzte Luft von Luft ab und unterteilte die Welt in große viereckige Kästen. Überall standen Baracken und schauten mit den Augen ihrer kleinen Fenster sehnsüchtig durch die Drähte. Keine Menschenseele war zu sehen und es hatte den Anschein, als habe man hier leere Baracken eingesperrt.

Man begann, uns durch krumme, abgeschirmte Wege zu treiben. Alle paar Minuten öffnete sich eine Drahttür und schloss sich wieder. An allen Seiten standen verschiedene Gebäude und warnten mit erschrockenem Ton leise durch ihre Wände flüsternd. Schließlich sahen wir einen riesengroßen nackten Platz. Tausende erschrockener Menschen lagen dort haufenweise, ausgestreckt auf der Erde oder liefen verzweifelt umher von einem Ort zum anderen. Bis zur Tür gingen wir mit ruhigen, geordneten Schritten. Aber als die Tür sich öffnete, wurden wir hineingestoßen ins Chaos und verschmolzen mit dem menschlichen Ameisenhaufen. Ein Blick zurück machte uns schnell klar:

Wir sind eingesperrt!

II

Die Frauen hinter uns teilte man gesondert ab. Für sie gab es einen speziellen Sammelpunkt. Mehr als nur eine Frau hatte ihren Mann in den vorderen Reihen, einen Geliebten aus Lagerzeiten, oder einfach das einzige vertraute Gesicht, das ihr noch von früher geblieben war. Als sie die letzte Minute der Trennung kommen sahen, rissen sie sich wild schreiend aus den Reihen los und warfen sich zu Boden. Die Männer spürten instinktiv, wer da schreit und versuchten mit all ihren schlummernden Kräften zurückzubleiben, um nicht auf den leeren, abgeteilten Platz gestoßen zu werden. Zig Frauen mit zerschlagenen, blutigen Gesichtern und zerzausten Haaren kämpften sich zu ihren Männern durch und umklammerten sie, sie versanken noch einmal im anderen, als glaubten sie, dass noch ein Wunder geschehen könne und sie so zusammenwachsen würden, dass keine Macht sie mehr trennen könne. Die wenigen Kinder, die es geschafft hatten, bis jetzt im Lager zu überleben, stolperten hinter ihren Müttern her und hielten sich stumm und erschrocken an ihren Kleidern fest. Die SS aber ging schnell dazwischen und schlug auf ihre Köpfe ein, bis das Unglaubliche geschah und die Körper sich voneinander lösten. Die Menschen waren schon nicht mehr bei Sinnen, nur die Schläge zeigten ihnen, in welche Richtung sie sich zu bewegen hatten. Bald bildeten sich zwei riesige, formlose Gruppen, die aussahen wie ein mächtiger, zweigeteilter Organismus.

Auf dem Platz, wo wir uns befanden, waren schon Tausende zusammengetriebener Juden. Sie lagerten müde und schauten mit getrübtem Blick in den Himmel. Eine kleine Gruppe war noch gesprächig und aktiv. Von ihnen erfuhren wir, dass es bis vor einigen Tagen noch Juden in der Gegend um Międzyrzec und Biała und im Siedlcer Kreis gegeben hatte. Vor drei Tagen hatte man sie in der ganzen Gegend eingesammelt, hierher gebracht und auf diesen Platz geführt. Auch bei ihnen hatte man die Frauen abgesondert. Und so warteten sie schon den dritten Tag. Sie erfuhren, dass dies ein besonderer Fall sei, denn gewöhnlich wurde man hier schnell ins »Bad« geführt. Aber genau in dieser Woche war ein größerer Transport Juden angekommen, und mit denen war das »Bad« ausgelastet. So lagerten und warteten sie schon den dritten Tag ohne einen Bissen zu essen und ohne Wasser.

Nachts hatte es schon etliche Male geregnet und alle wurden durch und durch nass. Es gab ein paar umsichtige Leute, die Bettwäsche und Essenspakete mitgeschleppt hatten, für alle Fälle. Es waren die Optimisten, die gern Vorkehrungen trafen. Jetzt legen sie sich in den Dreck, decken sich mit dem Bettzeug zu und überleben die Nacht. Am Morgen ziehen sie ein Stück zerdrücktes Brot aus einem Beutel, der auch als Kissen dient, und bleiben auf diese Weise am Leben. Schlecht geht es denen, die geglaubt haben, man führe sie gleich in den Tod. Sie haben deshalb gar nichts mitgenommen. Sie fallen bei Nacht hungrig und müde auf die feuchte, matschigdurchweichte Erde und fühlen, wie die nächtliche Kälte sie in jeder Minute wie mit Spießen sticht.

Am ersten und zweiten Tag waren sie wild vor Hunger. Es gab unter ihnen auch solche, die sich im Zorn auf diejenigen warfen, die noch etwas in ihren Beuteln hatten; aber sie waren zu schwach gegenüber denen, die noch zu essen hatten und mussten deshalb resigniert und müde nachgeben. Jetzt liegen sie hilflos da, ohne den Wunsch, noch einmal ihr »Glück« zu versuchen, und ohne den geringsten Willen, noch einmal einen Blick auf die Welt zu werfen.

Die, die noch etwas zu essen haben und ein Päckchen mit Wertsachen, fühlen sich noch mit etwas auf der Welt verbunden, das schade wäre, es zurückzulassen. Sie klagen noch, weinen, raufen sich die Haare und ringen die Hände:

Was wird sein? Was wird sein, was? Werden sie uns hier verhungern lassen? Sie beißen die Nägel voller Zorn und schmerzhafter Sorge. Jeder Einzelne von ihnen hätte sich verstecken können, fliehen, sich retten. Jetzt zerfrisst es ihn vor Zorn, er schlägt sich mit den Fäusten an den Kopf, als ob er sich deswegen selbst erschlagen wollte. Einer will dem anderen sein bitteres Herz ausschütten:

Was war los mit mir? Warum bin ich nicht in den Wald? Solch ein gutes Versteck hatte ich!

Ein anderer geht noch weiter mit seiner Abrechnung: Er hätte nach Eretz Israel fahren können, selbst unter den Deutschen hätte er es noch gekonnt. Aber das verfluchte »Glück« der ersten Kriegsjahre hatte ihm die Augen verblendet. Er ist wütend auf sich selbst: Ich könnte mich ohrfeigen! Aber es hört sowieso keiner dem anderen zu. Jeder schreit nur für sich, um den eigenen Schmerz rauszulassen.

Ein großer Teil dagegen ist schon entrückt in eine andere Welt. Der Tod hat ihnen bereits seinen Vorboten in die Glieder geschickt, eine lähmende Schläfrigkeit. Er spielt mit ihnen, will sie nicht in einem Zug verschlingen. Sie schauen mit gleichgültigen Augen, als ob sie die ganze diesseitige Welt betrachteten.

III

An den Rändern des Platzes liegen aufgehäuft Berge menschlicher Exkremente. Unwillkürlich umfasst der Blick den ganzen Kot. Es fällt mir auf, dass jede Stelle mit menschlichen Ausscheidungen merkwürdig verschmiert aussieht, als ob Finger lange darin herumgewühlt hätten.

Einer der Schwächeren steht plötzlich auf und beginnt zu laufen. Etliche der noch Aktiveren bemerken das, eilen zu ihm hin und stellen sich um ihn herum. Sie tun es sehr achtsam und schauen sich dabei nach allen Seiten um, ob ein SS-Mann von der Aufsicht es womöglich bemerkt. Zuerst vermute ich, dass sie es deshalb tun, weil es hier verboten ist, den Platz zu beschmutzen. Deshalb wollen sie jemanden, der sein menschliches Bedürfnis erledigen muss, vor den zornigen Blicken verbergen. Ich bemerke aber, dass sie ihn länger als gewöhnlich umstellen. Der Kreis steht schon zehn, fünfzehn oder zwanzig Minuten da. Jedes Mal dreht jemand aus dem Kreis den Kopf herum und redet nervös auf den ein, der etwas tut, vermutlich, um ihn …

Ich näherte mich und sah etwas, das in mir einen Schreck, gemischt mit Ekel hervorrief. Der Mensch in der Mitte saß da und presste das Letzte aus sich heraus. Neben ihm lag schon ein frischer Haufen, in welchem er verzweifelt mit beiden Händen wühlte.

Ich erinnerte mich an schon vorher wahrgenommene Zeichen und ein Gedanke befiel mich:

Sind womöglich all diese Menschen verrückt geworden in den Tagen solch einer Warterei? Es ist abzusehen, dass auch wir hier noch etliche Tage warten müssen, bis wir an der Reihe sind. Auch wir können so wild werden, wild und machtlos vor verzweifeltem Hunger. Wieder fühlte ich den Schreck: Wird mir beschert sein, meine letzten Tage zwischen Verrückten zuzubringen? Und werde nicht auch ich selber verrückt werden, genau wie alle? Auf den Tod hatte ich mich schon mehr als ein Mal vorbereitet. Ich sah ihn in meiner Fantasie in all seinen Erscheinungsformen und stellte mich darauf ein. Mit diesem Annehmen fiel jede Furcht von mir ab. Eine Sache aber hatte ich nicht vorausgesehen: den Tod im Zustand des Wahnsinns! Und dieses Neue, mit dem du dich noch nicht auseinandergesetzt hast, mit dem du in Gedanken noch keinen Frieden geschlossen hast, hat dich wieder aufgeregt und aufgewühlt.

Die Menschen sahen aber gerade jetzt eher ruhig aus. Auf ihren Gesichtern war eine andere Art Ausdruck als vorher während des nervösen, verzweifelten Herumlaufens. Ich sah, dass da etwas mit kühler Berechnung gesucht wurde. Das verstärkte in mir das Bewusstsein, dass ich mich in einer Umgebung befand, die ich nicht in der Lage war zu verstehen.

Irgendjemand der Herumstehenden stellte die Frage:

Bist du überhaupt sicher, dass du es hinuntergeschluckt hast?

Die Antwort hörte ich schon nicht mehr. Das Wort traf meine Gedanken und zerriss mit einem Schlag alle meine Überlegungen, die ich dort herumgewälzt hatte.

»Hinuntergeschluckt!« Und schon öffnete sich mir ein breites Tor zu einer neuen Welt voller Sorgen und verzweifeltem Ringen.

Es stellte sich heraus, dass am ersten Tag ihrer Ankunft verdächtige Gestalten an den Zäunen auftauchten und mit leiser Stimme durch die schmalen Rechtecke flüsterten:

Jidden! Seht ihr? Gleich da, nicht weit weg, ist das Bad. Und dort, ein bisschen weiter, ist die Gaskammer. Versteht ihr? Gleich im Bad wird jeder nackt ausgezogen und so von dort hinausgeführt. Deshalb ist das Verbergen von etwas Gold und Wertsachen vergeblich, auch wenn ihr es noch so gut in den Kleidern versteckt.

Jeder schlug vor, man solle es ihm herausgeben, und wenn man am Leben bleiben sollte, werde er es ins Lager zurückbringen. So oder so gehe man kein Risiko ein.

Weniger starke Charaktere rissen tatsächlich sofort alle Verstecke an den Ärmeln und Hosenaufschlägen auf und gaben alles heraus. Die Rechnung war eine einfache: Jene leben, sollen wenigstens sie daran Freude haben! Pfiffige Köpfe dagegen beschlossen, nicht so schnell zu kapitulieren.

So begann das große Verschlingen.

Man schlang kleinere und größere Brillanten, Ringe und kleine Goldstücke hinunter. Man überlegte sich dabei mit einer gewissen zufriedenen Beruhigung: Bald kann man sogar völlig nackt hinausgehen, ein kleines Vermögen hat man sich einverleibt. Der eigene Leib und das Gedärm werden einen nicht verraten, sondern es verdeckt und in unauffälligster Art und Weise wieder abgeben.

Aber ein Tag vergeblichen Wartens verging. Die Leute von der SS hatten Zeit. Inzwischen bekam der Magen es mit der Angst zu tun ob des versteckten Vermögens. Schon begann er unzufrieden zu grollen, bald wand er sich gar in quälenden Krämpfen und begann vor Schreck alles aus sich hinauszubefördern, was man ihm anvertraut hatte. Das Teuerste gemischt mit dem billigsten, ekligsten Mist.

Sorgfältige Hände wühlten stundenlang, rieben jedes Stück Kot durch die Finger, bis sie das Wichtigste wiederfanden, um es später erneut den Eingeweiden als Pfand anzuvertrauen.

So begann ein irrsinniges Gerangel zwischen dem Verrinnen der Zeit und dem physiologischen Drang. Man bemühte sich, die drückende innerliche Übelkeit zurückzuhalten, aber vergeblich. Später musste man ein weiteres Mal unbeirrbar suchen und zum wievielten Male dasselbe in dem müden, selbst vor Gott verborgenen, Beutel verstecken. Am dritten Tag gab es nichts mehr, mit dem es hätte herauskommen können. So schlummerte der Schatz schwer auf dem Magengrund. Die letzten inneren Säfte, in ihrer Gier, etwas zu verdauen, stürzten sich jedes Mal aufs Neue darauf wie bei einem Angriff und wurden jedes Mal mit harter Faust zurückgeschleudert. So zogen sie sich wie hungrige Wölfe in ihre eingetrockneten Adern zurück.

Es gab auch jene, die sich müde ausstreckten und auf das erlösende Verlöschen warteten. Nichts interessierte sie mehr.

Aber ein noch reger Nachbar oder Freund wusste, was in dem eingefallenen Körper schlummerte. Deshalb weckte er ihn immer wieder aus seiner Lethargie:

He du, probier nochmal, vielleicht geht es jetzt? Der Gedanke peinigte ihn, dass bei jenem etwas Wertvolles liegt, das die gestorbenen Glieder ins Feuer mitnehmen werden. Ach, wer kann denn diese Blicke vergessen, mit denen die Gesünderen auf jene schauten, die derweil einen traumversunkenen Erkundungsgang in andere Welten machten! Ach, wer kann denn begreifen, zu was Menschen getrieben wurden inmitten dieser verrückten, sinnlosen Provokation eines verborgenen Vermögens, im Angesicht eines Todes, den man vielleicht mithilfe eben dieses Vermögens vermeiden kann?

Aus so vielen Augen lese ich das wahnsinnige Erschaudern heraus. Hier sehe ich einen über den bewusstlosen Körper des Nachbarn wachen. Er vermutet, dass jener ihm wegstirbt, und er weiß vermutlich, was sich in seinen Eingeweiden tut. Er schaut mit verzweifeltem Zorn und Bedauern: He, was kann man machen? Wie geht man damit um?

Verzweiflung und Ekel packen mich vor den letzten Minuten des Lebens. Ich will wirklich nichts mehr hören und sehen. Es ist nichts geblieben auf der Welt, auf das man noch einen Blick werfen könnte. Deshalb breite ich meine Decke aus, die ich ganz gleichgültig mitgeschleppt hatte, strecke mich in einer Ecke aus und verstopfe in mir alle meine Gedankengänge. Es fühlt sich irgendwie gut an, dass man sich ganz vom Denken befreien und den kleinsten Gedanken mitten im Lauf stoppen kann. So liege ich da und werde still, wie die Erde um mich herum. Über meinem Kopf schindet der Wind den blauen Körper des Himmels. Stücke schmutzig wolkiger Watte reißen sich von allen Seiten los, nehmen sich an den Händen, verkleiden sich mit elfenlockigen Bärten und ziehen sich zur Seite weg. Der blaue Himmel funkelt mit seinen großen weißen Gestirnen und hält meinen Blick fest, der sich in der Unendlichkeit verlieren will.

Kapitel vier

I

Bei den Deutschen muss alles verkehrt herum gehen. Wie absichtlich zur Desorientierung. Just unsere Gruppe geht als erstes ins Bad. Viele von uns haben noch verschiedenes bei sich. Mein Nachbar in der Reihe, Sender, verschlingt in letzter Minute ganz geschickt, damit niemand es bemerkt, drei Goldstücke. Er ist bleich vor Schreck. Ich warne ihn: Du wirst noch ersticken! Günstigstenfalls kannst du Bauchkrämpfe bekommen und man wird dich erschießen. Er lächelt mir mit bleicher Zufriedenheit zu: Keiner hat es gesehen, für mich ist es nicht das erste Mal. Es wird wehtun. Aber für den Fall, dass ich nächste Woche noch lebe, wird es mir vieles leichter machen.

Viel Zeit zum Überlegen bleibt nicht, schnell schlingt jeder hinab, was er kann: einen Brillanten, eine Brosche oder eine kleine bis jetzt »als Notgroschen« gehütete Goldmünze. Schon werden wir in eine hallengroße Baracke geführt, in der Berge von Sachen und Schuhen liegen. Die Türen sind streng bewacht von der SS, aber drinnen stehen Juden, die speziell zum Befehlen angestellt sind:

Ausziehen!

Die Augen suchen nach einem Plätzchen, wo man die Sachen hinlegen kann. Du willst noch eine Minute mit der Illusion leben, dass die Kleider, die an deinem Körper hängen, dir gehören und du dafür sorgen musst, dass sie dir nicht abhandenkommen. Die sonderbaren Juden aber, die da verteilt an allen Seiten stehen, verstehen dich sofort. Sie wenden sich an solch suchende Augen auf Deutsch:

Nein, Freundchen! Alle Sachen gehen auf einen Haufen. Ihr werdet andere Kleidung kriegen.

Verzweifelt greifen die Finger zum Ärmelsaum. Dort sind noch tausend Złoty eingenäht, bereitgelegt für die Stunde, wenn ich die Möglichkeit zur Flucht haben würde. Eine Hand berührt mich von hinten:

Was nützt es dir, Bruder? Wo willst du es verstecken? Wenn die SS sogar mit einem Lämpchen in den nackten Hintern guckt.

Ich schäme mich vor mir selbst: Aufgehoben das Geld! Wofür? Ich hätte in der Zeit besser leben können. Ich hätte einem Freund aushelfen können. Wozu wollte ich für eine Zukunft vorsorgen, zu der mir der Mut fehlte?

Für einen kurzen Moment überkommt mich Bedauern. Ich erinnere mich, wie viele Male ein Stückchen Weißbrot oder ein Ei ins Lager geschmuggelt wurde, und ich es nicht kaufte, weil ich meinte, die letzten paar Złoty könnten mir einmal dazu dienen, einen Revolver zu kaufen. Jetzt lachen sie, vernäht im Ärmel, mich aus.

Ich muss schnell meine Kleidung ablegen. Alle sind schon fertig und ich bin einer von den letzten. Man reißt sie mir schon vom Leib. Jetzt erst fühle ich, dass ich nichts zu bedauern habe. Nein! Nicht aus Geiz habe ich oft keine Lust verspürt, etwas zu kaufen! Ich konnte mich inmitten der tiefen Trauer um die Familie, inmitten der Gefahr, die mich umgab, überhaupt nicht dazu entschließen, mich satt zu essen. Und die Freunde? Auch für sie habe ich doch etwas getan! Während ich nackt gehe, schäme ich mich dafür, dass es mir eben noch leid tat um das Geld. Was macht es schon? Und was ist mit der Familie? Und den Freunden, und dem ganzen Volk? Und was ist mit den niedergeschriebenen Werken, die ich in einen Beutel mit Lumpen gehüllt mit hergebracht hatte?

Nein, hier, wo man das Leben zurücklässt, wenn man nach den Gräueln und dem gestrigen Vorgeschmack des Todes herkommt, muss man sich wegen gar nichts schämen.

Als ich so nackt dastehe, fühle ich mich wie erleichtert. Ich hatte etwas in der Kleidung, das mich hemmte, das meine

Gedanken beschäftigte, und jetzt, jetzt hat sich das Denken von allen Fesseln gelöst.

Man muss durch die Tür laufen. Am Eingang inspiziert ein SS-Mann gründlich deine Zähne, schaut dir in den Hals und in die tiefverborgenen geheimen Stellen des Körpers.

Findet man bei einem etwas in einem Backenzahn versteckt, schickt man ihn auf die Seite. Jeder muss schnell hindurchlaufen, nackt, bis zur nächsten Baracke. Es wird jede hochgehobene Wade, jede Ferse inspiziert. Ein Gummistock zeigt stumm, wohin zu gehen ist: rechts oder links. Wir laufen ohne etwas mitzubekommen. Meine Gedanken wachen erst auf, als ich um mich herum feuchtdampfende Luft spüre. Wie? Tatsächlich ein Bad?

Eine träge Haarschneidemaschine lässt all ihren erschöpften Zorn am ganzen Körper aus. Sie zupft nervös die Haare von den intimsten Körperstellen und jeder ziepende Stich meldet all deinen Hirnzellen: Du! Du lebst weiter! Du lebst!

II

Spät am Abend konnte die Schreibstube uns keiner speziellen Baracke zum Schlafen mehr zuteilen. Außerdem waren alle Baracken mit Menschen vollgestopft. Gerade dieser Tage hatte man von Treblinka 15.000 junge Juden nach Majdanek gebracht, die am Aufstand im Warschauer Ghetto teilgenommen hatten. Einen Großteil von ihnen hatte man in das dritte »Feld« (so nannte man die einzelnen Lagerabteilungen in Majdanek) gequetscht. Deshalb war für uns kein Platz. Ganz unabhängig davon hatte man letztens eine große Anzahl Menschen wegen allerlei Vergehen aus allen europäischen Ländern gebracht. Und alle hineingezwängt in die langen Pferdebaracken.

Unsere Gruppe führte man in das dritte Feld zu den Tausenden Juden aus dem Warschauer Ghetto, von denen der größte Teil vor wenigen Tagen, nach dem Aufstand, von Treblinka hergebracht worden war.

Es gab später verschiedene Meinungen, warum die Deutschen die Menschen, die auf sie geschossen hatten, zum Tod nach Treblinka brachten und dann dort die jüngeren und gesünderen auswählten, um sie leben zu lassen und nach Majdanek »zur Arbeit« zu schicken. Eine Meinung war, dass sie es mit der Absicht taten, den verzweifelten und versteckten Kämpfern im Ghetto zu beweisen, dass man nicht zum sicheren Tod geführt werde. Wenn sie hörten, dass es noch Chancen gebe, am Leben zu bleiben, würden sie vielleicht schneller kapitulieren. Eine andere Meinung war, dass die Deutschen damit eine größere Rache an den Aufständischen nahmen. Sie gönnten den Revolutionären, die mit ihrem Aufstand das deutsche Ansehen beschädigt hatten, keinen leichten zehnminütigen Tod. Sie verurteilten sie lieber zu einem langen Todeskampf und zu mehrwöchiger Qual.

Es gab eine dritte Vermutung der ewigen Optimisten, die es mit der politischen Situation in Zusammenhang brachten: Der Deutsche, sagten sie, habe jetzt schon ein bisschen Angst vor der Welt. Insbesondere brauche er heute mehr Arbeiter: Die Russen beginnen zu attackieren.

Bei den Deutschen konnte alles zutreffen. Alles wurde bei ihnen in die Überlegungen mit einbezogen.

Es gab aber auch eine kleine Gruppe Warschauer Juden, die schon länger als zehn Monate hier war. Sie setzte sich zusammen aus früheren Ghetto-Polizisten, assimilierten jüdischen Intellektuellen, getauften Juden aus dem Ghetto wie auch aus ehemaligen »Unterweltlern«. Sie hatten sich schon vorher in den Dienst der SS gestellt und auf diese Weise ihre schmutzigen Seelen gerettet. Hier nahmen sie die Posten der Blockältesten und Barackenschreiber ein. Während so vieler Monate als Befehlsausführer der SS wurden sie noch brutaler und grausamer. Anfangs taten sie nur, was sie mussten, um die Machthaber zufriedenzustellen, bei denen man schon für das geringste Vergehen in die Gaskammer geschickt werden konnte. Die Grausamkeit übertrug sich aber allmählich von den befehlsausführenden Händen auf alle Glieder, auf das Gehirn, auf die Seele. Das tagtägliche Quälen wurde ihnen zur zweiten Natur.

Genau diese waren es, die uns am Tor von der SS übernahmen und begannen, uns in geraden Reihen aufzustellen. Wir standen im Handumdrehen alle aufgereiht wie mit der Schnur gezogen. Das verhinderte aber nicht, dass Schläge von ihrer Seite auf uns niederprasselten. Einer mit einer großen Ältestenbinde stand genau neben mir und schlug fortwährend mit einer kräftigen Stange auf mich ein. Reflexartig platzte mir die Frage heraus:

Weswegen schlägst du?

Er stimmte ein unheilvoll-heiseres Gelächter an.

Was? Du weißt es noch immer nicht? Deshalb, weil du im KA-EL bist, verstanden?

Ich hatte verstanden und schwieg. Er aber erinnerte sich an etwas und fügte wie zu sich selbst hinzu:

Ihr werdet hier lernen, so wenig wie möglich zu fragen, wenn ihr überhaupt noch Zeit dazu habt …

Nachdem wir zum wiederholten Male durchgezählt worden waren, verteilte man uns auf verschiedene Baracken. Jeder Einzelne der Blockältesten bekam eine Gruppe, die er irgendwohin wegführte. Zu meiner Gruppe kam der Heisere mit dem grünen Rock, der mich zuvor geschlagen hatte. Er erklärte mit gebieterischem Ton:

Ihr geht mit mir. Ich bin jetzt euer Ältester, euer Herrscher, euer Gott. Verstanden? Ich kann euch jetzt alle umbringen und mit euch machen, was ich will. Hier ist KA-EL! Merkt euch das gut, ihr Hurensöhne! Und jetzt keinen Mucks mehr!

Unser aller Blick fiel auf die Baracken-Nummer: Neunzehn!

III

Die Baracken im Lager waren lang und schmal. Licht durfte man nicht anzünden, bei Nacht lag man im Finstern. Fenster gab es in den Baracken keine, es waren ehemalige Pferdeställe. Nur ganz oben gab es einen schmalen gläsernen Streifen, durch den der Mond ein Bündel blasser, erschrockener Strahlen hineinschmuggelte, die herabfielen und sich auf die hohen, dreigeschossigen Betten verteilten.

Als wir hereinkamen, war es bereits dunkel. Man musste die hölzernen Schuhe draußen zurücklassen und auf Zehenspitzen hineinschleichen, um nicht das geringste Geräusch zu machen. Wenn jemand leise hustete, bekam er sofort einen Schlag, ohne überhaupt zu wissen, von welcher Seite er kam.

In der Baracke gab es wenig Betten und man sagte uns, dass wir vorerst auf der Erde schlafen müssten. Einige Mann gingen hinaus zur Küche, etwas zu essen zu holen. Wir waren todmüde und schrecklich hungrig, aber jeder war bereit, zu gehen, denn jeder wollte sich umschauen, wie es hier aussieht. Ich war einer von ihnen.

Bei der Küche treffen wir zwischen den Wartenden auf viele Juden. Als sie hören, in welcher Baracke wir sind, lächeln sie traurig. Die »Neunzehner« ist ein Begriff im dritten Feld. Es ist die spezielle Baracke, wohin man die für die Gaskammer Bestimmten absondert. Auch wegen der fehlenden Betten brauchten wir uns keine Sorgen zu machen, sagen sie, weil alle zwei bis drei Tage Hunderte Betten frei werden. Wenn ihr leben werdet, trösten sie uns, werdet ihr auch etwas haben, worauf ihr schlafen könnt. Sogar die Transporte, die nach uns kommen werden, werden noch welche haben. Die Deutschen arbeiten nach einem genauen Plan. Wie merkwürdig ungerührt die Menschen darüber reden! Es strömt von ihnen eine erstarrte Gleichgültigkeit aus, die sogar auf uns befremdlich wirkt. Wir tragen schnell die schweren eisernen Fässer Suppe weg, die in absoluter Stille ausgeteilt werden.

Es scheint mir, dass wir, sollten wir länger hier sein, ohnehin die Sprache verlieren werden.

In der Tiefe der Baracke gibt es Betten, aber auf jedem von ihnen wölbt sich schon ein gekrümmter Körper. Wir müssen uns deshalb auf den Strohsäcken, die auf der Seite ausgebreitet liegen, ausstrecken und darauf warten, was kommt.

Kapitel fünf

I

Es war in der ersten Nacht. Der ganze, so schwere Tag mit all seinen Erlebnissen und Eindrücken, die zu verdauen man tagsüber weder Zeit noch Muße hatte, überflutete jetzt unvermittelt die Gedanken und ließ einen nicht einschlafen. Also versuchte ich, mit Gewalt einzuschlafen. Wusste ich doch, dass es erst morgen für uns »Neuzugänge« einen normalen Tag geben würde, wie immer in einem neuen Lager. Jeder musste auf seine Weise die Nacht verbringen und sich ein bisschen ausruhen.

Verschiedene Gedanken einerseits und die harte Erde andererseits lassen mich nicht einschlafen. Ich liege mit offenen Augen und lausche auf das kleinste Rascheln in der unheimlichen Dunkelheit.

Ein vorsichtiges Öffnen der Tür lässt mich vollends hochschrecken. Ich sehe, wie durch die offene Tür etliche dunkle Gestalten hereinschleichen. Einer, ein Dicker, hustet heiser. Die anderen folgen ihm still, um die im Halbschlaf Liegenden nicht aufzuwecken. Es herrscht eine quälende Stille. In meinem Unterbewusstsein tauchen schon verschiedene Vorahnungen auf, die ich versuche zu ersticken, bevor sie die Gedanken erreichen. Irgendetwas wird hier geschehen! Beim matten Schein des Mondes sehe ich, wie eine Gestalt dem Heiseren eine Barackensäule genau in der Mitte zeigt. Die anderen stehen an der Seite und flüstern. Ich halte den Atem an, um irgendein Wort, einen Ton, aufzuschnappen, aber ich schaffe es nicht. Ihre Unterhaltung ist sehr leise und mein aufgewühltes Nervensystem jagt mir so viele Gedanken auf einmal ins Gehirn, dass ich es nicht schaffe, gleichzeitig noch etwas anderes aufzunehmen. Schließlich schreiten sie zur Tat:

Eine große Gestalt nähert sich dem erstbesten Daliegenden und flüstert auf Deutsch:

Hast du einen Lederriemen? Nein? So geht es weiter zum zweiten, zum dritten.

Endlich trifft sie auf jemanden mit einem ledernen Riemen an der Hose. Der Riemen wird ihm schnell herausgezogen. Der Eigentümer, der in der Finsternis die große Gestalt erkannt hat, bleibt halb aufgerichtet sitzen und verbirgt sich vor Schreck und Neugier vor dem, was hier gleich passieren wird. Der dicke Heisere geht derweil mit einer Taschenlampe umher und beleuchtet die Schlafenden. Er betrachtet bei jedem hauptsächlich die Füße. Ein leichter Schauder läuft durch meinen Körper, als er mit der Hand meine Fußspitzen berührt. Von selbst wirft es mich herum. Eine scharfe Stimme, in der alle Drohungen der Welt liegen, befiehlt zischend auf Deutsch: Liegen bleiben! Schon von seinem Atem spannt sich alles in mir.

Dann schließlich kommt der geflüsterte Befehl zu einem auf der Erde Liegenden: Komm!

Eine erschrockene Silhouette schleicht dem dicken befehlenden Gespenst still hinterher, bis zur Barackensäule in der Mitte. Der andere, der Große, greift den Herangeführten an den Händen und schleppt ihn bis zur Holzsäule. Atemlos gucken wir zu, wie er diesem in der Finsternis etwas über den Hals wirft. Dann zieht er mit aller Kraft etwas fest an. Eine böse Ahnung macht dir sofort alles klar und deutlich: Oh mein Gott! Das ist der Lederriemen, an dem er so zieht!

Der Gewürgte lebt nicht mehr. Vorsichtig legen die beiden anderen Gestalten ihn auf die Erde und es wird ein weiterer Mensch herausgerufen aus der Reihe, dann ein dritter, ein zehnter. Alle liegen und stellen sich schlafend, obwohl bei jedem das Herz zerspringt und es einem vorkommt, als könne man das Schlagen bis zur Tür hören.

Die Toten werden zwischen die Schlafenden gelegt, einer hierhin, einer dorthin, wie wenn nichts wäre. So geht es Stunde um Stunde. Wie viele? Wie kann man denn diese Zeit mit den gewöhnlichen, abgenutzten Maßen messen, die ein kleines rundes Instrument im Zaum zu halten vermag!

Wieder öffnete sich die Tür geräuschlos und die Nachtdämonen entschwanden einer nach dem anderen in die offene, frühmorgendliche Bläue hinaus. Du möchtest dich aufsetzen, um den Alptraum, der dich in deiner wachen Halluzination würgt, etwas abzuschütteln. Du willst jetzt etwas Klares um dich herum sehen, als ein unerwarteter Schlag dich zurück auf dein Lager wirft. Aha, der Blockälteste!

Die blaue Morgendämmerung beleckte schalkhaft durch die Risse den neugeborenen Tag. Wie Gespött erschien mir der in derselben Minute geborene Gedanke: Es ist nur eine Nacht gewesen!

Die erste Nacht in Majdanek.

II

Morgendämmerung. Wie jeden Morgen werden alle zum Appell aufgestellt. Jeder Block (im Lager nannte sich jede Baracke »Block«. Die Menschen eines solchen Blocks hatten einen eigenen Ältesten, bekamen gemeinsam ihr Essen und arbeiteten üblicherweise an derselben Arbeitsstelle) steht bereit, den Rapport abzugeben und zur Arbeit zu marschieren.

So wie jedes Mal trägt man auch jetzt aus jeder Baracke die im Verlauf der Nacht Gestorbenen heraus zum »Zapfenstreich«, der frühmorgendlichen Zählung. Alle stehen aufgereiht wie fest eingegrabene Pfosten. Bloß keine Bewegung mit der Augenbraue. Disziplin!

Achtung!

Selbst das Papier, das auf der Erde herumliegt, hat Angst zu rascheln oder sich zu bewegen. Jetzt kommt der Blockführer, um die Zahl aufzunehmen.

Die Lebenden stehen zu zehnt in einer Reihe, und an der Seite, wo die lebendige Reihe endet, liegen aufgereiht die Toten, fein säuberlich, zu zehnt in einer Reihe, genau wie die Lebenden. Weil im KL die Toten derselben Lagerdisziplin unterliegen, bis zum Verbrennen, bis sie zu Asche geworden sind.

Der hochgewachsene Blockführer nimmt alles wie üblich auf: Er notiert die Zahl der Toten und der Lebenden und will weiter auf seinem Weg. Plötzlich kommt ein SS-Mann mit einem höheren Dienstgrad auf einem Motorrad dazu. Er sieht die Anzahl Toter neben dem aufgestellten Block. Und genau dies erregt heute seine Aufmerksamkeit.

Er springt hastig von seiner Maschine und eilt zum Blockältesten:

He du! Wie viele Tote hast du heute in deinem Block?

Der Blockälteste erblasst, er ahnt etwas, aber er beherrscht sich und antwortet sofort:

Dreizehn, Herr Oberscharführer!

Der SS-Mann ist ruhig, äußerst ruhig:

Soso! Dreizehn sagst du. Und wie viele hast du gestern zum Abendappell gehabt?

Keine Toten, Herr Oberscharführer!, lautet die nicht so forsche Antwort.

Wenn das so ist, fragt der Oberscharführer, wie sind denn dreizehn Tote möglich von gestern Abend bis heute früh?

Dreizehn Tote!, ereifert sich »aufrichtig« der Oberscharführer im Lubliner Konzentrationslager, wo jeden Tag Hunderte und Tausende vergast werden.

Der Blockälteste ist jetzt ernsthaft beunruhigt. Derweil prasseln pausenlos Fragen auf ihn ein. Er weiß sich keinen Rat. Er schweigt. Der Oberscharführer aber saugt sich an ihm fest wie ein Blutegel und lässt nicht locker:

Dreizehn Menschen sterben nicht aus heiterem Himmel. Sie müssen laut allen physischen Gesetzen vorher krank gewesen sein. Das heißt, du hattest kranke Menschen bei dir in der Baracke versteckt. Na fein! Ein prima Blockältester bist du, da gibt es gar nichts gegen zu sagen.

Der Blockälteste erschrickt. Die Antwort entschlüpft ihm von ganz allein:

Sie sind nicht krank gewesen, Herr Ob...

Aber der triumphiert schon, als hätte er den Fisch bereits im Netz:

Soso! Sie waren gesund, sagst du? Wie kommt es dann, dass dreizehn gesunde Menschen über Nacht wegsterben? Bringst du sie etwa selber um, um unser Ansehen in der Welt anzuschwärzen? Soll man etwa sagen, dass die Menschen (er hat die ganze Zeit nicht das Wort »Jude« benutzt) bei uns in den Lagern ermordet werden? Rede!

Der Blockälteste verlor jetzt endgültig die Fassung. Fast weinend platzte es aus ihm heraus:

Herr Oberscharführer ... Sie wissen doch ... die »Häftlinge« sind ... erstickt worden.

Das Gesicht des jungen Mannes wurde noch röter vor heiligem Zorn:

Was? Was hast du gesagt? Was hast du gesagt? Du Dreckjude! Wer erstickt Leute bei uns im Lager? Dann zeig mir doch diese Verbrecher! Zeig sie mir, du Schweinehund!

Wieder unangenehmes Schweigen, wieder eine ausweichende Antwort:

Herr ... der Lagerälteste war dabei ...

Und wieder ein zorniges Aufbrausen, Fluchen, Geschrei über den ganzen Appellplatz:

Der Lagerälteste! Der Lagerälteste, sofort zum ...

Sofort wogt die schwere Masse Fleisch unseres Lagerältesten auf zwei unsicheren Füßen herbei. Schon von weitem hört man seine heisere verfallene Stimme: Sofort!

Eine Stille wie eine Million Friedhöfe.

Von Angesicht zu Angesicht, Auge in Auge.

Der Oberscharführer ist jetzt wieder ganz ruhig. Seine Stimme ist merkwürdig weich und dünn:

Bist du dabei gewesen, als die dreizehn Menschen angeblich nachts erstickt wurden?

Ein tiefes Krächzen:

Wer? Ich?

Die SS-Stimme:

Jetzt reg dich nicht auf, Lagerältester! Dein Jude behauptet es.

Und wieder ein zorniger, aufgeregter Wortschwall:

Du verfluchter, dreckiger Mistsack, du Dreckshaufen, hast du das selbst gesehen, wie dieser Häftling und Lagerälteste des dritten Feldes, der dir hier gegenübersteht, beim Ersticken der dreizehn Häftlinge deines Blocks dabei gewesen ist?

Wieder ein Blick zu den Toten. Das Kreuzverhör geht weiter mit der erstickten, aber doch klaren Antwort:

Ja!

Wieder laufen die speziellen Lager-Ausrufer auf dem Appellplatz umher: Der Lagerarzt!

Der jüdische Lagerarzt, mit seiner dicken, entstellten Figur, erkennt schon von weitem, wer ihn ruft. Vor Schreck beginnt er, seine randlose Brille zum wiederholten Male zu wischen, er bewegt sich mit seitlichen Schritten in Richtung des Oberscharführers, die Furcht der ganzen Welt in seinen Augen.

Auf seinen Kopf beginnt aufs Neue die ganze Flut von Flüchen niederzuhageln:

Herr Soundso (wie die übliche Anrede der SS speziell für Juden ist, noch dazu für einen assimilierten slowakischen) hast du dir die dreizehn Mann schon angesehen? Donnerwetter, Menschen sterben hier im Lager und du befindest es nicht einmal für nötig, sie dir anzusehen? Ihnen zu helfen? Wozu bist du eigentlich Lagerarzt?

Wieder zittert ein unglückseliges kleines menschliches Leben unter dem stechenden Schlangenblick des Höhergestellten, der vor »gerechtem« Zorn Feuer sprüht.

Des Doktors kurzsichtige Augen betrachten erschrocken einen nach dem anderen in der Reihe der Toten, als ob er bei ihnen die Antwort auf die einschneidenden Fragen suchte. Endlich stößt er hervor:

Herr Oberscha… die Leute scheinen vor dem Tod noch ganz gesund gewesen zu sein. Ich habe deshalb gar nicht wissen können …

Und wieder ein triumphaler Glanz in den grünen Pfeilaugen:

Also, sie waren gesund, sagst du? Du bist Arzt, dann weißt du doch bestimmt, warum gesunde Menschen plötzlich einfach so sterben können. Mich interessiert, was deine verschissene Medizin dazu sagt.

Wieder ein Blick zu den Toten. Das Kreuzverhör lässt aber nicht nach:

Sie waren gesund, sagst du? Sie müssen also durch einen nicht natürlichen Tod umgekommen sein. Kannst du als Arzt Spuren solch eines Todes an ihren Körpern erkennen?

Wieder eine verzweifelte Situation. Noch einmal ein unglückseliges ärztliches Betasten der Körper. Und dazu die sengenden angestrengt-gespannten Blicke: des Oberscharführers, des Lagerältesten und des totenblassen Blockältesten. Heiße Schweißtropfen rinnen dem Doktor über das Gesicht:

Nein, man erkennt keine Spuren eines unnatürlichen Todes, keinen Grund dazu.

Triumphierend richten sich zwei Augenpaare auf den halbversteinerten Blockältesten: Nun, siehst du? Der Oberscharführer kann sich nicht mehr beherrschen und schreit aus vollem Hals: Du jüdischer Krüppel! Du lebst in einer Welt wahnsinniger Halluzinationen und dann kommst du daher und beschuldigst deutsche Menschen des Erstickens und des Mordes? Du Arschgeige, du Stück Scheiße, du … Doktor, kennst du gewisse starke Mittel für geistig Kranke?

Der Schluss der Geschichte ist schnell erzählt:

Der Doktor musste ein genaues Protokoll zusammenstellen, dass die dreizehn Menschen eines natürlichen Todes gestorben sind. Der Lagerälteste, soviel ist sonnenklar durch die objektive Untersuchung des hohen Tieres, ist nie beim Ersticken von Menschen dabei gewesen.

So etwas, rief der Oberscharführer an uns alle gewandt aus, so etwas kann nie und nimmer vorkommen, wo die deutsche

Kultur ihren Fuß hinsetzt. Und der Blockälteste, der jüdische Blockälteste, der alle seine Träume und merkwürdigen Fantasien herumerzählt, als wären es nackte Tatsachen, der muss mal 25 harte Schläge mit einer ledernen Peitsche auf das nackte Gesäß bekommen, und zwar von der barmherzigen Hand des unschuldigen Lagerältesten. Das wird ihn lehren, dass man im KL niemanden erstickt.

Der Gerechtigkeitssucher wandte sich um zum Block und verkündete:

Wenn Menschen tot aufgefunden werden, so sollt ihr wissen, dass sie von selbst gestorben sind. Denn im KL stirbt man bloß ... nicht nur er selber sagt das, auch, wie bewiesen, der Lagerarzt selbst ... soll er zufrieden sein, dieser närrische dumme Kerl, dass er mit nur 25 davonkommt, weil ... und noch eine Kleinigkeit: So lange schon in Majdanek und weiß noch nicht das Elementarste, das Klarste: Der Tod im KL ist natürlich! Soll er sich das für die Zukunft merken und seinen Hintern schonen ...

III

Ich glaube, dass jedem die Geschichte und ihr Hintergrund klar sind. Ich wollte damit kurz illustrieren, wie die »Funktionsträger« im Lager psychologisch bearbeitet und mit welchen raffinierten Mitteln sie in Menschen ohne Willen und eigene Meinung verwandelt wurden. Dies ist nur ein kleines Bild, in welcher Atmosphäre dies geschah.

Bis zum heutigen Tag kann ich den ganzen Sinn dieser Komödie nicht verstehen: In einem Lager, in dem jeden Tag so viele mit Stecken erschlagen werden, in dem so viele offen in die Gaskammern geführt werden, wozu die ganze Untersuchung mit der ganzen Propaganda-Justiz? Und wozu der ganze Wirbel?

Wer kann denn den verbrecherischen Abgrund der Seele eines SS-Mannes ergründen? Vielleicht stieg in ihm die Sehnsucht nach jenen »guten« Zeiten auf, als Mord ganz und gar nicht so legal war; als man einen Mord flüsternd und auf Zehenspitzen begehen musste. Er sehnte sich vielleicht zurück nach jenen Zeiten, als man es nach einem Mordfall mit Untersuchungen, Autopsien und Kommissionen zu tun bekam.

Das roch nach Abenteuer, und einem echten Kerl von Fleisch und Blut verschaffte es einen gewissen Genuss. Vielleicht, nach so vielen unverhohlenen Morden, inszenierte er zur »Abwechslung« ein solches Komödienspektakel, um noch einmal das verbrecherische Vergnügen jener dunklen Zeiten zu spüren. Wer weiß?

Meine Feder hat das Ihrige getan und erzählt. Und nun, ihr Psychiater, krempelt die Ärmel hoch und macht euch an die Arbeit.

Kapitel sechs

I

Die Menschen, die in Majdanek am Leben blieben, waren offiziell »zur Arbeit« übriggelassen worden. Wie in jedem Lager wurden auch hier täglich »Selektionen« durchgeführt und die Entkräfteten in die Gaskammer geschickt. Ein Krematorium gab es nicht und die Vergasten wurden auf großen Scheiterhaufen verbrannt. Im sogenannten provisorischen Krematorium waren etliche Hundert Menschen beschäftigt. Ein paar tausend Menschen arbeiteten in den Werkstätten, die für die SS herstellten, was diese brauchte. Es gab auch interne Arbeitsplätze, wie z. B. in der Küche für die SS, beim Bad, beim Sortieren der einbehaltenen Sachen, in der Küche für die Häftlinge und verschiedene andere Arbeiten vor Ort. Das alles umfasste tausende Menschen von allen Völkern. Bei diesen Arbeiten war nur beschäftigt, wer schon längere Zeit im Lager war. Es hatte aber kürzlich eine größere Arbeit begonnen, der Bau einer großen Autostraße durch die private deutsche Firma »Polstephan«, gemeinsam mit der SS, und deshalb ließ man eine größere Anzahl der Neuzugänge am Leben, damit sie bei dem sogenannten »Straßenbau« arbeiteten. Dorthin wurden die neuangekommenen Warschauer Juden zugeteilt und auch wir mussten dort arbeiten.

Aber bevor ich von den Arbeitsmethoden erzähle, will ich kurz über das allgemeine Aussehen und die Struktur von Majdanek berichten.

Das Lager war aufgeteilt in fünf Felder. Jedes Feld war ein separates Lager für sich. Vier davon waren Männerlager, Nummer fünf war ein Frauenlager. Es gab auch ein Zwischenfeld, wo sich die Arbeitsstellen, das Bad und verschiedene Magazine befanden.

Im ersten und zweiten Feld lebten die Fachleute, die schon eine lange Zeit in Majdanek waren. Sie wussten viel Schauderhaftes zu erzählen. Ich will nur erwähnen, dass von den 500 Juden aus meiner Stadt, die ein Jahr zuvor nach Majdanek »zur Arbeit« abgeholt worden waren, bei meiner Ankunft noch drei lebten. Von 15.000 slowakischen Juden, die acht Monate zuvor zurückbehalten worden waren, lebten bei unserer Ankunft noch wenige Hundert. So sahen die Verhältnisse mehr oder weniger in jeder Gruppe aus. Die am Leben blieben, hatten dies nur den Funktionen zu verdanken, die sie innehatten.

Die Hauptführungsrolle bei der inneren Ordnung spielten die tschechischen und slowakischen Juden. Sie beherrschten das richtige Deutsch und waren ohnehin psychologisch den Deutschen näher als den Juden, insbesondere den Juden aus dem Osten. Sie waren die Lagerschreiber, die über die Lagerposten und über eine bessere oder schlechtere Arbeitsstelle bestimmten.

Dann kamen zuerst die Blockältesten, die sich aus verschiedenen verdächtigen polnischen und ukrainischen Elementen rekrutierten sowie aus etlichen jüdischen Konvertiten und Assimilierten aus dem Warschauer Ghetto. (Es gab auch einige Ausnahmen aus der polnischen Intelligenz, z.B. den Fürsten Radziwiłł[6], der Blockältester bei uns auf dem Feld war, aber in Hinsicht auf die Brutalität gab es praktisch keinen Unterschied.)

Im Block gab es außerdem einen Lagerschreiber und den sogenannten »Stubendienst«. Sie alle hatten unbegrenzte

6 Die SS brachte den Fürsten Mikolaj Krzysztof Radziwiłł (1898–1986) ins Konzentrationslager, weil er die polnischen Professoren der Jagiellonski Universität in Krakau auf seinen Landsitz eingeladen hatte. Diese waren von der SS 1939 verhaftet und ins KZ Sachsenhausen verschleppt worden. Nach internationalen Protesten kamen die Professoren frei.

Macht. Sie konnten mit dem Essen ihres Blocks machen, was sie wollten. Sie waren auch Herren über Leben und Tod eines jeden Einzelnen von uns.

Der ganze teuflische Vernichtungsprozess der Deutschen bestand praktisch darin, dass sie ein ganzes Netzwerk von »Herren« und »Befehlshabern« der verschiedensten Kategorien errichteten. Der Stubendienst schlug seine Untergehilfen und Tellerlecker (buchstäblich gemeint: Sie bekamen für ihre Mithilfe bei der Arbeit des Stubendienstes die Kessel, Schüsseln und Löffel zum Auslecken), die Blockschreiber herrschten über den Stubendienst und der Blockälteste über ausnahmslos alle in der Baracke. Erst später gab es noch eine Reihe Höherer und noch Höherer und sehr viel Höherer, es gab solche, die die Blockältesten anschreien durften und solche, denen es erlaubt war, sie zu schlagen, und so weiter ohne Ende – und über allen die SS. Das erinnert an die Geschichte von Chad Gadja. (Übrigens verstand ich erst in Majdanek die tiefere Bedeutung der volkstümlichen Bezeichnung »Chad Gadja« für Gefängnis.) Töten konnte jeder, der wollte, ohne Frage und ohne Urteil (das einzige »Urteil«, das ich miterlebte, habe ich schon geschildert), und wir, die gewöhnlichen Barackenbewohner, waren jedermanns Händen ausgeliefert, vom Niedrigsten bis zum Höchsten.

Soviel zur inneren Hierarchie im Lager.

An den Arbeitsstellen war der Kapo der Hauptherrscher. Ihm unterstellt waren die Vorarbeiter. Diese hatten ihrerseits eigene halboffizielle Mithelfer, die sogenannten Schieber. Jeder Einzelne von ihnen hatte die Macht zu schlagen und einen Menschen in den Tod zu schicken, wenn dieser ihm nicht gefiel. Diese alle kamen aus den Reihen der Häftlinge. Jede Arbeitsstelle und jeder Block hatte außerdem seine besonderen SS-Männer. Dadurch wachten über jeden Einzelnen tausende Augen.

II

Am zweiten Tag nach unserer Ankunft, gleich nachdem ein großer Teil des Lagers zur Arbeit abmarschiert war, wählte unser Blockältester eine Gruppe von uns aus und erklärte, wir würden in eine bessere Baracke überführt, wo wir ein sauberes Bett bekämen und wo gute Bedingungen herrschten. Man führte uns tatsächlich zu einer Baracke nicht weit vom Lagertor, wo man unsere Namen etliche Male notierte und jedem Einzelnen ein sauberes Bett mit fein zusammengelegter Decke zuteilte. Der dicke, heisere Stubendienst lächelte beim Schreiben unbestimmt vor sich hin, so als ließe er uns hier Gott weiß was zukommen. Noch mehr lächelte er beim Zuteilen der Betten. Aber was geht es einen an, warum dieser vollgefressene Buddha lacht? Also schweigt man. Er kann sich kaum noch beherrschen und fragt flüsternd den erstbesten: Du! Wie viel gibst du, damit ich dich nicht eintrage? Dieser versteht die Frage nicht: Was meint er? Ein Mensch braucht doch einen Ort in einer Baracke, ein Bett. Zumal er doch weiß, dass man uns im Bad alles abgenommen hat. Aber jener schweigt nun wie ein Stein. Er murmelt nur: Nun, man wird sehen.

Später erst stellt sich heraus, dass man in dieser Baracke zu den schrecklichsten Arbeitsstellen eingeteilt wird, die es überhaupt in Majdanek gibt. Wir konnten das nicht wissen, genau wie wir auch nicht wissen konnten, dass die sauberen Betten zum schlimmsten Unglück im Lager zählen. Wir haben keine Zeit, lange darüber nachzudenken, denn tagsüber darf sich niemand in der Baracke aufhalten und wir werden eilig hinausgetrieben.

Ich muss anmerken, dass tausende Menschen in Majdanek zu keinerlei Arbeit gingen. Das aber war noch schlimmer. Ich spürte das sehr schnell in den ersten Minuten, nachdem wir aus unserer neuen Baracke herauskamen:

Wir, die Frischen, wurden sofort in einer gesonderten Gruppe aufgestellt und einer der Stubendienstgehilfen kam und begann, uns die »Gesetze« und Verhaltensregeln im Lager zu erklären.

Wir erfuhren, dass von Morgens an, wenn alle zur Arbeit gingen, die, die im Lager blieben, nicht einmal kurz in die Baracken hineindürften; alle müssten sich auf dem Hof aufhalten. Dabei dürfe man sich keinen Augenblick hinsetzen, sondern man müsse den ganzen Tag in unaufhörlicher Bewegung sein. Das nannte sich »Übungen«.

Die erste Lektion war wie in jedem Lager: Wie nimmt man die Mütze bei einem allgemeinen Appell ab, wie bei der Begegnung mit einem SS-Mann usw. Dasselbe mit dem Wiederaufsetzen. In allen KZs ist das das oberste Gebot, das jeder kennen muss. Wir mussten deshalb gleich an Ort und Stelle etliche Stunden lang die runden Mützen auf Kommando abnehmen und wieder aufsetzen.

Mützen auf! Und alle Hände müssen in einer einzigen Bewegung zusammenfließen. Wer seine Mütze eine viertel Sekunde später aufsetzt, den kann man vom Platz heruntertragen.

Mützen ab! Und alle Mützen müssen in derselben Sekunde von den Köpfen herabfliegen. Die Mützen müssen durch einen Schlag auf die Kleidung ein kurzes Klatschen erzeugen und wehe dem, der sich mit seinem Schlag verspätet.

So kann man stundenlang an einem Platz stehen und ständig die Hände heben und wieder herablassen, die Mütze abnehmen und wieder aufsetzen: Immer mal wechselt der Kommandant, du aber musst fünf bis sechs Stunden lang strammstehen und nur deine Hand darf sich bewegen: Mützen auf! Mützen ab!

Dann müssen sich plötzlich alle von der Stelle bewegen und in geraden Reihen anfangen im Gleichschritt zu marschieren: Rechts! Links! Links! Rechts! Bewaffnete SS-Leute mit Stecken in den Händen erscheinen an den Seiten, zählen und kommandieren:

Eins, zwei, rechts! Drei ... links! Etliche Stunden des Marschierens um den großen Platz herum, ohne Unterlass. Beim geringsten Kopfneigen oder Umherschauen werden Köpfe zerschlagen. Der nackte Instinkt wacht und wie mechanisch klappt jeder Tritt exakt nach dem bellenden Befehl. Und mitten hinein in das schlafwandlerische, mechanische Marschieren kommt wie aus heiterem Himmel das plötzliche, überraschende Kommando: Mützen …

Alle Gedanken sind wie eingewurzelt in den müden Marsch und das Gehirn kann nicht in einem Augenblick befehlen, dass anstatt des Fußes sich die Hand sekundenschnell bewegen soll, dass alle Füße mit einem kurzen Aufstampfen anhalten und stillstehen müssen. Es gibt ein wildes Übereinanderfallen in der Gruppe, Schläge, vor Müdigkeit oder Krankheit bewusstlos Hingefallene werden in die neunzehnte Baracke getragen und der Marsch geht weiter. Dazwischen kommen Übungen wie: Hinknien und Aufstehen, Hinknien und Aufstehen, dann plötzlich Umherkullern zu allen Seiten, über den Platz rollen und rollen, und zwischendurch augenblicklich aufstehen, wieder hinknien, wieder gerade in einer Reihe aufstellen. Und wenn die Reihe ausgerichtet und in Marsch ist, aus heiterem Himmel: Stillgestanden! Mützen ab! Achtung!

So drehen sich über den Platz in verwunschenen Kreisen einen ganzen Tag lang Tausende und Abertausende. Eine lange Menschenschlange marschiert her, die andere zurück, bei einer lautet der Befehl zu fallen, bei der anderen benachbarten Gruppe zu marschieren. Die Gruppen stehen eine neben der anderen, die Menschen in den letzten Reihen sehen nicht, woher die Befehle kommen und bringen sie durcheinander. Es gibt mörderische Schläge, aber jeder bemüht sich, den fortgesetzten Marsch weiter mitzumachen. Denn müde werden hier auf diesem Platz … Aber Tausende haben sich schon bemüht, haben sich überanstrengt noch einen Tag, noch zwei. Da fällt vor meinen Augen einer aus meinem Lager, er macht das Spiel erst seit sechs Stunden. Jetzt fühle ich selbst, wie die Adern sich anspannen, gleich wird etwas mit mir geschehen.

Es gibt Menschen, die schon vier oder sechs Wochen auf dem Platz sind. Sie haben sich daran gewöhnt, sie haben die ersten kritischen Tage überstanden und jetzt, sagen sie, ist es ihnen leichter, hier den ganzen Tag herumzumarschieren als hinaus zur Arbeit zu gehen. Hier haben sie in der Mittagspause eine volle halbe Stunde zum Ausruhen, das gibt es dort nicht. Wer kann denn abschätzen, was es bedeutet, an einem solchen Tag eine halbe Stunde lang Atem zu schöpfen? Und im Übrigen, sagt mir einer, bringe man ständig neue Menschen, und dann sucht man aus denen, die schon länger hier sind, welche zum Kommandieren heraus. So kann man es manchmal einen oder zwei Tage ein bisschen leichter haben.

Abends gegen halb sieben kommen die ersten Gruppen von der Arbeit zurück. Dann hören die Übungen auf und wir mischen uns unter die ankommenden Leute. Jetzt kann man ein wenig zu Atem kommen, bis alle von der Arbeit zurück sind.

III

Um halb acht ist Abendappell. Man wird wieder in Reihen aufgestellt und wieder beginnt eine endlose Zählerei. Es zählt der Stubendienst, es zählt der Schreiber, der Blockälteste ... Wenn jeder die Reihen nach seiner Vorstellung zurechtgeschoben und geformt hat, kommt erst einmal der Lagerschreiber, ein Ältester von einem anderen Block oder einfach ein Kapo. Jeder zieht, stößt, schlägt, bis der Ruf ertönt:

Achtung!

Dann wird es still wie auf einem Friedhof. Alle Höheren nehmen Aufstellung. Nun kommt der SS-Mann, der über den Block befiehlt. Er geht vorbei und mustert jedes Gesicht. Er inspiziert, ob die Reihen gut geformt sind und ob die Zahl stimmt. Wenn jemand fehlt, wird hundert Mal nachgezählt und man steht bis zum Morgen beim Appell. Die Stimmung entspannt sich erst, wenn er weiterschreitet zum nächsten

Block. Im Schnitt dauert solch ein Appell eine Stunde. Außer in besonderen Fällen. (Solche finden sich jeden Tag, aber davon später.) Nach dem Appell ertönen Schreie über das ganze Feld:

Essen holen! Brot holen!

Dann schickt jeder Block seine Leute, um das Essen zu holen. Drei Mal in der Woche bekommt man abends eine dünne Suppe, vier Mal in der Woche »Tee« mit Saccharin. Abends bekommt auch jeder seine Brotration. Offiziell sollten es 180 g sein. Aber der Stubendienst zweigt etwas ab und es bleiben nicht mehr als 120–130 g täglich. Drei Mal in der Woche bekommt man noch ein Stück Margarine von 15 g, ein Mal pro Woche ein Stück schimmeligen Käse, ein Mal pro Woche einen Löffel Marmelade und sonntags ein Stück Wurst, das 50 g wiegen muss. Jeden Tag zur Mittagszeit sollte man einen Liter Suppe bekommen. Ich sage »sollte«, weil es faktisch so viele Aufseher und Gehilfen gibt, dass ständig fünfzig Prozent fehlen. Und wehe dem, der es wagt, einen Mucks zu machen. Das ist die offizielle Verpflegung in Majdanek. In Wirklichkeit aber, wie wir bald erfahren werden, finden sich immer Vorwände, auch das nicht auszugeben.

Nach dem Austeilen des Essens ist jedem erlaubt, bis halb zehn ins Lager hinauszugehen. Das ist nur nach einem »leichten« Appell möglich, dann wird man gegen neun Uhr fertig mit dem Stück Brot und man hat Zeit, hinauszugehen, sich in der einzigen Waschbaracke zu waschen und ein paar Minuten einen Bekannten zu treffen. Das kommt aber selten vor. Nach halb zehn darf sich keine Menschenseele mehr auf dem Platz zeigen. Wer angetroffen wird, wird erhängt. Und in Majdanek erhängt man ohne Kompromisse.

Um halb zehn sind alle in der Baracke. Dann beginnen die internen Block-Gerichtsverfahren. Ich will hier nur von meiner ersten Verurteilung gleich am ersten Abend erzählen.

Wir sitzen in den Ecken auf der Erde und reden über die Erlebnisse des Tages. Eine Stimme aus der »Ältestenecke« zerreißt die Luft:

Ruhe! Und auf Polnisch: Seid still, Hurensöhne!

Alle schweigen. Ein Stubendienst steigt auf eine Bank und ruft aus:

Bett Nummer 21, Nummer 96.

Ich schrecke hoch: Meine Nummer. Wir stellen uns in einer Reihe auf und jeder der Herausgerufenen muss zum Blockältesten vortreten und seine Nummer melden.

Es beginnt das Verhör: Wie hast du dein Bett heute gemacht?

Ordentlich!

Ein Ruf zum Stubendienst: Nachsehen! Eine Minute Warten. Dann kommt der Ruf von einem Bett: Zerknautscht! In der Decke des Bettes ist eine kleine Falte entdeckt worden. Natürlich wusste jeder schon gestern, dass die Betten hier exakt gerade gemacht sein müssen. Die Decke muss viereckig zusammengelegt sein wie eine Schachtel. Jeder hat sich über alle Maßen bemüht, dass alles in Ordnung ist. Ich bin mir ganz sicher. Aber jetzt bin ich eingetragen, morgen wird es jemand anders sein. Es ist nichts zu machen, jeden Tag muss es Opfer geben. Zwei vom Stubendienst ziehen deinen Kopf herunter, einer hält dich an den Händen und sofort spürst du, wie jemand dir Feuer auf deine Gliedmaßen gießt: zehn Schläge beim ersten Mal.

Wenn du zerschlagen in deine Ecke zurückgehst, steht schon einer der Barackengehilfen dort und warnt dich: Du wirst nie davonkommen, weil du dein Bett nie so machen wirst, wie es sich gehört. Dazu braucht man einen Spezialisten. Du brauchst nur einmal pro Woche deine Portion Brot abzugeben und dein Bett wird nicht mehr eingetragen werden. Wir werden dafür sorgen. Andernfalls bekommst du an fünf Tagen nacheinander dein Quantum und dann bist du als Kandidat für die »Neunzehn« reif. Hat man denn eine Wahl? Er notiert etwas auf einem Stück Papier und ich stelle mich darauf ein, einen Tag ohne Brot auszukommen. Hauptsache am Abend nicht mehr vor einer Extraportion Schläge zittern müssen.

Aber das ist noch nicht alles.

In jeder Baracke gibt es weiße Sitzbänke, Löffel zum Essen und Messer zum Brotschneiden. Aber wehe dem, der sich auf eine Bank setzt oder der seine Suppe mit dem Löffel, den er in die Hand bekommt, isst. Das alles ist reine Dekoration. In der Baracke muss man mit ausgestreckten Beinen auf der Erde sitzen und die Suppe hinunterschlingen, während man den Löffel in der Hand hält. Eines der Millionen ungeschriebenen Majdanek-Gesetze. Vergisst es einmal jemand, kann ihn nur noch seine morgige Portion Brot vor den verschiedensten Quälereien retten.

Jeder der Häftlinge muss glattrasiert sein. Falls nicht, wird er geschlagen. Ist man mehrere Tage nicht rasiert, sieht man schlecht aus und kann beim Appell leicht zum Vergasen aussortiert werden. Offiziell gibt es im Block einen Friseur für 500 Mann. Deshalb haben etliche vom Stubendienst versteckte Rasiermesser. Sie sorgen schon dafür, dass der »Offizielle« nicht alle rasieren kann. Die Menschen kommen in Eile und müde von der Arbeit und haben Angst, zum Appell mit müdem und unrasiertem Gesicht zu erscheinen. Für eine Portion Brot wird man in einer Ecke schnell abgeschabt. Es sind Kleinigkeiten, aber das Leben hängt von ihnen ab. Und wie viele Portionen Brot hat ein Mensch?

Die Menschen sind schnell ausgehungert, kommen weg in die »Neunzehner« und an ihren Platz kommen andere. So geht es immer weiter und weiter …

Kapitel sieben

I

Auf dem Hof von Majdanek steht ein Galgen. Auf der Spitze des Galgens ist ein großer blecherner Hahn montiert. Wenn im Lager etwas stattfinden soll, zieht man unten an einem Strick. Der Hahn schlägt dann mit seinem mächtigen eisernen Schnabel auf das Eisen des Galgens und ein eigenartiger, unheimlicher Klang schallt über den ganzen Hof. Jeden Morgen, Punkt drei Uhr, weckt uns der Galgen. Er singt sein monotones Ding-Dong, das in die morgendlichen Glieder kriecht und daran erinnert, dass in Majdanek der Tag nicht aus Sonnenschein und Vogeltrállern besteht, sondern aus Nachtgedanken. Und die Ankunft eines neuen Tages wird hier durch den Galgen verkündet.

Im selben Augenblick ertönt von allen Seiten das Geschrei krächzender Stimmen: Aufstehen! Aufstehen!

Und schon muss alles auf den Beinen sein. Du hängst mit einer Hand in der Luft, und streichst mit der anderen vorsichtig in der Finsternis umher, ob sich auf deinem Bett nicht womöglich eine kleine Falte aufgerichtet hat. Alles geschieht hier im Finstern. Man bringt im Dunkeln das bisschen Kaffee und teilt es beim ersten blauen Glimmen des Tages aus. Um vier Uhr stehen wir bereit. Nach dem Appell marschiert man weg zur Arbeit. Am dritten Tag werden wir, die Neuen, auch zu einem Arbeitsplatz geschickt.

Punkt sechs werden wir durch das Tor hinausgeführt. Draußen ist die lehmige Erde durch den beständigen Regen aufgeweicht. Wir gehen mit den hölzernen Pantinen an den Füßen und bei jedem Tritt versinken wir im dichten Gelb. Es gibt aber keinen anderen Weg. Gut möglich, dass wir wegen dieser klebenden Masse derweil noch leben. Wir müssen hier die Wege pflastern.

Der schlammige Weg zieht sich einige Kilometer hin. Wir marschieren an zig Toren und Gebäuden vorbei. In der Ferne sind Reihen Tausender Menschen in gestreifter Kleidung zu sehen, die zu ihren Arbeitsplätzen ziehen. Diejenigen, die weiß-blau gestreifte Kleidung tragen, gehören in Majdanek zu den Glücklichen. Sie sind ihrer Arbeit sicher. Sie gehen sogar unter Bewachung in die Stadt zur Arbeit, wo sie manchmal ein übriggebliebenes Stück Brot bekommen. Wir dagegen sind noch in Zivilkleidung, die von allen Seiten mit einer großen Aufschrift bestempelt ist: KA-EL! KA-EL! Es heißt, wir sind nur vorläufig bei der Arbeit, und später …

Jene dort gegenüber gehen und singen. Sie müssen singen, genau wie wir, und wie alle anderen Gruppen. Auf der anderen Seite ziehen Menschen-Prozessionen vorbei, die von irgendwo hergebracht werden. Sie wissen noch nicht, dass ihr Weg in die Gaskammer führt. Wir wissen es sehr wohl. Aber wir müssen so laut singen, damit jene dort wahrnehmen, dass man hier singt. Sie werden dadurch beruhigt sein bis zur letzten Minute.

Wir kommen zu einem großen schlammigen Platz. Dort befinden sich schon tausende Menschen. Hunderte SS-Leute gehen umher mit großen Wolfshunden an der Seite und mit großen, langen Peitschen. Hohe Berge Steine und Sand liegen hier angehäuft. Die Vorarbeiter treiben die Gruppen schnell auseinander. Ich weiß selbst nicht genau, wie, aber ich finde mich bei einem großen Steinberg wieder. Die Arbeit besteht im Reinigen der alten Steine. Man sitzt hier mit ständig geneigtem Kopf. Man darf nicht einen Moment den Blick heben. Lange Reihen von Zweierpaaren füllen schnell Kästen mit Steinen oder Sand und laufen damit hin, zurück, bergauf. Bei der Arbeit muss man Jacken und Hemden ausziehen und halb nackt gehen. Die SS schlägt ununterbrochen mit bleibesetzten Peitschen den Laufenden auf den nackten Leib. Die Körper sind bei allen mit schwarzem, angetrocknetem Blut beschmiert. Auf allen Seiten gehen Vorarbeiter und Kapos herum, jeder treibt und jeder schlägt. Es gibt ein Gesetz in Majdanek: Von solch einem Platz muss man jeden Tag ein paar Tote wegtragen. Jeder »Handlanger« hilft nach Kräften mit.

Der ganze Platz ist erfüllt von jammervollem Geschrei. Da und dort krümmen sich Menschen vor grauenhaften Schmerzen. Die Hände arbeiten fieberhaft, um nur nicht durch irgendetwas aufzufallen. Plötzlich spüre ich einen mächtigen Schlag über den Schädel, ein elektrischer Strom läuft mir lähmend durch den ganzen Körper. Eine Hand greift mich und schleppt mich irgendwo hin. Wie im Traum höre ich den Befehl: Bück dich! Bald spüre ich, wie feurige Schlangen über alle meine Glieder kriechen. Und auch meine Stimme verschmilzt mit dem allgemeinen Geschrei auf dem Platz.

Mehrere gleichzeitig schlagen mich. Zwei SS-Männer und zwei Vorarbeiter. Ich komme heraus aus ihren Händen mit zerschnittenem Körper. Von meinen Augen rinnt etwas. Die Stückchen Glas in meiner zerbrochenen Brille sind es, die so wehtun. Ich glaube, dass ich nach 25 solcher Schläge nicht mehr zu mir kommen werde. Alles an mir brennt vor Schmerzen. Was kommt dabei heraus, in Majdanek am Leben zu bleiben? Ein weiterer Tag Qualen und dann, dann geht man in die Kammer als ein Stück blutiger Masse.

Und doch finde ich noch die Kraft, mich zu meinem Platz zu schleppen. Die Glocken klingen von allen Seiten: Mittagszeit.

II

Wer kann denn die verborgenen menschlichen Kräfte ergründen? Da gehe ich in der Reihe genau wie alle zum Mittag ins Lager. Die Reihen werden schnell gebildet. Voraus gehen die, welche die Toten zurück auf den Platz tragen. Zwei Mann tragen jeweils einen Toten. Auch sie müssen in der Reihe gehen mit den Toten auf den Schultern. Wir müssen schnell ausschreiten, das bisschen Suppe essen und zurück an die Arbeit. Bei jedem Schritt schreien die zerschlagenen Glieder auf wegen der brennenden Wunden, aber man muss schweigen, während man auf die schaut, die man zurückträgt und die schon verstummt sind.

Die Suppe wird draußen im Stehen ausgetrunken. Die Füße sehnen sich nach einer Minute Ruhe, aber man muss schon zurückmarschieren. Viele legen sich resigniert auf die Erde. Soll geschehen, was wolle! Sie gehen nicht mehr zurück! Die Reihen werden bereits formiert, aber sie rühren sich nicht. Es prasseln von allen Seiten Schläge auf sie ein, die Vorarbeiter schlagen, der Stubendienst, ein vorbeikommender SS-Mann, doch sie haben mit allem abgeschlossen. Man schlägt sie so lange, bis sie erledigt daliegen, bereit fürs Krematorium. Andere werfen sich den Blockältesten zu Füßen, schreien und küssen jedem die Füße: Sie wollen sich nur einen Tag ausruhen, oder einen halben. Die Schläge lassen ihre Rede allmählich verstummen und ihre Bewegungen weniger werden. Nach jedem halben Tag fehlen viele an der Gesamtzahl und man muss sie durch Menschen vom Hof ergänzen. Im Verlauf weniger Wochen hat unsere Arbeitsstelle schon Tausende verschlungen. Die Menschen, die schon länger hier sind, erzählen, dass selbst der Blockälteste schon Schläge eingefangen hat, weil es »bei ihm im Block so viele Faulenzer gibt«. Also muss er antreiben, muss er töten.

Nachmittags wird die Hölle noch schrecklicher. Es erscheinen mehr Kapos und mehr SS-Leute. Das Laufen über die Berge, beladen mit Steinen, muss in höchstem Tempo vonstatten gehen, von allen Seiten wird geschlagen. Die Hunde reißen lebende Stücke Fleisch und die Kapos und die SS hetzen sie weiter auf. Immer wieder ruft man einen von der Arbeit weg und schlägt ihn so lange, bis er keine Kraft mehr hat, einen Krächzer von sich zu geben. Wer noch kann, steht auf, wer nicht, bleibt liegen, bis man ihn am Abend mit den Lebenden zum Appell mitnehmen wird.

Unter den Vorarbeitern zeichnen sich am meisten der Deutsche Willi und der Pole Janusz mit ihrer besonderen Art zu quälen aus. Janusz rühmt sich jedes Mal, dass er schon ein paar tausend Juden getötet hat. Beim Schlagen redet, flucht und prahlt er ohne Unterlass. Wenn das Opfer schreit, nimmt er jeden Fetzen Wehgebrüll mit tiefem, keuchendem Vergnügen auf. Willi dagegen ist ruhig. Mag das Opfer schreien und zappeln – Willi schweigt, versunken, als wäre er aus Stein. Man kann nicht wissen, ob er einfach so mordet oder mit besonderem Genuss. Er hat jedoch mehr Opfer auf seinem Gewissen als Janusz. Gewöhnlich erschlagen sie ihre Opfer mit einem dicken Stecken. Den Menschen erstarren die Glieder schon, wenn sich einer von ihnen auch nur nähert.

Diese Banditen hatten sich darangemacht, Helfer auch unter den Juden auszusuchen. Als Erster meldete sich ein krimineller Typ namens Moniek zu der Arbeit. Das war ein Junger, ein Riese, der lange Jahre in den Gefängnissen von Zamość gesessen hatte und zusammen mit unserer Gruppe gebracht worden war. In Majdanek traf er viele seiner Gefängniskumpane an. Sie halfen ihm, ein Schieber zu werden. Er hatte aus seiner Haftzeit eine reiche »Erfahrung« darin, wie man raffiniert quält und stand deshalb schnell in der Gunst bei Willi und Janusz. Er wurde bald einer der Herren über unser Leben.

Er bewies beim Schlagen ganz besonderen Eifer.

Er konnte seinen ehemals besten Freund aus der Reihe herausrufen und ihm befehlen: Bück dich! Und ihm mit kaltblütiger Miene jedes Glied einzeln brechen. Das schrecklichste Geschrei konnte ihn nicht aus seiner gelassenen Kaltblütigkeit reißen.

Noch schlimmer: Er rief speziell seinen besten Lagerfreund zum Schlagen heraus. Seine großen Banditenaugen schienen sich daran zu erquicken, wenn dieser sich vor Qual wand. Er peinigte präzise und methodisch. Alle paar Minuten sah man ihn zur SS laufen, um seine treue Ergebenheit zu beweisen. Bei jedem Schlag betonte er gern, dass er, obwohl er Jude sei, alle Juden hasste und sie ausrotten müsse. Auf dem Grund seiner Verbrecherseele lag aber keine Spur von Hass. Sein grausames Herz war überhaupt nicht in der Lage, etwas zu fühlen, nicht einmal Feindschaft. Dieser riesige Kerl wollte nur sein kaltes Herz und seine mörderischen, geschwollenen Augen befriedigen. Er schlug auch, um seinen alten Freunden zu zeigen, »wie groß er geworden war«. Er berechnete stets, wie viele Qualen man einem Opfer zufügen musste, damit dieses bereit war, alles herzugeben. Sein Schlagen war so präzise bemessen und so aufgeladen mit Schmerz, dass es die größten Helden brechen konnte. Er erweckte dabei den Anschein, als führte er hier eine hohe Staatsaufgabe aus.

Einmal, als er mich verprügelte, vergaß er nicht, sich dabei herabzubeugen und mir ins Ohr zu flüstern: Ich muss dich schlagen, ich habe einen höheren Befehl bekommen. Um dann mit noch mehr Kraft auf mein Rückgrat einzuschlagen.

Letztlich bekam er sein »Recht« zu schlagen von Janusz. Der SS drängte er sich nur selber auf, jede freie Minute lief er hin, etwas anderes zu melden, obwohl er mehr als einmal wegen der Frechheit, sich zu nähern, von ihnen geschlagen wurde. Er wollte damit beweisen, dass er »mit ihnen bekannt« war, und das gab ihm den Mut, scinen »Größenwahn« des Ausführens höherer Befehle auszuleben. Er wurde bald der Hauptratgeber der verschiedenen Schläger und Unterkapos und wurde zu den Gespenstern am Arbeitsplatz gezählt.

III

Mit jedem Tag fielen immer mehr Menschen bei der Arbeit aus. Abends, wenn man heimging, rechnete man in der Baracke mit weiteren Schlägen und neuer Pein. Es war nicht länger auszuhalten. In jedem suchte und drängte etwas hervorzubrechen.

Und dann passierte es: Eines Abends, als der wenige Kaffee und das Stückchen Brot schon ausgeteilt waren und jeder in seine Ecke schlurfte, kam Moniek herein, mit der Miene eines Königs. Er ging mit gleichgültigen Bewegungen zu seinem Bett bei der Tür. Plötzlich erblickten seine scharfen Augen etwas. Gegenüber saß eine ausgezehrte Gestalt und hielt eine Portion Brot mit etwas Margarine darauf in der Hand.

Monieks Nasenlöcher sogen scharf den Atem ein. Gelassen ging er zu ihm hin und blieb dicht vor ihm stehen. Er legte seine Pranke auf das Brot und zischte: Hast du es schon vergessen? Dieser hob flehend den Blick und stammelte: Ich bin hungrig, Moniek! Aber Moniek schreitet bereits weiter zu einem anderen, seine tägliche Schuld einzufordern. In der Baracke ist es schon finster und er bemerkt das seitlich herausgestreckte Bein nicht. Er stolpert und fällt der Länge nach hin. Das ist wie ein Signal. Von allen Seiten fällt man über Moniek her und bald windet sich auf der Erde ein erhitztes Knäuel aus Körpern. Jemand hat ihn an der Gurgel gepackt, damit er nicht schreien kann, die anderen klammern sich mit machtlos zornigen Nägeln an seinem Gesicht, an seinem Leib fest. Nun bin auch ich eingeflochten zwischen die Hände und Glieder. Monieks großer, mächtiger Körper windet sich in fieberhaften Verrenkungen. Sein Zappeln weckt aber noch mehr die trunkene Erregung in jedem Einzelnen von uns und mir entreißt sich ein Freudengeschrei süßer Rache.

Niemand will jetzt daran denken, was für Folgen das nach sich ziehen wird.

An die zwanzig Menschen stehen jetzt hier über einem verhassten Stück Fleisch und jeder von ihnen will sich ein Stück verquälte Befriedigung herausreißen, einen Brocken eingeforderter Gerechtigkeit. Soll später geschehen, was wolle, jetzt ist es unmöglich, sich zurückzuhalten. Wenn der Zorn sich jetzt nicht vollständig entlädt, musst du zusammenbrechen.

Nein, es waren nicht einfach Rachegelüste! Menschen, die über längere Zeit geschlagen und gequält werden, nähren in sich eine Gier, mit Grausamkeit und Pein zu antworten; es funkelt in ihnen eine Art Begierde, auch zu peinigen, die eigene Machtlosigkeit zu überwinden. Der Verstand sieht als Ziel des Zornes den Mörder. Dem Unterbewusstsein aber ist es egal, wer als Erstes von dieser Zornesflamme erfasst wird, und lässt sich mitreißen.

Es ist möglich, dass dieser Art des Aufbrausens eine Metamorphose des Neides innewohnt, der in der Tiefe eines jeden Geschlagenen liegt und schläft. Ein Neid auf jene, die ganz frei morden können. Ich sehe darin den Schlüssel zu vielen rätselhaften Erscheinungen.

Dieses Mal war Moniek das Objekt, das die Kräfte vereint und alle Gefühle auf sich gezogen hatte.

Von dem eigenartigen Lärmen wurden der Blockälteste und die Stubendienste von irgendwoher aufgeschreckt. Sie gingen mit ihren Stöcken auf die Köpfe los, aber dieses Mal konnte das wenig ausrichten. Die Verkeilten konnten sich wie in einem tiefen Rausch nicht von ihm lösen. Der Tumult trieb die ganze Baracke zusammen. Die langgezogene Formation dort in der Finsternis wisperte mit süßem Flüstern:

Moniek! Man hat Moniek erschlagen.

Vierhundert Leiber spürten die Schläge nicht, sondern drängten sich immer näher zur Tür, um wenigstens einen Blick auf das verdunkelte, in Schatten gehüllte Bild der Rache zu werfen. Der Blockälteste, Sidlower, bekam die Lage nicht unter Kontrolle. Er wollte aber nicht, dass der Lärm durch die schweren Türen drang, in die ruhig einschlafende nächtliche Außenwelt. Da erhob sich ein Brummen von allen Seiten:

Mit allen muss man es so machen, mit allen! Unser Tod und ihrer!

Seit langem schon hatte sich in jedem ein Knäuel dunkler Gefühle angesammelt, das man aus tief verwurzelter Furcht erstickte, und jetzt kam das erste Signal, der Weckruf. Jetzt ist man im Stande, alle Grenzen der Angst zu überschreiten, das eigene Denken auszuschalten und sich auf ein sinnlos verwickeltes Gerangel einzulassen, wie Wölfe in winterlichen Hungernächten mit Klauen und Zähnen.

Der gerissene Sidlower wusste sich nur einen Rat. Er fing an, in einem ruhigen, sanften Polnisch zu reden:

Kollegen!

Schlagartig wurde es ruhiger. Als wäre eine Leine über jedermanns zorniges Aufbrausen geworfen worden. Kollegen – ein menschliches Wort, ein schon lange nicht mehr gehörtes, zügelte und glättete den Zorn der vierhundert aufgewühlten Gemüter.

Das Neue an Sidlowers Art zu reden erregte im Bruchteil einer Sekunde eine versteckte Neugierde und lenkte für einen Augenblick die Gedanken in eine andere Richtung. Die kochende Glut riss derweil auf und wurde mittendrin unterbrochen. Beim Erspüren des ersten wenn auch künstlichen Klanges eines vernünftigen Wortes brach das Aufbrausen zu unmenschlichen Handlungen der Verurteilten in sich zusammen.

Sidlower nutze diesen Moment und begann seine Rede mitten in die Stille hinein. Er versprach, sich dafür einzusetzen, dass man bei der Arbeit nicht mehr gequält werde und die Bedingungen verbessert würden, er habe die Mittel dazu. Die aufgeregte Menge kam derweil zur Besinnung. Einige waren erschrocken vor der eigenen Dreistigkeit, die sie sich gerade eben herausgenommen hatten. Die Majdanek-Atmosphäre wurde wieder wahrgenommen und bei jedem begann der Instinkt, nach einem Ausweg aus den Folgen der hiesigen Revolte zu suchen. Die unerwartet milde Ansprache des Blockältesten war deshalb der beste Weg. Das Bewusstsein, dass man morgens wieder aufstehen muss, half auch mit, die Menge zu den Betten zurückzutreiben …

Nach wenigen Minuten waren nur noch die Stubendienste am Ort. Sie kümmerten sich lange um den zusammengeschlagenen Moniek, dessen Glieder anfingen, krampfartig zu zucken. Später nahmen sie ihn mit zu sich in die Ecke und schimpften lange auf ihn ein.

Erst am Morgen erkannten wir, dass Moniek noch lebte. Er hatte Kopfverletzungen und die Unterlippe war an zwei Stellen gerissen. Er lag in einer Ecke und schimpfte mit übelsten Flüchen auf alle ein. Er war von Kopf bis Fuß bandagiert, sodass man sein Gesicht nicht mehr sehen konnte. Der einzige Trost war, dass wir ihn ein paar Tage nicht bei der Arbeit haben würden … Dafür aber nahmen Monieks Freunde an jenem Tag auf das Grausamste Rache an uns.

Am Abend nach dem Appell rief der Blockälteste die ganze Schlägertruppe, einschließlich Janusz und Willi, zusammen und verhandelte lange mit ihnen. Als sie weg waren, teilte er uns mit, dass sie bereit seien, bei der Arbeit menschlicher zu schlagen (aufhören zu schlagen war ihnen nicht möglich), vorausgesetzt, sie bekämen jeden Tag sechs Laibe Brot von der Baracke. Wir müssten heute noch entscheiden, ob wir eine noch kleinere tägliche Portion Brot und weniger Quälerei wollten oder nicht. Eines könne er uns aber sagen: ein Zurück gäbe es nicht. Das sei das einzige, was er unseretwegen habe tun können. Wenn wir diesen Vorschlag zurückwiesen, würde es jene noch ärger provozieren, und man könne sich vorstellen, was uns dann erwarte. Er werde nicht weiter verhandeln.

Allen sank das Herz: weniger Brot! Wieviel bekam man denn, alles in allem? Es würde noch schlimmer sein als überhaupt zu fasten! Aber jeder war schon zu müde, um sich irgendetwas widersetzen zu können. So schrumpfte unsere tägliche Brotration durch die verschiedenen Auslösesummen auf 80–100 Gramm. Abends, wenn man mit geschwächtem Herzen zurückkam und den kleinen Bissen Brot herunterschlang, reizte es erst recht den Hunger, der vom Schreien in den Eingeweiden schon ermüdet eingeschlafen war, mit solch verrückter Schärfe, dass es einen oftmals gelüstete, ein Stück des eigenen Fleisches abzuhacken, um sich einmal satt zu essen.[7]

7 Wie mein Freund Dr. Mark Dworzecki herausfand, wurde Moniek Anfang 1946 von einer Gruppe Juden in einem der deutschen Lager [gemeint sind Displaced-Persons-Lager] erkannt. Er wurde von derselben

IV

Aber auch an den Hunger gewöhnt man sich, genau wie an die Schläge. In den ersten Tagen in Majdanek konnte ich überhaupt nicht verstehen, wie es möglich ist, hier auch nur einen einzigen Tag zu überleben. Doch nach der ersten Woche in diesem Teufelsrad stellte sich heraus, dass das Leben, begleitet von Schmerzen in den Gliedern und mit vom Hunger hervorstehenden Augen, irgendwie gehen muss.

Einmal entdeckte Mendel, mein Bettnachbar, zwischen einem Haufen Steine einen Flecken Erde, bedeckt mit hochwachsenden Gräsern. Er schlich dorthin, ließ sich unbemerkt hinab auf den Boden und begann, hastig mit dem Mund das Gras auszureißen.

Am dritten Tag enthüllte er mir sein Geheimnis. Wir sprachen ab, morgen zusammenzubleiben und gleich nach der Ankunft bei der Arbeit dorthin zu gehen. Draußen hatte der Tag noch nicht begonnen. Eine drückende Atmosphäre hielt die Sorglosigkeit des Tages auf dem Weg zurück und die graue Leere senkte sich wie Trauer auf die ganze Umgebung. Wir griffen schnell unsere Arbeitswerkzeuge und bogen zu einer Seite ab. Die hohen, langen Gräser erwarteten uns schon mit Tränen auf den Wangen. Ich kniete nieder und vergrub den Kopf in dieser grünen Taufeuchte. Ich wusste nicht, was ich mehr beiße, die Gräser oder meine Lippen? Eine bittersüße Saftigkeit schmiegte sich an den Gaumen und alle Glieder jauchzten auf vor unglaublicher Wonne.

Den Mund vollgestopft mit Gras, das sich bis tief in den Hals drängte, liefen wir schnell zur Arbeit, ehe irgendeiner der Aufseher es bemerkte.

Gruppe zum Tode verurteilt und hingerichtet. Er war nach Majdanek und Skarżysko noch Oberkapo in einer Reihe von KZs (wo Dr. Dworzecki ihn traf) und hatte Hunderte weitere jüdische Opfer auf dem Gewissen. Erst nach der Befreiung nahmen jüdische Hände an ihm Rache. (Anm. d. Verf.)

So begannen wir, unser frühmorgendliches Frühstück zu zelebrieren.

Das Geheimnis konnte aber nicht lange gewahrt werden. Wenn auch jedermanns Geist in den ersten Tagen auf das Gehetze konzentriert war und außer den SS-Peitschen und dem Haufen Steine nichts wahrnahm, so fingen doch die Augen allmählich an, jedes Gräschen, das sich über einem zurückgelassenen Sandberg bewegte und jedes Feldblümchen, das auf einem schlammigen Stück Weg erzitterte, zu bemerken. Und jeder begann, mit verstohlenen Schritten drauf zu lauern.

Die Vorarbeiter und die SS-Leute kamen schnell dahinter und begannen ruhig abzuwarten, um jemanden dabei zu erwischen, wie er sich auf einen Grashalm stürzte. Jeder war aber bereit, die schwersten Schläge hinzunehmen, bloß um gleich frühmorgens etwas Weiches und Zerkautes zu spüren, das durch die Zähne in den leeren Magen glitt. Die Russen begannen, es uns nachzutun, auch die Franzosen, bis auf dem Weg nicht das geringste Gräslein mehr zu entdecken war.

Die Gräser selbst begannen davor zurückzuschrecken, auf diesem merkwürdigen Platz hervorzukommen, der ständig mit zerrissenem Geschrei angefüllt war. Es half auch nicht das nächtliche Weinen des Regens, das sie aus dem Innersten der Erde herausrief, sie sollten die grünen Köpfchen hervorstrecken und das Streicheln des sommerlichen Windes genießen. Sie wollten der fließendwarmen Sommerbotschaft nicht mehr zuhören und kuschelten sich in den erdigen Pelz, um sich vor den scharfzahnigen Hungermäulern zu schützen.

In der ersten Zeit las jedes Gräschen in deinen Augen den wahnsinnigen Kummer, warf sich dir entgegen und rief:

Hier, nimm mich, iss mich, mach mit mir was du willst, aber schau mich nicht mit solchen Augen an. Und jetzt, wenn es geschah, dass ein junger Grashalm mit neugierigem Schreck ein bleiches grünes Köpfchen herausstreckte, erstarrte er sofort vor der umgebenden Leere und wartete wie ein Kind, das sich auf unbekannten Wegen verlaufen hatte, schuldbewusst auf ein Urteil.

Die tausenden Münder hatten schon alle Dornen und stachligen Gräser in der ganzen Umgebung abgenagt, der Magen hatte schon gelernt, sich an jedem Frühmorgen in die Gedanken hineinzustehlen und dort mit einem klagenden Klopfen erhöhte Grasaufmerksamkeit zu wecken. Andere nahmen etwas Sand in den Mund, mischten und kauten es mit der Zunge langsam durch, um sich selbst mit dem Fühlen von irgendetwas im ausgetrockneten Mund zu täuschen und spuckten es später hart und verklebt wieder aus.

Immer mehr und mehr fielen wegen Magenkrämpfen aus.

Manche Menschen legten sich wortlos auf die Erde und krümmten sich vor rätselhaften Schmerzen. Die Gesunden mussten sie am Abend wegtragen in die Baracke, von wo sie ihren weiteren, kurzen Weg in die Ewigkeit antraten. Bei anderen begannen die Beine, das Gesicht, die Hände anzuschwellen. Vom tagelangen Stehen in der Sonne mit geschorenen, entblößten Köpfen entstanden bei vielen dicke wässrige Schwellungen an den Schädeln. Das Blut war hungrig und müde und konnte dem keinen Widerstand entgegensetzen. So konnte sich die Schwellung mit Leichtigkeit aussuchen, welchen Körperteil sie wollte. Sie alle wurden schnell vom großen geschlossenen Hoftor des Neunzehners verschlungen und niemand sollte erfahren, was mit ihnen geschah.

In der Baracke begann es geräumiger zu werden. Aber keine weiteren »lebenden« Transporte wurden hereingebracht. So drückte die Geräumigkeit wie eine schwere Last.

Kapitel acht

I

In Majdanek wurden Menschen aus verschiedenen Ländern und wegen allerlei Verbrechen gesammelt. Wie in jedem KZ wurde man dort mit einer Stoffnummer gekennzeichnet, die auf der Jacke und auf der Hose am Knie aufgenäht sein musste. Das gleiche galt auch für die Kennzeichnung der Verbrechenskategorie. Mit geringen Ausnahmen waren auch die Schuld-Abzeichen dieselben wie überall. Sie waren in Form von dreieckigen Winkeln gefertigt und mussten unter der Häftlingsnummer aufgenäht sein.

Ein politischer Verbrecher trug einen roten Winkel. Wenn er kein Deutscher war, gab ein Buchstabe auf dem Winkel seine Nationalität an. Ein Pole trug ein großes lateinisches P, ein Franzose F, ein Grieche G, ein Zigeuner Z usw. Ein krimineller Verbrecher wurde mit einem grünen Winkel gekennzeichnet, ein krimineller Schwerverbrecher mit grün mit einem großen, schwarzen S (sicherheitsgefährlich). Arbeitspolen trugen einen schwarzen Winkel (auch alle Zigeuner trugen schwarze Winkel, das bedeutete, sie waren wegen ihrer Faulheit eingesperrt …). Homosexuelle wurden mit rosa gekennzeichnet, Juden mit gelb. Juden mit auch politischen Straftaten mussten zwei Winkel in Form eines Davidsterns tragen, den gelben über dem roten. Ein Rassenschänder trug einen schwarzen dreieckigen Rand über seinem Nationalitätswinkel. Geistliche, Bibelforscher und Pazifisten aus religiösen Gründen (einfache Pazifisten wurden zu den politischen Verbrechern gezählt) trugen violett und des Emigrationswillens Verdächtigte dunkelgrün.

Der größte Teil der in Majdanek Eingesperrten war von anderen Völkern. Deutsche brachte man aus anderen KZs in

Deutschland nur, damit sie Ämter als Kapos und Lagerälteste einnahmen. Sie waren alle schon lange Jahre in verschiedenen KZs und hatten schon längst vergessen, wie die Freiheit und ein gewöhnliches, menschliches Leben aussehen.

Im ersten Moment, als wir hierher gebracht wurden, hatte unsere Sympathie den Deutschen mit den roten Winkeln gehört. Man wollte glauben, dass die, die aus politischen Gründen eingesperrt waren, Gegner des Hitlerismus und folglich auch Gegner von Mord und Bestialität seien. Schon die erste Nacht in Majdanek bewies uns unseren psychologischen Irrtum. Der heisere Lagerälteste vom dritten Feld war ein Roter Winkel. Die Kapos an verschiedenen Arbeitsstellen bis hin zur Gaskammer waren Rote und Grüne. Und das Gespenst des ganzen Lagers, der große Wiener Kapo[8], war ein Roter Winkel.

Es gab kleine Arbeitsstellen, auf denen nur kleine Gruppen von einigen Dutzend Menschen arbeiteten. Außer den Werkstätten, wo Tausende Fachleute unter besseren Bedingungen arbeiteten, war der größte Arbeitsplatz der »Straßenbau« der Firma »Polstephan« mit ihrer zweiten Abteilung, der Kommandantur. Das war der schrecklichste Platz in Majdanek, wo die meisten Menschen zu Tode gequält wurden, was sich über Tage und Wochen hinzog. Der Hauptanführer der Peinigungen an dem Ort war der große Wiener Kapo, der die Arbeit bei der Kommandantur beaufsichtigte.

Er war ein außergewöhnlich schöner junger Mann mit einem zeitlos milden Lächeln im Gesicht. Einfaches Töten befriedigte ihn nicht. Wenn er mit seinen langen Geigerhänden den ausgetrockneten Hals eines Juden ergriff, pflegte er

8 Karl Johann Galka (21.1.1923 in Wien – ?) wurde von der SS Ende April 1943 ins KZ Majdanek überstellt, wo er bis zum Frühjahr 1944 als Häftlingskapo verblieb. Danach rückte er zur Wehrmacht ein und geriet ein Jahr später in britische Kriegsgefangenschaft. Nach seiner Entlassung wohnte er in Hannover, erhielt 1957 die deutsche Staatsbürgerschaft und arbeitete bis zu seiner Verhaftung 1975 als Kraftfahrer und Hilfsarbeiter. 1979 fällte das Landgericht Hannover das Urteil: sieben Jahre Jugendstrafe wegen Mordes.

zu grinsen. Ein ungewöhnliches Entzücken ergoss sich über das satte, zufriedenrosige Gesicht, wenn sich seine großen Hände fester und fester in dessen Atem hineindrückten. Zuerst ließ er noch ein bisschen Atemluft durch die Luftröhre, ließ ihn nur die eiserne äußere Klammer seiner kräftigen Finger spüren. So konnte er ganze Minuten lang seine Hände auf dessen Lebensquelle halten und durch seine Nägel dessen röchelnde Wärme in sich aufsaugen. Ruhig, als ob nichts wäre, drückte er seine fingrigen Zwingen immer stärker in dessen Luftröhre, nur noch einen schmalen Spalt im Hals übriglassend, durch welchen sich das letzte Restchen rangelndes Leben einen schreiend-pfeifenden Ausgang suchen musste. Dabei stand er und nahm ernst jedes Gurgeln, das vom Ersticken des Opfers drang, in sich auf. Man konnte nicht erkennen, ob er einfach nur Genuss hatte an jeder Minute und jedem Augenblick des langsamen Mordens oder ob er etwas erforschte.

Manches Mal pflegte er sein Opfer plötzlich aus der Umklammerung zu befreien, ließ ihn die Luft einatmen und beobachtete, wie alle Glieder des Menschen reagierten, sich hoben und senkten in stummer Freude beim Erspüren des einströmenden Lebens. Später packte er ihn wieder im Zorn und würgte ihn und würgte. Oftmals wiederholte er diese Vorstellung viele Male, bevor er ihn zu Tode erstickte.

Die wenigen Tage, an denen ich die Gelegenheit hatte, den Wiener Kapo bei seinem Tun zu beobachten, hinterließen bei mir den Eindruck, er erforsche etwas.

Ein weiteres seiner Vergnügen war das Ertränken von Menschen. An der Arbeitsstelle stand ein großes Fass Wasser. Er ergriff einen Menschen und steckte ihn mit dem Kopf bis über den Hals ins Wasser. Mit seinen kräftigen Händen hielt er das Opfer wie ein Spielzeug an den Füßen und wiederholte die Prozedur mehrere Male. Er erquickte sich daran, den menschlichen Todeskampf in den eigenen Händen zu erspüren. Das gleiche machte er beim Wasserbecken in der Mitte des Lagers.

Über seine spezifische Art zu schlagen und mit seinen langen Beinen Menschen zu zertreten will ich jetzt hier nicht berichten. Ich kann bloß sein ewig-lächelndes Gesicht nicht vergessen. Selbst wenn er sich erregte, während des Mordens, hatten seine leuchtenden Augen denselben Glanz. Immer überlagerte der Genuss am Morden die Grausamkeit eines Peinigers. Es sah aus, als probiere er alles nur Erdenkliche aus. So als wolle er die wahnsinnsgetriebene Gewalttat, den Mord in Erregung, erforschen. Es gelangte aber nicht bis zu seinen Gefühlen. Die Tiefe seines Bewusstseins wurde nicht durchdrungen von dem Grausamkeitsschauder. Jedes Glied für sich genoss das ruhige Glücksgefühl beim Auslöschen von Leben. Gerade so, als ob ein Kind plötzlich die Möglichkeit hätte, zum Himmel zu greifen und spielerisch einen Stern auszulöschen.

Dies war einer jener Typen Mörder, für die ich in Gedanken derweil noch kein anderes Wort habe als Flegel, böswillig-mutwillige, grausame Flegel, welche deshalb noch schrecklicher sind, weil bei ihnen niemals ein Quäntchen Gewissen aufblitzt.

Alle begannen, den Wiener Kapo nachzuahmen, von der SS bis zum niedrigsten Vorarbeiter und Schieber. Er selbst hatte einen eigenartigen Genuss daran. Er liebte es auch, vorbeizugehen und die Menschen dabei erzittern zu sehen. Ich könnte schwören, er spürte physisch den Schauder in deren Leib.

Das war Vorbild und Hintergrund für alle kleinen Peiniger in Majdanek.

II

Eine besondere Rolle spielten die polnischen zivilen Meister von Lublin, die jeden Tag aus der Stadt kamen, um die Arbeit zu leiten. Sie trugen weiße Armbinden mit Aufschriften, die sie vor dem Arrest und vor der Verschickung zur

Arbeit nach Deutschland schützten. Ständig hetzten sie die verschiedensten dunklen Elemente unter den Vorarbeitern und unter den einfachen Gefangenen gegen die Juden auf. Sie erzählten Schauermärchen über jüdisches Verhalten im Vorkriegspolen und klagten ständig, warum nicht alle Juden schon in den Krematorien verbrannt worden seien, sondern mit ihrem mageren dürftigen Leben das ruhige polnische Gemüt noch erregten. Beim Schlagen ließen sie eine Flut von Reden los, um ihre Handlungen zu rechtfertigen. Wir seien schuldig an den Leiden Jesu, daran, vor dem Krieg fette Hühner gegessen zu haben, an den durch jüdische Bolschewiken verwüsteten Klöstern.

Aber hier soll einer erwähnt werden, wirklich einer unter den Hunderten Technikern und Aufsehern, ein junger polnischer Ingenieur, dessen Name uns unbekannt blieb, der uns als Symbol einer lichten, menschlichen Figur blieb. Der Allereinzige, der den Gepeinigten nicht nur Mitleid, sondern auch aufrichtige Zuneigung entgegenbrachte. Er leitete die Meliorationsarbeiten. Jeden Tag wählte er etliche Menschen aus, hob mit ihnen Gruben aus, ebnete Berge ein und zog das Wasser von sumpfigen Orten ab. Er wies mit mitfühlendem Ton jedem seine Arbeit an, oftmals löste er einen Menschen von den Schlägen eines Kapos aus und bemühte sich, die Arbeit etwas zu erleichtern. Schon von weitem berührte seine ständig bedrückte Silhouette in dem weißen sommerlichen Mantel die verschütteten Gemüter und jeden Morgen, wenn wir in langen, stummen Reihen aufgestellt dastanden und warteten, welcher Meister uns für seine Gruppe aussuchen werde, warfen sich Tausende Augenpaare auf ihn und bettelten wortlos um einen Brocken Aufmerksamkeit. Er selbst erschrak vor der stummen Sympathie so vieler verstohlener Blicke. Er wollte nicht, dass es der SS auffiel und bat flüsternd seine Arbeiter, es nicht zu zeigen, wenn sie in der Reihe standen. Aber wer war denn in Majdanek im Stande, die Gefühle gegenüber dem einzigen menschlichen Antlitz zu ersticken?

Die Fantasie eines jeden umfing ihn mit tausend Gedanken. Man stellte sich ihn als eine übernatürliche Wundererscheinung vor, als eine Art Engel, obwohl er sich nur menschlich, zutiefst menschlich benahm.

Vielleicht ist allein dies schon ein Beweis eines nicht alltäglichen Wunders.

Er fand stets Arbeit an einem weit abgelegenen Ort, wo die SS seltener hinkam. Er selbst setzte sich auf die Seite und ließ die Arbeiter in Ruhe.

Zwei Tage war es mir vergönnt, bei ihm zu arbeiten. Ich bemerkte, wie er den Blickkontakt mit den Juden mied. Manchmal setzte er sich abseits, den Kopf auf die Hände gestützt und dachte an etwas Trauriges und Beklemmendes. Es war klar zu erkennen, dass diesen Menschen eine Sorge drückte. Er benahm sich uns gegenüber wie ein Schuldiger. Manchmal dachte ich sogar: Möglicherweise ist er Jude, einer von jenen Hunderten und Tausenden, die Schutz unter »arischen« Papieren suchten. Es war nicht möglich, sich einen echten Polen mit solchem Verhalten und solcher Gedankenversunkenheit in der uns umgebenden Atmosphäre vorzustellen. Das war nicht nur Schuldgefühl seinen Kameraden gegenüber. Sein ganzer Ausdruck und sein leidendes Mienenspiel bezeugten seine Zugehörigkeit zu einem gepeinigten Volk ...

Ich erstickte aber solch einen Gedanken immer beim ersten Auftauchen, als ob ich Angst hätte, dass der bloße Gedanke diesen lieben Menschen verraten könnte. Ich wollte selbst nicht fest davon überzeugt sein, denn dann hätte sich die Beziehung zu ihm sicher unbewusst geändert und wir hätten aufgehört, in ihm nur einen umsichtigen Meister zu sehen, und das hätte ihm gefährlich werden können.

Später verschwand er und wir hörten, dass er zusammen mit vielen anderen Polen arretiert worden war. Was mit ihm geschah, weiß ich nicht. Möglicherweise wurde er zur Arbeit nach Deutschland verschickt.

Der größte Teil der Meister verdiente gutes Geld. Sie brachten Fuhren mit Sand für die Arbeit und unter dem Sand schmuggelten sie etliche Laibe Brot herein. In Lublin kostete damals ein Laib Brot 4 Złoty, im Lager 150. So konnten sie von dem Schmuggeln etlicher Brote oder einiger Kilo Wurst einen Monat leben. Ganz zu schweigen davon, dass sie Gold und Wertsachen der Vergasten bei den SS-Leuten und den Menschen, die dort arbeiteten, kauften.

Die Vorarbeiter zogen doppelte Jacken an, die sie sich im Lager verschafft hatten, und gaben sie für ein Brot her. Das Brot verkauften sie im Lager und hatten Geld für Schnaps, der ins Lager geschmuggelt wurde. Die Meister schafften die Jacken weg, versteckt in den Wagen, die den Ziegelbruch in die Stadt fuhren. Auf diese Art lief der Handel mit den Sachen der umgebrachten Juden.

Im Lager war es bei Todesstrafe verboten, Zigaretten zu rauchen, zu trinken, ein zusätzliches Stück Brot zu der Lagerzuteilung zu besitzen. Und doch gab es alles, sogar das Gefährlichste, nämlich Geld. Wie das? Davon ein anderes Mal. Alles aber lief durch polnische Hände.

Wir, die wir offiziell 180 Gramm Brot hatten, mussten davon verschiedenerlei Zinsen an alle Arten Dienstherren und Älteste zahlen. Sie verkauften die überzähligen Laibe und bekamen dafür Wurst und Schnaps. Für viel Geld wurde auch gelegentlich eine gelesene polnische Zeitung hereingeschmuggelt, die sich jemand um das Bein gebunden hatte. Auf diese Weise wurden vereinzelte Nachrichtenbrocken ins Lager getragen.

Die einzige Tätigkeit der polnischen Meister wider die SS bestand im Schmuggel bis zum Arbeitsplatz (ins Lager durften sie nicht hinein). Und auch das kam nur den Schlägern zugute, die mit unseren Happen bezahlten.

Ihr einziger Beweggrund, das Risiko einzugehen, war, in wenigen Tagen reich zu werden.

III

Es ist mir nicht möglich zu wissen, wie viele Tore es in Majdanek gab, noch wie viele SS-Leute das Lager bewachten. Eine Sache weiß ich aber sicher, dass ihre Zahl in die Tausende ging. Überall wimmelte es von ihnen. Sie waren auf Gebäude und Baracken verteilt, die jedes »Feld« umgaben, in den Werkstätten und an den Arbeitsplätzen, welche sich über lange Kilometer hinzogen. Es gab eine spezielle Schule zur Dressur großer Wolfshunde, die ausgebildet wurden, den Geflohenen nachzujagen. Um jedes Tor und jeden elektrischen Zaun herum standen hohe Wachtürme und Postenketten von SS-Wächtern mit großen, unruhigen Hunden.

Unmöglich, aus Majdanek herauszukommen.

Es war unmöglich, das Meer von Toren, Zäunen und Wachen zu durchbrechen. Es sind mir nur wenige Fälle von Fluchtversuchen bekannt, und die endeten mit dem Tod. Für andere, denen das Leben verleidet war, war das der beste Weg, Selbstmord zu begehen.

An zwei Arbeitsstellen aber bestanden geringe Chancen, möglicherweise wegzukommen. Eine war die Gruppe, die in Lublin arbeitete. Die zweite bei unserem Straßenbau. Die Stadtgruppe wurde stark bewacht und trug nichts am Leib, außer dem weißblauen speziellen KL-Anzug. Doch ich erinnere mich an einen Fall, als ein Jude seine KZ-Uniform bei der Arbeit zurückließ und floh, er wurde nicht geschnappt.

Die Arbeit an der Fahrbahn des Straßenbaus begann außerhalb des Lagers und erstreckte sich bis zur Landstraße, die nach Lublin führt. Im Sommer war die andere Seite der Landstraße mit hohem Korn bewachsen, sodass man bloß auf die andere Seite der Chaussee hinüberkommen musste. Deshalb gab es bei dieser Arbeit Hunderte Augen, die die Bewegung jedes Häftlings beobachteten. Besonders die Straße war dicht bestellt mit deutschen und litauischen Gendarmen, die jeden Schritt überwachten.

Oft kam es vor, dass es an Sand oder ganzen Steinen zur Arbeit fehlte. Dann wurde eine große Anzahl Arbeiter auf einen Hügel dicht bei der Chaussee geführt, dort mussten sie den Berg von Gras und Asche von einem Ort zu einem anderen hinübertragen. Wenn der Berg bis zum letzten Brocken hinübergeschafft war, musste man ihn wieder an seinen früheren Platz verlagern. Viele Male. Eine besondere Arbeit war, aus den Haufen zerriebenen Mauerabfalls größere und kleinere Steine von Hand herauszusuchen, zu sortieren und sie auf gesonderte Haufen zu legen. Die Arbeit wurde stundenlang gebeugt oder kniend ausgeführt.

Und zehn Meter weiter stand eine Welt in Blüte, mitten in grünem, sommerlich-hellem Wachstum. Wenn man für eine Minute den Blick verstohlen hob und die Weitläufigkeit von Feld und Wiese sah, wirbelte im Kopf eine trunkene, schon fast vergessene Sehnsucht auf, die boshaft die Gelenke reizte aufzustehen und hinüberzugehen über das Stückchen steinernen Weges, dorthin, und sich keine Rechenschaft darüber abzulegen, was von Seiten der gelben und feldgrünen Gendarmenuniformen drohte.

Auf der anderen Seite, gegenüber, stand ein einsames, verwahrlostes steinernes Häuschen, umgeben von einem Kranz Grün. Einer der SS-Männer bemerkte es und überlegte sich, dass das Haus an diesem Platz ungünstig sei: Jemand könnte sich zwischen den Steinen verstecken und wenn alle weggeführt würden, könnte er sich in der nächtlichen Dunkelheit bis zum Haus durchschlagen und auf diese Weise entkommen. Sofort wurde eine Gruppe ausgesucht, auf die andere Seite hinüberzugehen, das Haus zu zerlegen und die Ziegel auf diese Seite herüberzubringen. Etliche getreue Vorarbeiter und ein Kapo gingen mit und bewachten die Gruppe.

Bei meinem Steinhaufen blieben nur noch wenige Menschen zurück. Einige Schritte von uns entfernt ging ein litauischer Posten auf und ab und ließ uns nicht aus den Augen. Plötzlich rief er mir auf Russisch zu:

Du, Kleiner, komm mal her!

Ich meinte schon, er rufe mich zum Verprügeln, und bereitete mich in Gedanken darauf vor, Schläge einzustecken. Er aber rief mich wegen ganz etwas anderem.

Auf seinem Weg war ein kleines Rinnsal Regenwasser, das ihn beim Hin- und Herspazieren störte. Deshalb rief er mich, ich solle einen Spaten nehmen und einen Graben entlang des Weges graben, damit das Wasser abgezogen wurde. Just diese Arbeit kannte ich aus anderen KZs und begann deshalb fachmännisch, seinen Plan auszuführen. Ich wollte die Arbeit in die Länge ziehen, um nicht wieder knien zu müssen.

Gegenüber, ein paar Schritte entfernt, stürzten die Steine des plötzlich zusammenfallenden Hauses mit einem unerwarteten Geräusch hinab. Hände rissen fieberhaft lose Stücke von den Wänden und klopften in wirrem Durcheinander mit Eisenwerkzeugen gegen die festsitzenden. Gewaltiger Staub stieg auf und suchte fliehend einen Weg. In der dichten Luft blieb er stecken und wusste nicht, ob er sich zum Feld hin oder zum Himmel verziehen sollte.

Der Litauer war von meiner Arbeit so gefesselt, dass er nicht einmal dort hinüberschaute. Ich arbeitete derweil konzentriert und schweißüberströmt, und er wurde nicht müde zuzuschauen. Da kam Janusz vorbei. Er rief ihm zu:

Gehört der zu deiner Gruppe?

Ja!

Den musst du schonen! Ein echter Stachanownik[9]! Ehrenwort. Janusz ließ es sich kurz durch den Kopf gehen: Ich mache ihn zu einem meiner Schieber!

Ein Schreck fuhr mir in die Glieder: Gott bewahre! Ich – ein Aufseher in Majdanek?

9 Die Stachanow-Bewegung entstand in den 1930er Jahren im Zuge einer Kampagne der sowjetischen Führung zur Steigerung der Arbeitsproduktivität und ist benannt nach einem sowjetischen Bergmann, der seine durchschnittliche Arbeitsleistung an einem Tag um das 13-Fache übertroffen hat. Stachanow wurde damit zu einer Leitfigur eines neuen Arbeitsethos.

Aber Janusz ist begeistert von seinem Einfall. Er drückt mir einen dicken Stecken in die Hand und zieht mich mit sich:

Komm! Du wirst am Hügel stehen und auf die Hurensöhne aufpassen.

Ich folge ihm verwirrt mit unsicheren Schritten. Wir kommen zum Hügel, wo eine Gruppe Juden sitzt und fieberhaft Steine wendet. Janusz hat schon eine neue Idee:

Da! Bringe den Hurenböcken bei, wie man arbeiten muss! Dem da, zum Beispiel, der in der Ecke sitzt – verpasse ihm die ersten fünfundzwanzig!

Schon schleppt er mich zu ihm hin. Ich stehe da, völlig durcheinander, mit dem Stock in der Hand über einem gebeugten Rücken und weiß nicht, was zuerst zu tun ist. Er hebt derweil die Augen und erstarrt, als sähe er einen Alptraum. Nur seine Pupillen schreien auf:

Motl? Du?

Seine Augen blicken mit Entsetzen auf den Stecken in meiner Hand. Er will und kann es nicht begreifen, aber er sieht es doch mit eigenen Augen. Es ist einer aus meiner Stadt, Szmajser, was denkt er jetzt von mir? Ich fühle jeden kleinsten Gedanken, der in ihm umherirrt wie ein verwundetes Tier.

Aber sofort gibt er auf; nur mein bleiches Aussehen ermutigt ihn, bei mir Mitleid zu erbitten. Schnell und hastig schleudert er die Worte heraus:

Motl! Mein ganzer Rücken ist schon zerschunden, noch ein paar Schläge, und du kannst mich zu den Toten legen. Nun ja, vielleicht sollst du mich sogar erschlagen.

Gleich darauf bricht er in wildes Geheule aus: Bring mich nicht um, Motele, bring mich nicht um!

Erst jetzt erkenne ich das ganze Grauen meiner Situation: Er weiß nicht, was hier passiert und erbittet bei mir Mitleid, wie man einen Verbrecher anfleht.

Sein ganzer Blick nimmt mich als einen »Menschen mit einem Stock in Majdanek« wahr. Aber er kennt mich doch, er weiß, dass mich Weinen und flehendes Bitten rühren können und müssen.

Hastig, ohne nachzudenken, drehe ich mich zu Janusz um und schreie wie von Sinnen:

Nein, ich werde nicht schlagen!

Sofort aber erschrecke ich: Wem habe ich mit solcher Chuzpe geantwortet? Ich weiß wohl, was mich das kosten kann und versuche es im Ton abzumildern:

Janusz, du kannst mir befehlen, die schwerste Arbeit zu tun, ich bin gesund und kann alles machen, aber schlagen, das kann ich nicht. Ich hab das noch nie ... außerdem tut mir die Hand weh ... ich kann nicht mal den Stock anheben ...

Ich verheddere mich in der Rede, vor lauter Schrecken vor der Strafe, die mich jetzt von Janusz erwartet, aber er ist bereits rot vor Zorn und jedes meiner Worte gießt weiter Öl ins Feuer.

Zwei Hände drücken meinen Kopf hinunter und ein längliches Stück Feuer läuft mir über den Rücken, ein zweites, ein drittes. Es rauscht im Kopf und es klingt flammend in den Ohren. Aber was ist das jetzt? Hallt es nur mir in den Ohren, als ob man irgendwo geschossen habe? Nein, man schießt tatsächlich! Die Hände lassen sofort von mir ab, Schüsse peitschen über die grünen Felder, suchen jemanden. SS-Männer laufen mit bellenden Hunden auf die Seite des abgetragenen Hauses. Die Litauer feuern von allen Seiten und die Kapos treiben uns unter einem Hagel von Schlägen von der Chaussee weg. Wir drängen zurück, aneinandergedrückt wie eine Herde Schafe. Hinter uns Schusswechsel, entferntes Triumphgebell von aufgehetzten Hunden mischt sich darunter und jagt uns einen Schreck hinterher.

Und dann nichts mehr. Ein Jude und ein Zigeuner hielten es nicht mehr aus. Und als der Litauer sich mit Janusz unterhalten hatte und der Ziegelstaub sich absenkte und die Augen abschirmte, warfen sie sich in das hochgeschossene Grün. Sie schafften es sogar, sich 200 Meter zu entfernen, bevor die Hunde sie schnappten. Es gab welche, die gesehen hatten, wie die Hunde sie, in Stücke gerissen, in ihren blutigen Schnauzen zurückbrachten.

So endete die Chance zweier Überdreister, Kinder zweier gepeinigter Völker, welche sich für eine Minute berauschen ließen von dem frisch-grünen Seelenkitzel. Und so wurde ich gerettet vor den Qualen des Tötens in Majdanek, durch ein Wunder, welches zwei wagemutige junge Leben kostete.

IV

Bei der Arbeit war auch so etwas üblich:

Ein Kapo oder Vorarbeiter spazierte mit einem SS-Mann umher und beobachtete, wie man arbeitete. Manchmal waren sie schon müde von der Schlagerei und es war ihnen zu anstrengend, sich jemanden vorzuknöpfen; trotzdem konnten Leute wie sie keine Minute Ruhe geben, also gingen sie umher und notierten Nummern. Die aufgelisteten Nummern wurden am Abend zum Rapport übergeben. Aufgeschrieben wurde mit oder ohne Grund. Es gab spezielle Orte, wo es gefährlich war zu erscheinen. Niemand wusste, ob er aufgeschrieben worden war, bis man ihn beim Appell zur Bestrafung herausrief.

Ein solch verhängnisvoller Ort war das Klosett. In einer Ecke des Platzes, der sich sehr weit hinzog, war eine tiefe Grube ausgehoben und mit Brettern umstellt. Dorthin mussten etliche Tausend Mann, um sich zu erleichtern. Das war im Übrigen der einzige Ort, wo man für eine Minute den Rücken ausstrecken konnte. Es ist verständlich, dass das für alle ein magischer Anziehungspunkt wurde. Man sammelte sich nach und nach und wartete in langen Reihen, bis die drinnen fertig wurden. Wenn aber jemand hinein gelangte, wollte er diese wunderbaren Minuten, das Sitzen auf dem Brett, so lange wie möglich hinziehen. Die, die draußen warteten, hatten ständig Angst, so lange herumzustehen, also mahnten sie die, die drinnen waren, sie sollten noch jemanden dazulassen. Es kam aber vor, dass von einigen in der kurzen Zeit des Ausruhens die ganze Anspannung abfiel und sich durch die Abwesenheit der treibenden Peitsche die Selbstbeherrschung auflöste. Sie blieben einfach auf dem Brett sitzen wie angeleimt.

Die, die draußen warteten, verloren derweil die Geduld, drängten sich mit Macht hinein und wollten sie mit Gewalt beseitigen. So kam es häufiger zu verrückten, verbissenen Rangeleien, bei denen man völlig vergaß, was man tat und wo man sich befand. Manchmal endete es damit, dass einer der beiden Streithähne ins Wanken geriet und in der stinkenden Tiefe versank …

Das dauerte aber nie lange. Der Ort war nicht weit von der Chaussee entfernt, beim Hügel, wo die Wachposten sich aufhielten. Diese bemerkten es und meldeten es unseren Aufpassern, die sich in eine Ecke stahlen und von jedem, der vorbeiging, die Nummer notierten. Also hörte man auf, sich in der Nähe dieses Ortes blicken zu lassen, schlich höchstens still auf Zehenspitzen hin; andere Schreckhaftere erledigten ihr Geschäft buchstäblich »bei sich«. Wehe aber demjenigen, von dem ein schlechter Geruch zu bemerken war. So oder so gab es keinen Rat, wie man sein Glück versuchen sollte. Wer konnte, bemühte sich, sich bis zur Rückkehr in die Baracke zu beherrschen. Aber nicht jedem war es vergönnt, die eigenen, nicht gehorchenden Eingeweiden zu befehligen.

Es war tatsächlich eines ihrer Vergnügungen, solch einen Menschen zu erwischen, der schnell lief, woran zu erkennen war, dass er nötig musste. Dann ging so ein Willi ihm entgegen und brüllte: Komm!

Jener blieb stehen, drückte ein Bein an das andere, es solle nicht aus seinem innersten Bauchgrimmen herausplatzen. Wenn er Angst hatte, einen weiteren Schritt zu machen, befahl Willi: Komm näher her! Er ging dann doch hin, mit letzter Willenskraft die Därme von innen einziehend, aber es half wenig. Da steht er schon eine Minute, fünf … sieben … Willi starrt ihn nur unverwandt an. Plötzlich gibt er ihm mit dem Stecken einen Schlag auf den Kopf. Dieser vergisst sich für einen Moment und dreht sich um – ein zweiter Schlag auf den Hintern macht alle Anstrengungen zunichte …

Zehn Minuten später konnte man ein Stück Masse, die Ähnlichkeit mit einer menschlichen Gestalt hatte, davonhinken sehen, völlig eingeschmiert in Blut und Kot.

Kapitel neun

I

Wer ins Lager kam, wurde nackt ausgezogen und bekam andere Kleidung. Alles, was ein Mensch nur bei sich haben konnte, verblieb im Bad. Wie also konnten Leute doch Geld besitzen? Es gab verschiedene Wege. Wie ich schon geschrieben habe, hatten einige von ihnen kleinere Goldstücke verschluckt. Bei Nacht schieden sie sie still wieder aus, auf ein Stück Papier, und suchten heraus, was sie brauchten. Später fand man einen vertrauenswürdigen Menschen, der es weitergab, bis es nach draußen gelangte. Für das Geld konnte man jemandem eine Portion Brot abkaufen, der stattdessen lieber zwei Zigaretten wollte.

Andere ließen sich noch im Ghetto ein wertvolles Steinchen in die Zähne setzen und nahmen es im Lager wieder heraus. Es gab auch solche, die sich psychisch nicht damit abfinden konnten, gar nichts zu besitzen. Deshalb verkauften sie alles: das Stückchen Margarine, die Wurst, die Suppe und bekamen ein paar Złoty zusammen. Mit dem Geld beruhigten sie ihren Hunger, kauften eine Zigarette, tauschten diese gegen etwas anderes und redeten sich damit ein, dass sie handelten. Übrigens kamen gerade diese als Erste vor Erschöpfung um.

Polen und Häftlinge anderer Völker bekamen Essenspakete vom Roten Kreuz, außerdem Zusatzportionen und konnten so leichter durchkommen. Ihr Hauptkummer bestand darin, dass es im Lager verboten war zu rauchen. Sie konnten es sich aber leicht erlauben, Brot gegen Zigaretten zu tauschen. Sie rauchten unter dem Bett und bliesen den Rauch in den Ärmel, oder sie bestachen den Stubendienst, damit er nichts verriet.

Gehandelt wurde nur in der Dämmerung und nur von denen, die schon länger im Lager waren und wussten, vor wem man sich zu hüten hatte, weil der geringste Fehler den Kopf kostete. In der Hauptsache waren das die Stubendienste, die den ganzen Tag am Platz waren. Sie kannten die geheimsten Orte, um die »Ware« zu verstecken und wussten, wem man sie verkaufen konnte.

Zwei Mal pro Woche wurden mittags Kartoffeln gekocht und in Schalen verteilt. Sie stahlen ein volles Fass und verkauften morgens eine Schüssel kalte Kartoffeln zum Preis einer abendlichen Brotportion. So machten sie Geld.

Sie spionierten auch eifrig aus, wer im Lager Geld besaß. Wenn sie jemanden fanden, nahmen sie ihn mit in eine Ecke und schlugen ihn solange, bis er alles herausgab. Es gab viele, die ihr Vermögen ständig im Magen hielten.

Das Herausführen der Schwachen vom »Neunzehner« zur Vergasung geschah nachts, wenn es niemand sah. Einmal nur taten sie es mittags. Sie trieben zuerst alle Menschen in die Baracken und nagelten diese zu. Erst dann wurden die Ausgesuchten weggebracht. So beobachtete ich es in Majdanek praktisch kein einziges Mal mit eigenen Augen.

Zum Erledigen der körperlichen Bedürfnisse war eine spezielle Stunde bestimmt. Aber nicht alle konnten auf einen Platz warten. Also nahm man zur Nacht ein Fass zu dem Zweck hinein und trug es gleich früh hinaus. Dort suchte man nachts im Stillen die Vermögen, die man ständig verschlingen und wieder ausscheiden musste.

Einer vom Stubendienst, der Russe Iwan, hatte sich auf das Belauschen der geringsten verdächtigen Geräusche beim Fass spezialisiert. Er tauchte unvermittelt im Finstern auf und griff den Schatten mit seinen eisernen Händen:

Was hast du dort gesucht, he?

Und nicht selten schlug er einen in der Finsternis zusammen.

Vor ihm zitterten alle, sogar der Blockälteste.

Er war riesig und stark wie ein Pferd. Wenn man die Suppe brachte, nahm er sich so viel er wollte. Essen konnte er wahrhaftig ohne Maß. Iwan war der Richter in der Baracke. Bei den verschiedensten Streitigkeiten, sei es wegen einer schlecht zugeschnittenen Brotportion, sei es wegen einer erschwindelten Schüssel Suppe, tauchte Iwan plötzlich auf und sprach sein Urteil. Er besaß ein Naturell, jede Sache ruhig und ausführlich anzuhören, danach legte er seine gebieterische Pranke mal bei diesem und mal bei jenem auf die Schulter und damit war der Richterspruch gefällt.

Wenn er aber satt genug war und es in der Baracke nichts zu tun gab, mochte Iwan nicht in der extra abgeteilten Ecke zwischen allen »Funktionären« sitzen. Er liebte es, sich auf die Erde zwischen alle Leute zu setzen und Geschichten aus der sozialistischen Republik Russland zu erzählen. Dann war ihm der mörderische Schläger und Plünderer nicht mehr anzumerken. Manches Mal kam ihm unvermittelt ein sehnsüchtiges, russisches Motiv in den Sinn, und er bat alle, mitzusingen. Oftmals weinte er, zumal bei sentimentalen Liedchen.

Sein Lieblingslied war »Wanja«, welches erzählt, wie eine Geliebte sich von ihrem Liebsten verabschiedet, bevor er zur Front muss. Er stimmte aufrichtig in ihr Klagen ein:

Wanja, deine Mama hat gesagt:
hör auf, Wanka, so zu trinken ...

Er zerfloss vor Genuss, wenn sich all ihre schwachen Stimmen mit seiner knorrigen, donnernden Eichenstimme vereinigten:

Hör auf, dich in den Gassen herumzutreiben
Hör auf, die Mädel zu verführen ...

Und gemeinsam mit ihr redete er auf Wanja ein:

Liebster, wenn du mich wirklich liebst
nimm mich mit an die Front
Du wirst ein Kommanda-a-ant
und ich eine Schwester im Spital

Iwan wurde dann kameradschaftlich, vertraut und man stand ihm deshalb weniger feindselig gegenüber als den anderen, obwohl er genügend Menschen beraubt und getötet hat.

Iwan hasste auch Ungerechtigkeit. Als er hörte, dass Moniek nach seiner Genesung wieder ein richtiger Macher am Arbeitsplatz geworden war und noch verbissener schlug, ging er abends zu ihm und schlug ihm mit einem Schlag etliche Zähne aus. Er schimpfte dabei auf ihn ein:

Du Hundesohn! Ich schlage, weil ich schließlich keiner von euch bin. Aber du, du Hurensohn, bist genauso Jude wie sie. Warum also schlägst du?

Manchmal hielt er mitten im Verprügeln eines Opfers inne, fing an, ihm das Blut abzuwischen, es zu bandagieren, schleppte aus einer Ecke eine Schüssel gestockter Suppe herbei und fing an, es mit einem Löffel zu füttern oder stellte sie hin und ging weg. Später, nach einer halben Stunde, ging er zu ihm, wie man zu jemandem ans Krankenbett kommt und fragte mit rauer Zärtlichkeit:

Nun, Muttersöhnchen, wie geht es dir?

Nie konnte man wissen, womit man Iwan mild oder böse stimmte. Vielleicht wusste er es selbst nicht. Oft saß er und erzählte von seinem Zuhause, seinem Kind in einer weit entfernten russischen Stadt, von wo die »Germanskis« ihn verschleppt hatten. Mitten während des Erzählens stand er plötzlich auf und begann, in wildem Zorn auf die Köpfe einzuschlagen. Und auch das unterbrach er mittendrin, drehte sich plötzlich weg, verschwand in seinen Winkel und fiel in einen tiefen Schlaf.

Manches Mal wurde er sanft wie eine Taube. Dann brachte er von irgendwoher etliche Schüsseln Suppe, ging hinaus auf den Hof, suchte sich ein paar jüdische Jungen und begann, sie wie Vögelchen zu füttern. Später kam er zurück in die Baracke und murmelte vor sich hin:

Die Hurensöhne, die Polacken, zum Teufel mit ihnen! Sie werfen mir vor, dass ich den kleinen Jidden zu Essen gebe. Bei mir, Herrgott nochmal, gibt es keinen Unterschied, Juden oder Nichtjuden – alle Menschen sind bei mir gleich und Schluss jetzt. Aber Abschaum bleibt immer Abschaum.

Genau so war er, der Stubendienst vom vierten Block, der Russe Iwan.

II

Iwans Gehilfe war Feldman, ein dicker heiserer Kerl, der gewöhnlich die Suppe austeilte. Seine Aufgabe war auch das morgendliche Wecken mit dem Stock. Sie beide führten den geheimen Handel im Block an und beobachteten jeden Einzelnen mit tausend Blicken.

Einmal, als es sich durch Zufall ergab, dass ich für einen Tag im Lager blieb, war gerade Feldman unser Exerziermeister. Er übte mit uns zum tausendsten Mal, wie man das linke Bein vorstreckt und wie man sich zur Seite drehen muss »wenn ein SS-Mann es befiehlt«. Plötzlich wurde er irgendwohin gerufen. Seinen Platz nahm derweil der polnische Blockmeister Janek ein. Vor ihm zitterten wir wie vor Feuer, da er es besonders auf die Juden im Lager abgesehen hatte. Er zeichnete sich durch verschiedenerlei Einfälle für Übungen aus, über die die SS-Leute sich königlich amüsierten. Bei ihm mussten wir hinknien, uns mit in den Schlamm gedrücktem Gesicht herumwälzen, aufstehen, laufen, uns fallen lassen, auf den Händen stehen, Überschlag machen, wieder aufstehen. Nach einer Stunde des Ausführens von Janeks Befehlen wünschte man sich den Tod herbei wie einen Erlöser.

Feldman war in der Zwischenzeit zurückgekommen. Sein dickes Gesicht war gerötet und sein erster heiserer Krächzer versprach nichts Gutes. Er schnappte den erstbesten, der in der Reihe stand, bei der Gurgel und schleuderte ihn zu Boden. Jener blieb stumm, aber Feldman ließ nicht von ihm ab. Er kniete sich auf dessen ausgetrockneten Brustkorb, drückte mit ganzer Kraft und brüllte mit einem Zorn, dem die Inbrunst eines Gebetes anhaftete:

Schrei Hurensohn, schrei!

So schlug er an die zehn Menschen, jeden auf eine andere Art, ehe er sich auf die Erde sinken ließ und sich den Schweiß von seiner geschundenen Stirn wischte. Er sah aus wie jemand, der aus einem schrecklichen, tiefen Rausch erwacht.

Es sah aus, als suche er einen Anhaltspunkt, an den er sich klammern könne, um sich aus einer verborgenen Welt emporzuziehen, die den Augen unsichtbar ist. Er suchte etwas in seinen Mundwinkeln, als habe er dort ein bedeutendes Wort gehabt, das ihm irgendwo zwischen der Zunge und den Zähnen verlorengegangen war. Seine grauen, leicht schielenden Augen schauten bittend und schuldbewusst umher, als suchten sie jemanden, der für ihn das erlösende Wort finden solle.

Schließlich stieß er hervor:

Jetzt haben sie mich zusammengeschlagen!

Mehr brachte er nicht heraus, das ihn und seinen verrückten Ausbruch hätte erklären können. Alle schwiegen. Einige schauten sich um, ob nicht etwa ein SS-Mann sah, wie man untätig herumstand. Bei anderen zeigte sich ein schiefes Lächeln, das wie ein erschreckter Hase in einem Winkel der bläulichen Lippen hing. Es war schwer, das armselig bemessene Stückchen Rache an Feldman in sich aufzusaugen, denn auch die unbewegten Gesichtsteile erschraken vor Feldmans loderndem Blick.

Er spürte selbst, dass er noch nicht alles gesagt hatte. Er konnte aber mit den Lippen kein Wort mehr formen, das er hätte zwingen können, an seiner Stelle zu klagen, zu erzählen. So riss er sich nur gehetzt die Jacke und das Hemd herunter – ein fülliger, rosiger Leib offenbarte sich dem Himmel. Es zeigten sich dicke, schwärzlich-eingegrabene, wurmförmige Risse von ausgetretenen Blutrinnsalen.

Er sah in seiner plötzlich erwachten Wildheit den Schrecken nicht, der die Tausenden befallen hatte, die in sinnlosen bestürzten Reihen auf dem Hof umhermarschierten, und riss sich die Hosen herunter. Er stand da in kurzen Hosen, aus denen zwei feste, stämmige Beine bleich hervorstaken, bei denen alle Adern mit dunkelroten Tränentropfen weinten.

Ein Zornesausbruch höchsten Grades ergriff ihn und er begann, sich auf jeden zu werfen, der ihm zu nahe kam. Er brüllte dabei wie ein Geschlachteter.

Seht ihr es, ihr Bastarde? Mein Körper ist mit Striemen übersät. Seht meinen Hintern, wie zerfetzt er ist. Jetzt tut es mir weh, versteht ihr? Ihr steht nur da, gafft und schweigt, während ich schreien könnte vor Schmerzen. Bei mir geht es aber nicht. Ihr müsstet jeden Schnitt auf meinem blutigen Körper spüren, es müssten bei euch dieselben blauen Risse anlaufen wie auf meinem Hintern, dann würdet ihr mich verstehen können und mitschreien. Wisst ihr das, ihr hündischen Hurensöhne?

Es war ein Glück, dass zufällig der Blockschreiber daherkam, der bei Feldmans verrücktem Aussehen erschrak. Er nahm ihn sofort mit und führte ihn in eine abgeschlossene Baracke. Andernfalls hätte er die ganze Gruppe verprügelt.

Aber noch viele Tage danach schlug Feldman beim Wecken noch stärker und verbissener. Er pflegte sich an das Bett eines tief in Schlaf Versunkenen anzuschleichen und ihm mit einem Stecken einen überraschenden Schlag über die Glieder zu versetzen. Manchmal fügte er dabei noch einen Satz hinzu, der irgendetwas in ihm wärmte und besänftigte:

Ich habe auch Schläge bekommen!

III

Manchmal kam es vor, dass jemand für einen Tag dablieb und nicht zur Arbeit ging. In der Hauptsache waren das Arbeiter von Polstephan. Nachdem dort so viele Menschen gequält worden waren, erklärte die ganze Baracke eines Abends dem Blockältesten, am Morgen würde niemand zur Arbeit gehen. Er könne ruhig alle in die Gaskammer schicken. So ginge es jedenfalls nicht weiter. Der Blockälteste ging irgendwohin weg und kehrte später mit der Mitteilung zurück:

Immer nach zwei Tagen Arbeit bleibt man am dritten hier. Der Ruhetag wird unterschiedlich sein: entweder man bleibt auf dem Hof oder man wird an dem Tag zu leichterer Arbeit gehen. Die Fehlenden werden an den Tagen durch Menschen aus anderen Baracken ersetzt.

Das Prinzip wurde nicht bei allen angewendet, vor allem bei denen nicht, auf die der Blockälteste nicht gut zu sprechen war. Ich war einer von ihnen. Und doch war es mir vergönnt, etliche Tage dazubleiben. Ich wurde an verschiedene Orte zu »leichterer Arbeit« geschickt und hatte so die Möglichkeit, mich mit dem Lagersystem ein bisschen bekanntzumachen. Ich möchte hier kurz verweilen, um ein paar Streiflichter darauf zu werfen.

Das erste und das zweite Feld waren nur für Fachleute bestimmt, die in den großen Werkstätten des Zwischenfeldes arbeiteten. Sie hatten mehr Essen und bequemere Baracken. Sie wurden nicht so stark geschlagen und es gab dort sogar ein Krankenrevier (Spital). Ihre Lebensbedingungen spiegelten sich im Aussehen wider. Sie waren besser gekleidet und durften sogar Lederschuhe tragen. Es gab viele, die nicht weit von der SS-Küche arbeiteten und dort von Zeit zu Zeit etwas Essen bekamen und deshalb nicht so stark hungerten. Andere befanden sich in der Nähe des Brotmagazins und konnten manchmal etwas ergattern oder sie bekamen gar ein Brot mit leichtem Schimmelbefall, das die SS nicht mehr essen wollte. Eine größere Gruppe arbeitete beim Bad, bei der Wäscherei und der Gaskammer. Da es immer wieder riesige Menschentransporte gab und jeder Essenspakete bei sich hatte, blieben diese übrig. Das alles wurde abseits in einem Magazin oder vor dem Bad draußen aufgehäuft. Oftmals, wenn es schon anfing zu verderben, erlaubte ein SS-Hüter einem seiner Handwerker, hinzugehen und etwas davon zu nehmen. Manchmal suchte sich einer der Mutigeren einen Botengang und konnte im Vorbeigehen von dort etwas herausschmuggeln. An solch einem Tag brauchte er die Lagersuppe nicht zu essen, sondern konnte sie verkaufen oder weggeben.

In den anderen zwei Feldern, dem dritten und vierten, erzählte man sich deshalb Legenden über den großen Überfluss, der im ersten und zweiten Feld herrschte. Mit Hilfe der überreizten Fantasie erzählte man sich von ganzen Kesseln Suppe, die man dort stehenlasse und die niemand anrühre. Man müsse nur dorthin hinüberkommen und von allen Seiten lockten Fässer mit deftigem Essen aus Brei und Kartoffeln: Nimm von mir! Von mir! Und du brauchtest nur eine Schüssel hineinzustecken, und noch eine, sie voll herauszuholen und zu essen, essen.

Zur Mittagszeit ins zweite Feld hinüberzugelangen war ein Wunschtraum, gemalt in allen Farben des Regenbogens. Es gab bei uns einige, die einen Bruder oder Cousin in einem der glücklichen Felder hatten, und diese schmuggelten ihnen manchmal ein Stück Brot oder ein Briefchen herüber. Das waren die Glücklichsten in unserem Feld.

Zwischen dem zweiten und dem dritten Feld war ein doppelter Hochspannungszaun. Dazwischen standen hohe Wachtürme, von wo aus jede Bewegung auf beiden Feldern beobachtetet wurde. Bei der geringsten Annäherung an die Zäune wurde mit Maschinengewehren geschossen. Auf unserem Feld, zwischen dem sechsten und siebten Block, stand das Klosett sehr dicht an den Zäunen. An den Abenden, wenn man früher fertig war mit dem Appell, versammelten sich deshalb die Leute, und während sie in der Reihe standen, bis ein Platz im Klosett frei wurde, schauten sie mit hungrigen, sehnsüchtigen Augen hinüber ins zweite Feld. Auf der anderen Seite liefen die Menschen gekleidet und mit Schuhen umher, sie gingen freier und geräuschvoller miteinander um. Viele von dort standen und spähten zu uns herüber, mit einer Hand die Augen abschirmend. Manchmal erkannte einer von ihnen einen Bekannten, einen Bruder. Dann schrie man einander mit lauten, zittrigen Stimmen zu. Später kam ein Stein herübergeflogen, an den ein mit Bleistift geschriebenes Briefchen gebunden war oder ein Stück Brot. Nicht immer landete es aber in den Händen desjenigen, für den man es herübergeworfen hatte. Sobald sich in der Höhe ein Pünktchen über die Grenze stahl, gerieten alle in Bewegung und suchten mit vor Sehnsucht trunkenen Augen den Ort, auf dem das fliegende Päckchen landen würde. Nicht alle Päckchen flogen bis ans Ziel. Viele fielen zwischen die Zäune und das Briefchen, angebunden an den Stein, schmiegte sich wie ein fühlendes Herz an die Majdanek-Erde und weinte dort die unzusammenhängenden Worte hinein, die ein sorgendes Herz aus sich herausgerissen und die das andere Herz nie erreicht hatten.

Das war der einzige Sport, der alle mitriss: zum Klosett gehen und »Steine« fliegen sehen. Man flog buchstäblich mit mit dem Brief, auch wenn man dort niemanden hatte. Und wenn solch ein Stein unterwegs hängen blieb, wurden alle von großem Kummer ergriffen. Wenn aber ein solches herübergeworfenes Päckchen wohlbehalten ankam und mit einem fröhlichen Aufschlag auf der Erde landete, stürzten sich zig Körper darauf und rangelten mit Zähnen und Klauen darum.

Es gab dabei praktisch keinen Unterschied zwischen einem Stück Brot oder Wurst und einem mit kaum erkennbarem Bleistift geschriebenen Stückchen Papier. Im Gegenteil, manchmal heizte solch ein geschriebenes Briefchen noch stärker den Neid auf diejenigen an, die noch jemanden hatten, der ihnen schrieb. Das ganze Alleinsein und die Verlassenheit verdunkelten sich zu einem Hass, der nur nach einem Ventil suchte und sich still durch das Abreißen eines Stücks von einem fremden Brief entlud. Manche standen danach einfach da und hielten verwirrt dies Stückchen Papier, wie von Sinnen. Nur etwas tief in ihrem Innern fühlte sich getäuscht. Ihre Finger zitterten wie im Fieber, als ob sie darauf warteten, dass aus den Buchstaben etwas von der vergessenen heimischen Wärme eines Nahestehenden zu ihnen herüberströmte, der hier seinen letzten Splitter Familiengefühl hineingelegt hatte.

Ich selbst ging oft dorthin, um vor Neid zu vergehen, um mich an fremdem Glück zu erfreuen, um zuzuschauen, wie die letzten Funken ehemaliger jüdischer Familien noch über

Drähte flogen und mit eiserner Hartnäckigkeit glühten, um nicht ausgelöscht zu werden.

Der objektive Beobachter in mir wollte es nicht glauben und freute sich gleichzeitig doch:

Juden schreiben noch Briefchen an jemanden, sogar hier, in Majdanek. Noch immer werden jiddische Briefe geschrieben ...

So pflegte ich dazustehen und zu gaffen, bis mir ein Blockältester oder ein Kapo mit dem Stecken auf den Kopf schlug, um mich von dort zu vertreiben. Sonst rannte ich erst weg, wenn ich sah, dass sich jemand von hinten heranschlich, um Nummern zu notieren.

Anfangs schoss die SS von den Türmen herab in die Menge. Zu meiner Zeit ließen sie das Klosett in Ruhe. Im Verlauf der ganzen Zeit gab es nur wenige Fälle von Erschießungen beim Einfangen der fliegenden Steine.

IV

Einmal werde ich an solch einem »freien« Tag zur Arbeit auf dem zweiten Feld ausgewählt. Wir sind eine Gruppe von etlichen Hundert Mann und wir stehen und warten, dass man uns durch das Tor führt. Menschen, die in einer Reihe vorbeimarschieren, schmuggeln sich zu uns herein. Wollen sie auf diese Art mitkommen? Aber unsere Nummern sind notiert. Sie stecken bloß flink und geschickt kleine Briefchen in unsere Hände. Ein Hochgewachsener mit großen mahnenden Augen schafft es, in einer Minute an die zehn Mal zu wiederholen: Merk dir, Szmulewicz, siebte Baracke. Und schon ist er wie ein flinker Schatten in seine Gruppe zurückgesprungen.

Als wir durch das Tor marschieren, ist es schon zehn. Wir tragen Schaufeln und Hacken. Wir müssen einen Platz einebnen, auf dem ein neues Gebäude errichtet werden soll. Schon allein das Betreten des zweiten Feldes wirkt erfrischend. Die SS teilt hier nicht die traditionellen Tor-Schläge aus und nicht weit vom Eingang erröten verschämt etliche Blumenbeete.

Nicht für alle gibt es Arbeit beim Planieren, der Rest muss schwere Steine schleppen. Auch hier gibt es Gehetze, Geschrei, Schläge. Aber im Vergleich zum Straßenbau ist das hier das reinste Paradies. Mit ein paar starken Schlägen kommt man hier davon. Man notiert hier keine Nummern und man schlägt nicht grundlos.

Eine gewisse Anzahl ist unterdessen verschwunden. Wir werden von nur zwei Kapos und etlichen Vorarbeitern bewacht, die sich mit so vielen nicht zu helfen wissen. Eine Gruppe pfiffiger Jungen hat sich derweil davongestohlen, etwas zu essen zu suchen.

Hier ist es ruhiger. Es treiben sich nicht an allen Ecken Kriminelle herum und wir arbeiten in der Nähe einer Art Küche. Einer findet eine Kartoffelschale, ein anderer findet in einer Ecke etliche ganze Kartoffeln in der Schale, die gestern von jemandem nicht gegessen wurden. Sie kehren zurück und zeigen ihre Eroberungen, provozieren mit ihrem Glück die anderen. Es fehlen immer mehr und mehr – bis es auffällt. Wir werden umstellt, einige werden geschlagen.

Zum Mittag wird hier etwas früher geläutet. Wenn hier alle die Arbeit weglegen, dreht sich gegenüber, in unserem Feld, das Rad noch in vollem Schwung. Die Bewohner des zweiten Feldes arbeiten nicht weit entfernt. Sie stürmen herbei mit forschem Schritt und verteilen sich zwischen den Baracken. Wir stehen abgesondert und werden bewacht. Man muss uns abzählen und zum Mittag wegführen. Es fehlen noch einige, die zwischen den Baracken herumstreunen und auf die Schnelle etwas erbetteln wollen. Wir stehen derweil aufgestellt gegenüber dem Tor und lassen die Gruppen vorbeimarschieren, die unaufhörlich hereinströmen. Ich mustere jedes Gesicht, um zu sehen, ob nicht vielleicht doch ein Wunder geschieht und ich hier irgendein bekanntes Gesicht erblicke. Aber alle sind mir unbekannt und fremd.

Plötzlich kommt mir ein Gesicht zwischen den Marschierenden bekannt vor. Ich erkenne ihn und bin wie gelähmt vor Überraschung. Vor lauter müdem Hunger und Bestürzung kann ich kein Wort hervorbringen. Er bemerkt mich nicht. Ich trete aus der Reihe und strecke eine Hand aus. Er spürt das Zupfen am Ärmel und schaut sich um. Es ist einer aus meiner Stadt, ein jüngerer Freund aus Kindheitstagen. Er erkennt mich aber nicht, ohne die Brille, mit geschorenem Kopf und halbnackt. Er schaut mich lange an, bis er in seiner Verblüffung ein Wort hervorzaubert: Motl?

Wir gucken uns beide an und wollen gleichzeitig etwas sagen, aber schon rückt die Reihe weiter. Seine marschiert in entgegengesetzter Richtung. Ich spüre, wie die Füße mir vor Schwäche wegknicken und sich vor den Augen schwarze, neblige Kreise drehen. Ich will ihm in schwacher Verzweiflung noch etwas zurufen, aber ich habe keine Gewalt mehr über meine Stimme. Nur ganz entfernt spüre ich, wie eine ausgestreckte Hand mir etwas zwischen die geschlossenen Zähne schiebt. Ich sehe niemanden mehr und lasse mich blindlings von der Reihe mitschleppen. Es dauert nur Sekunden. Plötzlich fühle ich, wie eine süße Köstlichkeit mir den Hals, das Herz liebkost. Eine, vielleicht zwei Minuten muss ich überlegen, bis ich erkenne, dass ich etwas im Mund habe. Ich nehme den vergessenen Geschmack von Schokolade wahr. Hat er es mir in den Mund geschoben? Wir sind außerhalb des Tores. Alles geschieht wie im Traum. Habe ich eben Jankel gesehen? Habe ich tatsächlich ein Stück Schokolade gegessen? Nur der saure Nachgeschmack im Mund erinnert daran, dass da etwas gewesen sein muss.

Nachmittags gehen wir wieder hin. Ich will herausbekommen, wo Jankel sich befindet, aber ich werde ausgewählt, Kisten mit Sand zu tragen. Man bringt uns auf einem Weg von einigen Kilometern zu Sandhügeln, die in der Mitte aufgegraben sind. Die Polen, die nebenan arbeiten, erzählen uns von vielen zehntausend Juden, die hier erschossen und verscharrt worden sind, bevor es die Gaskammern gab.

Gegenüber stehen Hunderte Baracken. Die umliegenden Felder sind mit Draht abgezäunt und übersät mit Hügeln von Kartoffelmieten, auf deren Spitzen Strohfähnchen stecken. Dort halten sich Hunderte Aufseher und Kapos auf, überwiegend Polen. Es arbeiten da auch etliche Frauenbrigaden vom fünften Feld. Sie haben Aufseherinnen von der Frauen-SS und weibliche Häftlinge über sich. Aber auch die polnischen Aufseher haben etwas zu sagen. Immer wieder rufen sie eine andere hinab in die Tiefe der Miete, die faulen Kartoffeln auszulesen. Gerade sehe ich, wie eine Frau in Soldatenuniform ein jüdisches Mädchen mit einer ledernen Peitsche auf den nackten Hintern schlägt. Die Polen mit den Armbinden lachen freudig und ermutigen die Schlägerin mit gebrochenen deutschen Wörtern:

Gut ... sie schlagen ... Jude!

Sie machen die Juden in unserer Gruppe aus, laufen mit Schaufeln herbei und schütten noch etliche Schippen Sand, der nebenan zu kleinen Bergen aufgehäuft liegt, in unsere Kisten. Sie schimpfen und schelten, schreien von allen Seiten auf uns ein: Ihr faulen Juden, es reicht nicht, volle Kisten zu tragen, ihr müsst sie mit einem hohen Sandberg tragen.

Ein Mutiger aus der Reihe kann sich nicht beherrschen und erwidert:

Wer fragt euch? Ihr seid genauso Häftlinge wie wir. Ihr habt eure Arbeit und wir gehören nicht zu euch. Ein Strom Blut füllt seinen Mund und er kann seine Antwort nicht zu Ende bringen. Wir schleppen Sand viele Male viele Kilometer. Am Abend spannt man uns anstatt der Pferde in große Wagen ein. Ein Vorarbeiter geht mit einer langen Peitsche und treibt uns an. Jeder, der den Anschein erweckt, er ziehe nicht genug, bekommt blaue Striemen ins Gesicht. Wir »fahren« Barackenwände und Ziegel. Wir trotten über weiche, schlammige Wege und sinken bis über die Räder ein. Es kommen SS-Leute und gewöhnliche Antreiber gelaufen. Alle schlagen und die Ketten, mit denen wir am Wagen angebunden sind, zerreißen uns wie geschundene Pferde. Sie schneiden in die Hände, aber jetzt wirft jeder das letzte bisschen Kraft, das noch im Körper steckt, in die Waagschale. Der Wagen reißt sich heraus aus der schweren, klebrigen Masse. Die Polen und die SS-Leute triumphieren:

Seht ihr, ihr Faulenzerbande! Wollt ihr etwa, dass die unschuldigen Pferde an eurer Stelle geschunden werden? He?

Aber bald versinkt der schwere Wagen aufs Neue ...

Das geht so stundenlang. Das ist die »leichtere« Arbeit. Aber heute ist mir leichter ums Herz. Wenn ich heute zu den Zäunen beim Klosett gehen werde, habe ich ein Gesicht, das ich erwarten kann, einen Namen, den ich bittend hinüberschreien kann, damit man ihn suche und herschicke. Und wer weiß? Vielleicht wird er etwas herüberwerfen, ein Stück Brot, ein Briefchen. Das erste Mal seit Wochen klopft das Herz wieder beim Appell, in Erwartung von etwas ...

Kapitel zehn

I

Eine Welt für sich stellte das fünfte, das Frauenfeld dar. Dort waren mehrere Tausend junge Frauen, größtenteils jüdische. Die anderen, meist aus Polen und der Ukraine, waren für verschiedene Vergehen und Verbrechen eingesperrt. In dem großen Kessel war es nicht möglich festzustellen, wer sich dort befand. Jeden Morgen, wenn wir zur Arbeit geführt wurden, leuchteten ihre Reihen mit den gestreiften Kleidern aus der Ferne zu uns herüber. Sie arbeiteten hauptsächlich in den Schneiderwerkstätten. Eine kleinere Gruppe arbeitete in der Nähe der Plätze, neben Polstephan, wo sie unter SS-Bewachung hohe Stapel Bretter sortierten.

Die Frauen hatten es verhältnismäßig leichter, obwohl auch sie geschlagen wurden, oftmals auf den nackten Leib.

Wir erkannten schnell, dass nicht weit von unserem Arbeitsplatz eine jüdische Frauengruppe arbeitete. Das ließ uns keine Ruhe mehr. Man erinnerte sich daran, wen man alles in Warschau hatte, und eine Hoffnung keimte auf: Wenn sich nun jemand von den eigenen in jener Gruppe befand?

Ich erinnerte mich an meine liebe Schwester, Lejcza, die sich bis zum Ghettoaufstand in Warschau befand, und ein Gedanke ließ mir keine Ruhe: Vielleicht wurde sie auch hierher verschleppt? Meine Fantasie begann, mir Bilder vorzugaukeln, wie ich mich jener Gruppe nähere, mich hinüberstehle und von einer Ecke aus den blonden Kopf meiner Schwester erblicke, der zwischen den frisch geschnittenen Kieferbrettern aufleuchtet. Meine Blicke fingen an, zu jener Seite hinüberzuwandern. Mehr als einmal hätte ich vor

Sehnsucht meine Augen aus dem Kopf herausreißen wollen und sie dort hinüberwerfen. Sollen sie dort umherfliegen und jede mädchenhafte Gestalt mustern, die dort gereizt bei den Bretterstapeln steht, bis sie dort jemanden erkennen, sollen sie dort alle eingetrockneten Tränen vergießen.

Dieselben Gefühle hatten viele von uns; aber nicht jedem ist es gegeben, etwas zu wagen und zu unternehmen.

Auf allen Plätzen, soweit das Auge reicht, liegen verstreut ganze und halbe Ziegel. Manche sind schon mit der Erde verwachsen und haben sich in ihre zufällige Liegestatt hineingeträumt. Der kleine, krummbeinige SS-Mann erinnert sich an sie, als er in Trunkenheit mit dem Fuß über solch einen Stein stolpert und hinfällt. Er kommt wütend zu unserer Gruppe gelaufen, greift die ersten zwei Menschen heraus, schlägt ein bisschen auf die obere Hälfte der nackten Körper ein und sagt:

Ich will hier auf dem Platz bis zum Abend keinen einzigen Stein mehr sehen! Ihr nehmt euch eine große Kiste, eine Schaufel und dann Marsch!

Ich bin einer, der andere ist ein blonder Junge, der kaum die Füße nachschleppt. Er notiert unsere Nummern und wir machen uns mit Eifer an das Auflesen der Steine. Wir entfernen uns immer weiter und weiter. In der Ferne türmen sich die Bretter und reizen damit, dass sie diejenigen hinter sich verbergen, die wir so sehr zu sehen wünschen. Ein Gedanke trifft mich wie ein Schlag: Heute ist die beste Gelegenheit, dorthin zu gelangen. Vorerst schweige ich. Wir sammeln zunächst die Steine von der Stelle um uns herum und räumen sie blitzschnell an einen Ort. Ich habe einen Plan: Wir werden uns beim Suchen der Steine bis zu den Brettern vorwärtsbewegen. Und dann, wer weiß? Vielleicht gelingt es, jemanden zu erblicken. Meine Vorstellungskraft lodert auf. Ich sehe schon, wie ich dort meine Schwester antreffe. Wir sammeln wieder einen vollen Kasten und tragen ihn zurück zu der Stelle. Wir laufen flink. Jetzt erkennen die Kapos und Vorarbeiter schon, dass wir eine Arbeit an den entlegenen

Stellen des Platzes haben und schauen sich nicht mehr zu uns um. Deshalb murmele ich meinem Partner leise zu:

Heniek! Wir gehen jetzt dorthin – aber mit Köpfchen!

Auf dem Weg beugen wir uns etliche Male hinab und richten uns wieder auf – es soll aus der Ferne so aussehen, als ob wir arbeiteten – bis wir uns ganz dicht an einem aufgeschichteten Bretterstapel befinden, der sich mit Spalten durchsetzt in die Höhe zieht.

Das Herz zerspringt vor Aufregung. Jetzt noch einen Schritt. Du kannst dir selbst nicht erklären, was du dort zu sehen erwartest.

Mein Kamerad erblickt ein paar hohe Grassprösslinge, die sich mit den Köpfen an die frischen Bretter schmiegen, denen noch etwas Waldtrunkenheit anhaftet, und er verliert die Selbstbeherrschung.

Als junger Bursche, der bis zum Abtransport im Warschauer Ghetto in guten Verhältnissen gelebt hat, fällt es ihm in den ersten Wochen noch schwer, sich mit dem Hunger zu arrangieren. Er reißt Stücke frischer Rinde von den Brettern und schlingt wie besinnungslos die Gräser hinunter, die ganz selbstvergessen hervorgesprossen sind. Ich weiß, dass ich ihn von dort jetzt nicht werde wegreißen können. Ich schleiche mich mit vorsichtigen, barfüßigen Schritten näher heran und stecke heimlich den Kopf zwischen die Bretter. In einem weiteren Zwischenraum erblicke ich zwei Mädchen, die Bretter der Größe nach vermessen. Eine unwillkürliche neugierige Erregung lässt mich zu ihnen gehen. Zwei leuchtende Augenpaare richten sich vor Schreck auf mich.

Ich bringe kaum heraus:

Jüdisch?

Sie legen einen Finger auf die Lippen, und ich schweige. Ich beuge mich vor und murmele leise zu der ersten:

Von wo?

Warschau!

Fast weinend stoße ich aus:

Ist nicht eine Strigler unter euch?

Ein stummes Senken des Kopfes. Alle Gefühle, die in mir die Hoffnung genährt haben, meine Schwester zu finden, schlagen plötzlich in Verzweiflung um:

Und wenn doch? Leonia hat man sie gerufen, Lea, Lejcza.

Ich suche in Gedanken alle Namen, mit denen man meine Schwester jemals gerufen hat. Vielleicht wird ihnen einer von all diesen bekannt vorkommen. Aber die Mädchen zittern. Jede Minute kann jemand daherkommen und dann kann Schreckliches geschehen.

Aus einer abgelegenen Ecke hinter aufgehäuften Brettern erscheint plötzlich ein SS-Mann. Ich will die Füße heben und laufen. Rennen, selbst wenn er mir nachschießen sollte! Aber die Füße sind wie festgeklebt an Ort und Stelle. Ich stehe aufrecht, als ob nichts wäre. Als ob ich vorsätzlich meinen Urteilsspruch erwartete. Die Mädchen stoßen instinktiv einen erschrockenen Schrei aus. Sie fangen sofort an, noch flinker die Bretter umzudrehen, als ob sie zeigen wollen, dass sie mich nicht bemerkt und dass sie nicht meinetwegen aufgeschrien haben.

Der SS-Mann war hinter einem zweiten Stapel Bretter hervorgekommen, wo sich auch ein abseits stehendes Mädchen befand, auf dessen Seite plötzlich ein aufgeregtes Schleppen von Brettern zu hören war. Ich spürte mehr durch das fieberhafte Geräusch, als dass ich es durch die wackelnden Stapel gesehen hätte, dass er etwas aufgewühlt war. Als er mich entdeckte, musterte er mich mit einem Blick. Er hörte sicher seine eigene Frage nicht:

Was suchst du hier?

Ich war jetzt ruhig und zu allem bereit:

Ich arbeite nicht weit weg und habe gehört, dass hier Mädchen arbeiten. Also bin ich hergekommen, weil ich gemeint habe, hier meine Schwester anzutreffen.

Er antwortete nicht, sah mich nur einige Minuten an und ging weg, immer noch erregt. Erst hinter dem letzten Stoß, der direkt auf die Arbeitsstelle ausgerichtet war, entdeckte er zufällig meinen Kameraden Heniek, eingegraben zwischen den letzten Grashalmen. Er stürzte sich auf ihn, begann, mit den Stiefeln auf seinen Körper einzutreten und schrie:

Ihr Drecksäcke! Wollt ihr eure vielen Krankheiten auch hier verbreiten? Gleich liegst du hier als Toter.

Ich stahl mich aus der Gefahrenzone und lief zur Kiste. Henieks Geschrei hallte über den ganzen Platz und ich fühlte deutlich, dass ich die Schläge hätte bekommen sollen, nicht er, dass er an meiner Stelle den Zorn auf sich zog, der gegen mich gerichtet war.

Ich musste meinen Freund an der Hand zurückbringen, mit der anderen zog ich die Kiste nach. Als wir zurückkamen zum Platz, wussten die Vorarbeiter schon, dass wir beide geschlagen worden waren und empfingen uns mit ironischer Fröhlichkeit.

An jenem Tag sah und hörte ich nichts mehr. In Gedanken war ich in der Welt der Frauen in Majdanek, auf die ich durch einen kleinen Spalt einen ersten Blick geworfen hatte. Irgendeine besondere Vorahnung wegen meiner Schwester quälte mich und zwang mich, an sie zu denken.

Erst später, in Skarżysko, überbrachte mir eine Frau einen Gruß von meiner Schwester, die mit ihr zusammen in Majdanek war und dort umkam. Noch heute quält mich der Gedanke: Wenn ich es damals gewusst hätte! Vielleicht hätte ich mich zu ihr durchschlagen können, sie sehen, bevor sie für immer verschwand. Aber ich weiß sehr wohl, dass ich dort ein Wurm war, ein dem Übel und der Pein machtlos Ausgelieferter. Sie kämpfte nicht ums Leben, sie resignierte deshalb, weil sie glaubte, dass sie niemanden mehr hatte. Hätte sie die Situation womöglich überstanden, wenn sie gewusst hätte, dass ich nicht weit entfernt war?

Manches Mal, in einsamen Trauerstunden, denke ich, dass sie mich durch meine Unruhe alarmierte, mich durch ihre Sehnsucht auf ungesehenen Wegen weckte, die sie selbst vermutlich nicht klar verstand. Bleibt nur, die eigene Taubheit zu schelten, die einen die Sprache der eigenen Gefühle nicht klar verstehen lässt. Man möchte Menschen herbeirufen, die einen an die eigene Machtlosigkeit erinnern, um die ständig bohrenden Erinnerungen zu beruhigen, die man schon nicht mehr zurückholen kann.

II

Ein weiteres Mal war es mir vergönnt, ihnen näher zu kommen.

Es war an einem der Ruhetage. Eine Art Kapo kam und wählte eine Gruppe Leute für eine bestimmte Arbeit aus. Auch ich wurde mitgeschleppt. Wir bekamen Tragkisten und wurden entlang der Lager weggeführt. Wir kamen am Frauenfeld vorbei und zogen weiter über ausgedehnte Felder. Wir mussten frische, weichschwarze Erde aufladen und sie etliche Kilometer zu dem Garten tragen, den die SS neben ihren Baracken anlegte. Jedes Paar musste schnell laufen, sich den Kasten vollschütten lassen und zurück in die Reihe. Der Weg zurück führte dicht am Zaun des fünften Feldes vorbei. Der Hauptkapo, der unsere »Karawane« beaufsichtigte, war ein junger, etwas menschlicherer Deutscher. Er hatte vor, bei der Gelegenheit hineinzugehen, um eine seiner Bekannten zu »sehen«. Er flüsterte deswegen einige Minuten mit dem SS-Mann, der uns begleitete. Dieser bekam von ihm ein Päckchen, das er über den Zaun warf. Sie befahlen uns, mit den Kisten stehenzubleiben, aufgestellt in Reihen, und zu warten, bis sie zurückkämen. Sie gingen zu einem Tor, redeten mit dem Wächter und verschwanden schnell im Inneren.

Wir standen also und ruhten uns aus. Gegenüber im Frauenhof herrschte große Aktivität. Mädchen liefen hin und her. Als sie die Gruppe Männer beim Zaun bemerkten, kamen sie zu Hunderten angelaufen und versuchten mit zusammengekniffenen sehnsüchtigen Augen jemanden zwischen uns auszumachen. Wir unsererseits drehten uns mit dem Gesicht zu ihnen, so dass jeder von uns besser zu sehen war. Jedem klopfte das Herz vor Erwartung, ob nicht vielleicht jemand ihn erkennt. Und vielleicht würde man selbst jemanden erblicken. So standen alle und schrien verschiedene Namen und Nachfragen von einer Seite zur anderen hinüber, vergaßen völlig, in welcher Welt sie sich befanden.

Dort steht eine Frau, sie mag 17 oder 37 Jahre alt sein, mit zerdrücktem Kleid springt sie auf wie von einer Schlange gebissen. Sie wedelt mit einem Stückchen Tuch, das sie in der Hand hält:

Israel! Isrolik! Isrolechl! Srolele!

Jemand hinter mir wird blass und beginnt zu wanken. Seine Hand reckt sich in die Höhe und seine Finger zittern fiebrig in der Luft, als wolle er dort sein eigenes Schicksal ergreifen, das nach Jahren treuer Begleitung unterbrochen wurde. Er schluchzt leise in sich hinein:

Breina, Breina!

Seine Stimme ist aber zu schwach und der leichte Wind ist zu träge; er nimmt sein Murmeln auf, hebt seine Wörter hoch und lässt sie auf der Hälfte des Weges fallen. Es ist niemand da, der sein Erkennen bis zu ihr tragen könnte.

Augen liebkosen Augen, Blicke dringen ein in Blicke mit der Bitte:

Ich habe niemanden. Werde du für mich ein Stück Wärme. Nimm an die Gestalt von einem, der mich an jemanden aus meinem zerstörten Zuhause erinnert.

Jedes Gesicht posiert, will vertraut werden und bleibt fremd, will lächeln und verliert sich in einer traurigen Grimasse. Ein Vers nagt sachte am Herzen:

Nimm mich unter deine Flügel
und sei Schwester mir und Mutter[10]

Da stehen tausende Schwestern anderen gegenüber, die umsorgt werden wollen, sei es auch nur mit einem Blick, einem Ausdruck von Wärme in den Augen, aber alle Tore sperren die Gefühle aus.

10 H. N. Bialik: Hakhnisini takhat knafekh, / Va'hayi li em va'akhot.

Doch nein, hier suchen die Blicke nicht Weib, nicht Schwester oder Mutter. Alle Worte, die eine Sprache jemals hervorgebracht hat, sind jetzt billiger Hohn.

Hier suchen Augen eine Welt, eine ganze Welt, die man verloren hat. Es stehen sich zwei Menschenmengen gegenüber, die danach lechzen, zusammenzukommen, die noch einen schwachen Abglanz von etwas Vergessenem sehen, das in der Lage wäre, was auch sein mag fortzustreicheln und wegzulächeln. Aber da stehen stumme, stachelige Zäune, zerteilen Welten und zerschneiden Seelen, lassen nicht einmal Wortblumen als Geschenk für die gekreuzigte Sehnsucht zu.

Es beginnen Stückchen Brot zu uns herüberzufliegen, erstarrte Kartoffeln. Wenn einst ein Mensch vor dem Gekreuzigtwerden einen Laib Brot segnete, ihn Blut und Leib nannte und daraus etwas Heiliges machte, zu was weiht man solch eine eingetrocknete Kartoffel? Ist denn ein vertrocknetes Stückchen Brot nur Blut, nur Schmerz? Ist damit nicht auch der stumme, erstickte Jammer herübergeflogen, der keinen Platz im gesprochenen Wort finden konnte?

So ein Stück Brot hätte vermutlich gesagt:

Hier hast du die Zerstörung eines unschuldigen Volkes, die Sehnsucht nach einem besorgten schwesterlichen Blick, das triefende Blut einer Mutter, die keine Flügel besitzt, unter die sie deinen Schmerz nehmen könnte.

Und ich sah es. Sah, wie Hungrige, die Erde gegessen und wieder ausgespuckt hatten, solche Stückchen Brot wie ein Amulett trugen, an ihre verschwitzte Brust drückten und nicht wagten, es zwischen die Zähne zu nehmen.

Später, als unsere Aufseher wieder herauskamen und aufgeregt begannen, uns umso schneller mit unseren Kisten zu treiben, folgten uns tausende Frauenaugen und zerstachen sich den Blick an den spitzen Nägeln des Zaunes. Als wir schon zurückmarschierten mit dem Rücken zum Zaun, nahmen wir wahr, dass uns über die Köpfe hinweg ein leises, tränenloses Schluchzen begleitete, das außer uns niemand hören konnte, weder der Teufel noch Gott selbst.

III

In Lublin selbst gab es noch ein gesondertes Lager für jüdische Kriegsgefangene aus dem polnisch-deutschen Krieg. Sie wurden gleich nach Beendigung der Kampagne von 1939 zu vielen Tausenden nach Lublin gebracht. In den ersten Wochen wurden viele von ihnen erschossen (darüber schreibe ich in den ersten Teilen von »A welt gejt unter«[11]). Nur eine kleine Gruppe von ungefähr 1500 Mann wurde vom Lubliner SS-Kommandanten General Globocnik ausgesucht und der größte Teil von ihnen überlebte alle jüdischen »Aktionen«. Sie befanden sich in einem gesonderten Lager auf der Lipowa und standen der SS für verschiedene Arbeiten zur Verfügung. Man sagte, dass sich der blutrünstige Henker Globocnik viele Male für sie einsetzte und es ihm gelang, sie unter seinen persönlichen Schutz zu nehmen.

Es gab noch ein weiteres Lager für jüdische Fachleute in Lublin, das »Flugplatz« genannt wurde. Ein drittes Lager, das etliche Kilometer entfernt war, stand schon unter direkter Kontrolle der Majdanek-Leitung und war bekannt unter dem Namen »Plage-Laskiewicz«. Dort waren auch Frauen. Die Kriegsgefangenen hatten Gelegenheit, in alle Lager zu kommen. Ein Teil von ihnen arbeitete als Kutscher der SS-Wagen und beim Hineinfahren in die Lager konnten sie manchmal Briefchen von einem Lager zum anderen schmuggeln.

Ihr Lager befand sich in der Stadt. Während der »Aktionen« standen die jüdischen Häuser verlassen. Da sie »Ordnung« hielten bei der Durchführung der Aktionen, erlaubte Globocnik ihnen, in die Wohnungen zu gehen und sich zu nehmen, was sie brauchten. Sie waren deshalb gut gekleidet und suchten sich sogar Wertsachen, Gold und Geld aus. Weil sie mehr Bewegungsfreiheit hatten, konnten sie in der Stadt einkaufen, was sie brauchten und sahen deshalb gut und gesund aus.

11 Eine Welt geht unter.

Solch ein Kriegsgefangener fuhr manchmal mit seinem Wagen ins Lager hinein und stellte für die übrigen Juden einen spektakulären Anblick dar. Man konnte sich einen so schön gekleideten Juden mit einem solchen Aussehen gar nicht vorstellen.

Sie hielten sich abseits, schauten weg, wenn man ihnen murmelnd eine Frage stellte und mieden jede Berührung mit Menschen aus dem Lager. Wenn einer manchmal ein Briefchen mitbrachte, »verlor« er es etwas abseits, sich vor dem eigenen Schatten fürchtend. Und nur mit einer kunstvollen Andeutung mit der Peitsche machte er darauf aufmerksam, dass jemand es aufheben und in die richtigen Hände ausliefern solle. Es gab welche, die an den erwähnten Orten jemanden hatten und deshalb an den Abenden darauf warteten, ob nicht ein Fuhrmann in das Feld fuhr. Manchmal brachten sie auch Briefe aus dem fünften Feld. Mehr als einmal wollte jemand zu dem Brief eine Frage stellen, aber jener machte bloß eine verzweifelte, erschrockene Geste mit der Peitsche, als ob er einen bösen Traum verscheuchen wolle. Deshalb entstand ein stiller Hass auf die Satten und Gutgekleideten. Man nannte sie »die jüdische SS« und schimpfte auf sie mit der ganzen Bitterkeit, die sich im Herzen angesammelt hatte.

Die Mädchen und Frauen, die jemanden im Lager hatten, fanden schneller einen Weg in die Herzen der »Lipower« und bekamen auf allerlei Wegen ein Stück Brot oder Wurst, Papier für einen Brief oder sogar ein grünes Gürkchen und schickten dieses zu ihren Bekannten. Wenn jemand so ein Geschenk erhielt, weinte er und umarmte das grüne Gürkchen wie ein heimgekehrtes Kind. Überhaupt konnte man in diesen verhärmten, gepeinigten Charakteren eine Neigung erkennen, auf irgendetwas das letzte bisschen warmer Gefühle und liebevoller Zärtlichkeit abzuladen. Es brauchte dazu nur den geringsten Anlass.

Gleichzeitig sammelte sich im Herzen ein ständiges Hassgefühl, das sich gegen die jüdischen Blockältesten, Schreiber, Macher und einfachen Juden richtete, welche unter besseren

Bedingungen lebten und deshalb Angst hatten, einen Blick zur Seite auf die echten Majdaneker zu werfen, als ob durch das bloße Anschauen etwas auf sie abfärben könnte. Es gab auch welche, die ständig hofften, dass ihr Angehöriger vom Flugplatz oder vom zweiten Feld »etwas für sie tun werde«. Das Herz war zu eng, um alle Gedanken verschlossen zu halten, also fantasierten sie laut vor sich hin. Die, die nichts hatten, worauf sie hoffen konnten, empfanden deshalb auch gegen sie Verdruss. Es war ein Neid auf diejenigen, die noch die Möglichkeit hatten, sich etwas zu erträumen. Jedem Einzelnen, den man ein Briefchen aufheben sah oder ein Stück Brot verstecken, brachte man eine Feindschaft entgegen, eine spezielle Art von Feindschaft, die nur jene besitzen können, die einsam, gequält und aller Dinge beraubt sind.

IV

Einmal, als der Appell früh beendet war, ging ich hinaus, mich im großen Hof des Lagers umzusehen. Irgendwo in einer Ecke erblickte ich einen der schön Gekleideten mit guten Schuhen, der von einer Menge Barfüßiger umgeben war und sich mit ihnen ungezwungen unterhielt. Das interessierte mich. Der Hunger schmerzte in den Knöcheln und zog mich mit müder Verlockung zum Bett, aber meine Neugier siegte und ich näherte mich ihnen. Schon von hinten kam mir die gutgekleidete Gestalt bekannt vor. Deshalb kämpfte ich mich noch näher heran und erkannte freudig: Jankel!

Die Menschen um ihn herum fühlten sich geehrt, dass einer der Bessergekleideten mit ihnen zusammenstand und so kameradschaftlich mit ihnen sprach. Ich wollte ihnen auf keinen Fall dieses vertrauliche Gefühl zerstören, stellte mich abseits und spitzte die Ohren wie die anderen. Er erblickte mich und war etwas verdutzt. Mein Gesicht sprach für sich. Er zog mich auf die Seite und flüsterte mir ins Ohr:

Du gehst hinüber aufs zweite Feld.

Ich bin aber schon taub gegenüber den verschiedenen Versprechungen von Majdanek-Glück. Meine Glieder fordern nur eine Sache: Essen. Nur ein Gedanke beschäftigt den Verstand: Was tun, um nicht so schrecklich hungrig zu sein. Er versteht und ruft mich irgendwo hin. Ich hinke ihm mit verunsicherten Schritten hinterher. Trotz meiner stolzen Natur überfällt mich immer ein Minderwertigkeitsgefühl, wenn ich zu jemandem gehen muss. Ich will nicht gehen, weil ich nicht das kameradschaftliche Gefühl gegenüber dem einzigen bekannten Gesicht verlieren möchte, dem ich hier begegnet bin. Ich weiß, dass in dem Moment, in dem er mir etwas gibt und ich es nehme, ich mich selbst und ihn beleidige und ihn als jemanden betrachten werde, der mich tief gekränkt hat. Meine ganze Freude über das Wiederfinden eines Freundes wird in einem Stückchen erhaltenem Brot verschwinden. Und doch gehe ich. Das müde Summen, das durch die Knochen läuft, fiebert schon in Erwartung der Genüsse, die es überschütten werden. Das treibt mich, mitzugehen, obwohl ich später, wenn ich satt bin, vor brennender Scham vergehen werde.

Ich bleibe vor einer der Baracken stehen und er läuft hinein. Sehr bald kommt er mit einer großen Schüssel Suppe heraus. Ich sehe das Essen und mein Blut pocht in den Schläfen. Habe ich gezögert? Möglich. Ich habe nicht einmal gespürt, wie ich auf der Barackentreppe zu sitzen kam. Erst nach den ersten großen Schlucken erkenne ich, dass ich eine große Schüssel in der Hand halte und esse. Ich esse! Es kommt mir vor, als ob sogar die Nägel an den Zehenspitzen es spürten. Neben mir steht schon eine zweite. Ich nehme sie mechanisch in die Hand. Jankel steht neben mir und ermuntert mich:

Iss schneller, ich muss die Schüssel gleich wegbringen.

Erst da schrecke ich hoch. Eine lange Reihe steht im Block und wartet mit brennenden Augen auf ein bisschen Suppe, die noch nicht ausgeteilt wurde. Ich halte es nicht mehr aus:

Jankel, wo hast du soviel Suppe her?

Er wird etwas nervös:

Der Blockälteste ist ein Bekannter von mir ... ich habe da einen Vorarbeiter ... sie essen ihre Suppe nicht, weil sie aus anderen Quellen genug haben ... ich habe einem von dir erzählt. Du kannst jeden Tag herkommen. Du wirst von ihnen Essen bekommen, niemand braucht es zu wissen.

Ich bin satt und kann hineinhorchen, was sich in mir tut. Ich erinnere mich an den Stubendienst in meiner Baracke. Profitiere ich etwa von solcher Art Intrige? Ich denke an meinen Freund Mendel, der mir treu wie ein Vater oder Bruder ist und jetzt vermutlich geschwächt in einer Ecke liegt. Wir schlafen einer neben dem anderen. Jeden Abend höre ich seinen Hungerqualen zu und fühle mich ihm ehrlich verbunden. Wie werde ich mich jetzt neben ihn legen können, seine stillen Augen ansehen und seiner Rede zuhören, die aus den leeren Eingeweiden kommt, während in meinem Bauch alles schlummert wie einst nach einer sättigenden Schabbat-Mahlzeit?

Jankel hat derweil einen slowakischen Juden mit Vorarbeiterbinde hergebracht. Dieser sagt zu, etwas für mich zu tun. Auf jeden Fall kann ich jeden Tag wegen Essen kommen. Er wird dafür sorgen, dass ich morgen dableibe, dann wird man mich ins Bad bringen und ich werde neue Kleidung bekommen. In der Aufmachung, in der ich umherlaufe, kann er mich nicht ins zweite Feld hinüberbringen.

Mein Beruf gefällt ihm nicht, es gibt zu viele Schriftenmaler hier im Lager. Ein Uhrmacher bin ich und fertig. Jankele ist schon vierzehn Monate als Uhrmacher in Majdanek. Er repariert Uhren für die SS. Genau deshalb ist er am Leben geblieben.

Der »Slowake« klopft mir auf die Schulter, ich solle mir keine Sorgen machen. Ich möchte mich darüber freuen, dass ich leichtere Arbeit haben werde, dass ich anständig gekleidet umhergehen werde, besser essen werde, aber ich kann es nicht. Hier gibt es Menschen, mit denen ich seit Jahren vertraut bin – jetzt sind sie über das Lager verstreut. Nun bin ich im Begriff, mein Schicksal zu verbessern. Das Herz wird mir schwer, ich könnte weinen.

Ich gehe zu meiner Baracke. Sie gehen beide mit. An der Schwelle sagen sie etwas zu dem Schreiber. In Ordnung, morgen lässt er mich im Lager und schickt mich ins Bad. Dort muss ich sie nur noch finden und sie besorgen mir bessere Kleidung. Dann wird man weitersehen.

Jankel erzählt, wie man während seiner Zeit hier die Transporte umbrachte. Es ist nicht wahr, dass man alle vergast hat. Im Winter bei großem Frost ließ man Tausende nackt erfrieren. Ich höre zu, lausche.

Er erzählt: Seine Schwester Hinda, mit der wir von Kindheit an aufgewachsen sind, war hier viele Monate, und er hat es nicht gewusst. Sie arbeitete in einem Kleidermagazin und fand oft ganze Vermögen in den Kleidern. Eines Tages holte man sie heraus und führte sie weg mit dem ganzen Geld, das sie in Majdanek angesammelt hatte. Sie kam nicht mehr zurück.

Ein Kapitel der letzten Schatten aus dem Schtetl zieht vor meinem Auge vorbei. Hier höre ich von jedem Einzelnen.

Mitten beim Erzählen bemerkt Jankel, wie der Tag sich hinter dunklen Schatten zu verstecken beginnt. Er zieht gelassen eine Uhr aus der Tasche. Ich erblicke vor mir ein Stück normaler Welt: einen Jungen mit einer Uhr. Es ist schon spät. Er muss laufen. Er unterbricht seine Erzählung und wirft mir ein schnelles Wort zu:

Heute Abend, bei den Zäunen.

Und schon ist er am Tor.

Der Stubendienst scheucht uns in die Baracken.

Kapitel elf

I

Mein Freund Mendel ist einer der Gruppe, die ich bereits im Jahr 1940 im Konzentrationslager Białobrzegi traf. Wir mochten uns und blieben von einem Lager zum nächsten zusammen. Als Leibisz Zismilch als erster der Gruppe im Ghetto einen heldenhaften Tod starb, kam sein Bruder Abraham-Iser an seiner Stelle zu uns. Die Gruppe blieb auch in der kurzen Ghettozeit zusammen. Und als man alle aus der Familie wegholte, wurden wir einander Familie und Verwandte. In Majdanek wurden wir auf verschiedene Baracken verteilt. Nur der stille und treu ergebene Mendel schaffte es mit verschiedenen Mitteln, in meine Baracke hineinzukommen und mein Nachbar zu werden. Wie oft bat der Junge mit seinen großen, tiefen Augen, ich solle von ihm noch ein Stück seiner Portion Brot nehmen! Er versuchte, sich vor mir zu rechtfertigen:

Ich fühle den Hunger nicht so stark.

Es war ein Wunder, wie der junge Mann sogar in Majdanek etwas von seinem früheren Humor bewahren konnte. Aber in den letzten Tagen war Mendel traurig. Der letzte Funke seiner chassidischen Leidenschaft war verschwunden, der letzte Nachhall seiner Jeschiwa-Melodien vergessen. In den Nächten beugte er sich leise zu mir herüber und bat im Flüsterton:

Motl, gib mir einen Rat! Ich kann nicht mehr …

Aber wir wussten uns beide keinen Rat.

Am heutigen Abend fühle ich mich schuldig. Ich bin satt. Er liegt und krümmt sich vor Hunger, er redet, wettert und fantasiert. Er glaubt, dass ich mit ihm fühle, dass ich hungere wie er und dass das, was er flüstert, in unser beider Namen sei. Ich höre ihn an und fühle mich, als hätte ich ihm etwas gestohlen. Mir kommt es vor, als ob das Reden vor Hunger reinige, läutere, und ich kann heute nicht aufrichtig sein. Es platzt aus mir heraus:

Weißt du, Mendel, ich habe am Abend noch eine Suppe gegessen …

Es ist, als beichte ich ihm ein schweres Vergehen. Er bleibt still liegen und ich spüre, dass ich ihn noch trauriger gestimmt habe. Mir wird bang: Vielleicht hätte ich es nicht sagen sollen, ihn nicht verärgern dürfen. Vor einer Minute noch hatte er einen Freund, einen Partner. Jetzt ist er allein mit seinem hungrigen Kummer.

Aber ich kann mich nicht mehr zurückhalten. Die Wörter purzeln wie von selbst aus mir heraus:

Jankel war hier. Ich habe ihn plötzlich gesehen. Er brachte mir aus einer Baracke eine volle Schüssel …

Aber seine herzensgute Seele ist schon in Gedanken versunken. Ich weiß nicht einmal, ob er mich hört. Mir fällt etwas ein:

Weißt du, Mendel, er hat mich aufgefordert, jeden Tag zum Klosett zu kommen. Er wird sicher etwas herüberwerfen. Wir gehen morgen hin, ja?

Mendels Stimme wird freudiger:

Gut, wir gehen beide hin. Ich werde aufpassen, dass es uns niemand wegschnappt. Soll er nur herüberwerfen, dann wird es gut sein.

Gleich begeistert er sich für seine eigenen Pläne:

Das erste Stück Brot werden wir nicht essen. Ich werde es bei jemandem gegen Geld tauschen. Ich brauche nur die ersten paar Złoty und du wirst sehen, ich fange an zu handeln. Die Hauptsache ist der erste Keim.

Ich erzähle ihm:

Er bemüht sich anscheinend, mich auf das zweite Feld hinüberzubekommen. Es war schon jemand hier in der Baracke, damit ich morgen hierbleiben kann.

Mendel freut sich wie ein Kind:

Gelobt sei Gott. Wenn du erst mal auf dem zweiten Feld bist, wirst du dich sicher an mich erinnern, an die anderen Freunde. Wir werden alle froh sein, wenn es einem von uns besser geht. Bist du jetzt also der erste. Ohne einen ersten Vorboten werden wir sowieso alle umkommen.

Wir schlafen beide erst kurz vor dem Wecken ein.

Morgens, als alle zur Arbeit weggehen, werde ich zur Seite gestellt. Iwan kommt zu mir und zerrt mich in eine dunkle Ecke der Baracke. Ich habe eine Vorahnung von etwas Unheimlichem. Aber Iwan lässt einen nicht lange überlegen. Seine ersten beiden Schläge bringen mich durcheinander. Er betastet mich von allen Seiten und ich höre ihn kaum in seinem erstickten Zorn: Gib das Gold her!

Ich wundere mich: Was für Gold?

Er schlägt weiter: Du hast Gold. Umsonst bemüht sich hier niemand. Für das Hinübergehen ins zweite Feld bezahlt man teuer. Wenn sie kommen und sich um deinetwegen bemühen, hast du …

Es kommen der Blockschreiber und ein Stubendienst dazu. Sie reden mir ins Gewissen:

Du wirst nicht lebendig aus seinen Händen herauskommen. Gib es besser weg im Guten.

Aber sie nehmen mich in Schutz. Der Schreiber bittet Iwan, er soll bis morgen von mir ablassen. Ich habe das Gold sicher denen gegeben, die sich um mich bemühen. Bis morgen habe ich Zeit, es ihnen wegzunehmen, falls nicht …

Einen ganzen Tag habe ich verschiedene Schikanen auszustehen:

Dies ist erst der Anfang. Wenn ich morgen mein Gold nicht »zurück habe«, dann werde ich erleben, was Majdanek zu bieten hat. Sollte ich mir einreden, meine Freunde könnten mir da helfen, mache ich einen bitteren Fehler …

Natürlich werde ich nicht ins Bad geschickt. Iwan bewacht mich. Ich sehe schon, zu was der erste Schritt geführt hat. Ich habe Angst vor der Nacht. Als Mendel von der Arbeit kommt, laufen wir beide los, um jemanden zu finden, der mich schützen könnte. Aber es gibt niemanden. Mendel geht zu den Zäunen, vielleicht wird er Jankel sehen, und ich gehe meinen Slowaken suchen. Ein Mensch, den ich nicht kenne, hält mich an der Baracke auf. Er kennt mich. Ich berichte ihm von meiner Klemme. Er ist schon längere Zeit in Majdanek und kennt jeden. Er fragt mich nur:

Besitzt du wirklich gar nichts?

Ich gebe ihm mein Ehrenwort. Er geht mit mir in meine Baracke, ruft den Lagerschreiber in eine Ecke und ohne ein Wort versetzt er ihm einen heftigen Stoß. Jener ist verwirrt. Der Mitgekommene fragt trocken:

Wo ist Iwan?

Der Blockschreiber stammelt etwas. Mein Begleiter macht es kurz:

Sollte dem Jungen etwas zustoßen, werdet ihr alle bei mir hängen. Mein Tod – aber eurer auch.

Er dreht sich zu mir um und weist mich an:

Komm jeden Abend zu mir und melde mir, wie du hier behandelt wirst!

Ich murmelte etwas, wusste ja nicht einmal, wo er sich aufhält und wer er ist. Er ging wieder zurück und ich befürchtete, dass sie sich jetzt wieder meiner annehmen. Sie ließen mich aber in Ruhe. Erst eine halbe Stunde später kam der Schreiber zurück und zischte in ohnmächtigem Zorn:

Wieviel hast du ihm bezahlt, du Auswurf?

Ich sah, dass der Unbekannte ihn in Furcht versetzt hatte und sagte deshalb kein Wort, damit er nicht erkannte, dass ich nicht einmal wusste, wer er war. Die Nacht verging für mich ruhig. Mendel brachte eine Portion Brot und Wurst, die Jankel ihm herübergeworfen hatte. Wir aßen es auf dem Bett. Iwan hatte bemerkt, dass Mendel etwas hereingeschmuggelt hatte, als er aber sah, dass er es mir brachte, hielt er sich zurück.

Am nächsten Tag spürte ich wieder die stechenden Blicke der Blockaufseher auf mir, sie wagten aber nicht, mir etwas zu tun. Meinen geheimnisvollen Beschützer sah ich aber nicht wieder.

II

Der Abendappell fand statt, gleich nachdem die Gruppen von der Arbeit zurückgekommen waren. Um sechs Uhr beendete man offiziell die Arbeit. Die Gruppen, die in der Nähe arbeiteten, waren um halb sieben im Lager. Sie mussten sich in Reihen aufstellen und warten, bis die anderen zurückkamen. Gegen sieben waren alle Blöcke in Zehnerreihen aufgestellt. Der Blockälteste war verantwortlich für seine Leute, niemand durfte fehlen und alle mussten ordentlich stehen.

Wenn alle aufgestellt waren, kamen die SS-Blockführer heraus, um die Zahl aufzunehmen. Wenn sich so einer dem Block näherte, drehte sich der Älteste zur Menge um:

Achtung!

Alle standen aufgereiht wie gespannte Saiten. Dann gab er das zweite Kommando:

Mützen ab!

Die runden Baskenmützen machten ein leichtes Geräusch. Der Blockälteste drehte sich zum SS-Mann und meldete:

Herr Blockführer, ich melde gehorsam: 395 Mann sind angetreten zum Nachtappell, 4 Tote, 7 Kranke.

Der SS-Mann begann, die Zahlen laut seiner Rapportliste zu kontrollieren. Wenn bei allen Blöcken alles stimmte, ging man zum Zusammenrechnen der allgemeinen Lagerzahl über. Wenn das beendet war, kam man zum zweiten Teil des Appells. Oftmals stimmte die Zahl aber nicht. Immer wieder fehlte in einem anderen Block jemand. Dann wurde gezählt und gezählt, ohne Ende. Ich will hier von einigen solcher Appelle erzählen, die ich miterlebte.

An einem Abend kam die Gruppe etwas früher heim. Unser Blockältester war gerade weg bei Freunden. Draußen begann es wie aus Kübeln zu gießen. Die Gruppe stand mitten in einer Wasserlache und zitterte. Einem der Stubendienste gab es einen Stich ins Herz und er winkte uns zu, wir sollten in die Baracke hineinschleichen, so dass es niemand bemerkte. Wir drängten uns leise hinein. Er wies uns an, wir sollten uns in den Ecken verstecken, damit niemand uns höre und sehe. Die Baracke war ziemlich lang und die dreißig Mann konnten sich deshalb einzeln verteilen. Es war noch eine Stunde bis zum Appell, jeder kauerte sich in seine Ecke und nickte ein. Einer der Gruppe trug sich derzeit mit dem Gedanken an Selbstmord. Nun hatte er die äußerst seltene Gelegenheit, ganz allein zu sein. Er hatte schon einen ledernen Riemen vorbereitet, quetschte sich still und leise hinter die Bretter eines von der Wand abgerückten Bettes und erdrosselte sich dort. Niemand hörte auch nur ein Rascheln. Er blieb so hängen, verborgen hinter den Wandbrettern, von niemandem bemerkt.

Der Regen hörte bald auf, wir wurden aus unseren Löchern aufgescheucht und in den Hof getrieben. Dann kamen auch die restlichen Gruppen von der Arbeit und der Appell begann. Der Blockälteste fing mit seinen Gehilfen an, die Menschen abzuzählen und erbleichte:

Einer fehlt …

Alle Vorarbeiter wurden gerufen. Jeder Einzelne gab seine Aufstellung ab. Bei allen stimmte es. Auch unsere Gruppe wurde in der vollen Zahl hergebracht. Man ging zum Tor: Auch bei der SS war die Rechnung in Ordnung.

Alle Blöcke blieben aufgestellt. Man lief hunderte Male durch die Baracken, suchte unter den Betten, aber fand niemanden. Alle Blockältesten liefen von einem Ende zum anderen, stellten überall alles auf den Kopf und fanden nichts. Niemandem fiel ein, die hohen Betten von der Wand abzurücken. Wie üblich gab es einen Appell aller »Häuptlinge« des Lagers und sie wurden verwarnt:

Der Mensch muss herbeigeschafft werden, tot oder lebendig.

Aber niemand weiß, wo er zu finden ist. Immer wieder kommt jemand anders zu uns und prügelt auf alle in unserem Block ein, als ob wir schuldig seien an seinem Verschwinden. Sidlower weiß, was ihn erwartet, darum nimmt er schon im Voraus an uns Rache. Man verliest alle Namen. Die Genannten müssen sich melden – so erfährt man den Namen des Fehlenden. Jemand sagt: Er könnte doch durch die Zäune ins zweite oder vierte Feld hinüber gekommen sein! Alle wissen, dass das absurd ist, und doch werden in beiden benachbarten Feldern die Appelle angehalten. Die Nacht bricht an. SS-Leute rennen umher, kommen auf Rädern angefahren und versetzen alle Felder in Aufruhr – aber vergeblich. Der Appell dauert schon sechs Stunden. Sidlower wird von jedem SS-Mann einzeln geschlagen. Er sichert uns zu, dass er uns später bis zum Äußersten schlagen wird, bis zum Äußersten!

Nachdem man alles wieder und wieder mit Spürhunden und Menschen abgesucht hatte, kam einer auf die Idee, ein schweres Bett nach dem anderen von der Wand wegzuziehen.

Bei einem der letzten Betten fand man ihn, eng hineingedrückt in den schmalen Zwischenraum. Der ganze Körper war ausgestreckt, wie er es noch nie vorher in Majdanek war. Der Hals war eingeschnürt vom Riemen, der am Loch der Wandhalterung befestigt war. Als die SS und die Lagerältesten hereinkamen, war er zum ersten Mal in Majdanek vor ihnen nicht eingeschüchtert und rührte sich nicht von der Stelle. Im Gegenteil, er begegnete ihnen mit verächtlich herausgestreckter Zunge.

Später erzählten die Stubendienste, die SS-Leute hätten sich auf den Erhängten geworfen, ihn geschlagen und mit Füßen getreten. Sie konnten ihm nicht verzeihen, dass er sich das Recht herausgenommen hatte, selbst über sein Leben zu bestimmen. Sahen sie vielleicht zum ersten Mal einen Juden, der mit solch stummer Verachtung auf sie blickte? Als sie aus der Baracke herauskamen, wiederholten sie jedenfalls zum wievielten Male: Dieser freche Schweinehund, dieser frrreche Kerl!

Damit war die Sache aber noch nicht erledigt.

Es begann eine Untersuchung, bei welcher Gruppe der Erhängte heute gearbeitet hatte. Die ganze Gruppe wurde besonders hart bestraft.

Ein anderes Mal geschah Folgendes:

Als die Gruppen von der Arbeit kamen, musste einer genau dann seine Notdurft verrichten. Ausgerechnet dieses Mal ging man schnell hinaus zum Appell und noch schneller kamen die SS-Leute, den Rapport abzunehmen. Wie es aussah, hatte er sich einige Minuten vertrödelt und als er die allgemeine Stille wahrnahm, begriff er, dass der Appell schon begonnen hatte. In Anbetracht dessen, dass man in Majdanek nicht selten für eine Verspätung von fünf oder weniger Minuten zum Appell erst nur verprügelt, später aufgehängt wurde, geriet er offensichtlich vor Schreck aus der Fassung. In Majdanek waren die Menschen ohnehin über ihre psychischen Grenzen hinaus strapaziert und jeder Mensch, auch der abgeklärteste, wurde von Gefühlen oder Gefühllosigkeit geleitet, die mit Gedanken nichts mehr gemein hatten. Also suchte dieser Mensch sich zu verstecken vor dem, was ihn todsicher erwartete, und da er keine andere Möglichkeit zur Hand hatte, warf er sich in den tiefen Abgrund mit menschlichen Exkrementen.

Wem kann denn so etwas einfallen?

Einer fehlt beim Appell. Wieder ein Suchen und Jagen – er ist nicht da. Bis es, in tiefer Nacht, einem alten KZnik in den Sinn kommt, in der Kotgrube zu suchen. Es gab welche, die im Moment vor dem Appell den großen Wiener Kapo beim Klosett umgehen sahen. Hat womöglich der ihn dort hineingeworfen?

Ein dritter Fall:

Eine Gruppe wurde nach der Arbeit schnell durchgezählt. In der Eile stimmte alles. Erst vor dem Hineingehen durchs Tor, als die Torwache nochmals nachzählte, stellte man fest, dass einer fehlte. Dem fehlenden Juden war es passiert, dass er nach der Arbeit zur Seite ging und in Ohnmacht fiel. Als er zu sich kam, sah er niemanden mehr auf dem Platz und er lief erschrocken in Richtung Lager. Er kam gerade am Tor an, als man seine Gruppe zum wievielten Male nachzählte. Er ging von sich aus hin und meldete frei heraus, was ihm geschehen war. Die Torwache gab ihm ein paar Schläge und befahl ihm, mit seiner Abteilung hineinzumarschieren. Beim Appell wird er mit Name und Nummer laut ausgerufen. Die Blöcke, die einer hinter dem anderen in Reihen aufgestellt stehen, werden schnell zu einem großen, gewaltigen Dreieck um den Galgen herum umformiert. Alle begreifen sofort. Der hochgewachsene junge Mann wird hergebracht und auf den danebenstehenden Tisch gestellt. Er ist blass und gefasst. Doch als eine Hand ihn anfassen will, greift er blitzschnell nach dem baumelnden Strick und wirft ihn sich über den Hals. Noch ehe man einen Stoßseufzer hervorbringt, wiegt er sich schon unter dem blechernen Hahn.

Bei dem Galgen stehen der Lagerälteste und etliche SS-Leute. Der junge Mann ist schon tot. Die letzte Rechnung mit ihm ist aber noch nicht beglichen. Der Lagerälteste krächzt heiser:

Das hast du bekommen, weil du ein verfluchter Jude bist. Jetzt bekommst du deine Strafe für den Fluchtversuch! Und achttausend Augenpaare schauen zu, wie man einen am Galgen Hängenden verprügelt.

Einzelfälle von so vielen, so vielen. Wer aber kann sie alle erzählen und aufschreiben?

Später formierten sich die Blöcke wieder um und der Appell begann von neuem.

III

Wenn das Abzählen und Aufsummieren beendet war, begann das Verlesen der im Laufe des Tages notierten Nummern.

Mitten auf dem Platz wurden ein großer Schreibtisch und ein Stuhl aufgestellt. Die Menschen wurden herausgerufen gemäß der aufgezeichneten Reihenfolge und es begann eine

Serie von Gerichtsverfahren. Jeder wurde zu verschiedenen Einzelheiten im Zusammenhang mit seinem Verstoß »verhört«. Die SS und Lagerältesten hatten dabei die beste Gelegenheit, sich über die Opfer lustig zu machen. Die Erklärungen zeichnete man auf und protokollierte sie wie in einem Gerichtssaal. Während der ganzen Zeit der Gerichtsverfahren mussten alle in der Reihe stehen. Die meisten wurden zu 25 Schlägen verurteilt. Alle mussten dann zusehen, wie die Kapos, Lagerältesten und Blockältesten prügelten. Hier ist nicht der Ort, die Prügelszenen und das Geschrei der Opfer wiederzugeben, das ich täglich miterleben musste. Das Entscheidende hier ist die Tatsache, dass es »Verhandlungen« in Majdanek gab. Eine der geringeren Strafen bestand darin, dass man eine Woche lang vom Appell bis zum Schlafengehen unbeweglich mitten auf dem Platz stehen musste. Und prompt gab es welche, die einen beobachteten und bei der mindesten Bewegung wurde man wieder verurteilt für das neue Vergehen.

Auch die Blockältesten bekamen ihre Urteile. Ich erinnere mich an einen Fall, als man alle Ältesten herausrief und sie Strafübungen machen ließ. Später mussten die Juden unter ihnen mitsamt ihrer Kleidung in das große schmutzige Wasserbassin kriechen und dort unzählige Male untertauchen. Sie kamen halb erstarrt wieder heraus. Jedes Mal kamen Gerüchte auf, dass man in Kürze die Lagerordnung ändern würde. Aber es wurde nur immer schlimmer. Menschen kamen um und es mehrten sich die Fälle von Selbstmord.

Abends fand die Essensverteilung statt. In den letzten Wochen meines Aufenthaltes in Majdanek besserte sich das Essen. Die Suppe enthielt mehr Fett und das verstärkte die Hoffnung. An einem Abend, wenn man das Stück Brot, ein bisschen Suppe und Margarine bekommen hatte und in sein Herz hineinhorchte, entdeckte man, dass alle verschwundenen Kräfte zurückgekehrt waren. Wenn man nur wollte, fanden sich schon verschiedene andere Beweise. Das Prügeln an den Arbeitsstellen wurde manchmal einen ganzen Tag lang ausgesetzt. Dann konnte man seiner Fantasie freien Lauf lassen: Es wird anders! Bis wieder ein Tag kam, an dem man die Erschlagenen vom Platz heimtragen musste, und man merkte, dass sich gar nichts änderte. So wechselte die Stimmung von Tag zu Tag. Und noch etwas: aus den Baracken verschwanden mehr und mehr Menschen. Bei meiner Ankunft waren in meinem Block 550 Mann. Die Enge war groß. Die Unruhe in der Baracke ermüdete und zermürbte sehr. Nach den ersten vier Wochen blieben noch 240. Es wurde stiller in der Baracke, zum Schlafen war es geräumiger. Jeder konnte bei Nacht noch eine Decke von einem zweiten, leerstehenden Bett nehmen, um sich besser zu wärmen.

Die Leere aber beunruhigte allmählich. Selbst der Blockälteste wurde irgendwie trauriger, stritt und schlug seltener. Wenn der Abend herabsank, schaute man auf die leeren Betten und flüsterte still miteinander.

Die Arbeit bei Polstephan ging ihrem Ende entgegen. Man trieb die Menschen bei der Arbeit zu sinnlosen Tätigkeiten, nur damit sie beschäftigt waren. Deshalb ließ die SS kleinere, gutbewachte Gruppen zur Arbeit in der Stadt zu. Sie bekamen die doppelte Menge Suppe und abends kamen sie mit fröhlicheren Gesichtern zurück, ein Stück Brot unter ihrem Hemd versteckt.

In dem Feld waren nur noch weniger als die Hälfte Menschen. Es wurde leerer auf dem Platz. Diejenigen, die es geschafft hatten, bis jetzt durchzuhalten, hatten Mittel gefunden, wie man etwas zusätzliches Essen finden konnte. Es gab welche, die bis zur Küche vordrangen und manchmal eine Kartoffel erwischten. Andere schafften es, zur Arbeit in die Küche zu kommen. Die restlichen bemühten sich, von anderen Feldern etwas zu bekommen, sodass sich eine gewisse »Gewöhnung« einstellte und man vergaß, dass anderswo eine andere, freie Welt existiert. Der allgemeine Zustand im Lager war aber von einer Art, dass man in der Luft die bevorstehende radikale Änderung wahrnehmen konnte.

IV

In unserem Feld befand sich die Lagerküche. Das Essen wurde nach dem Kochen in riesige eiserne Kessel gegossen und auf große Lastwagen gestellt, die sechzig bis hundert solcher Kessel aufnahmen. Es gab eine spezielle »Küchenkolonne«, die das Essen in alle Felder ausfuhr. Sie spannten sich vor die Wagen, genau wie Pferde, und schleppten das Essen viele Kilometer über schlammige, sumpfige Wege. Sie zählten an die 700 Mann und bekamen mehr zu essen, dafür wurden sie aber bei der Arbeit stark angetrieben und viel geschlagen.

Eine weitere Gruppe arbeitete direkt in der Küche beim Kartoffelschälen. Die Abteilung zählte an die 2.000 Mann. Ihre Arbeit war die beste. Sie blieben an einem Ort im Keller und taten ruhig ihre Arbeit. Um dort hineinzukommen, bedurfte es guter Verbindungen. Dort arbeitete ein großer Teil der jüdischen Intellektuellen, die jemanden hatten, der sich für sie einsetzte. Eines war typisch: Mit dem letzten Zustrom aus Warschau brachte man von Treblinka eine bestimmte Anzahl Rabbiner, Rabbis und orthodoxe Juden, und ausgerechnet die kriminellsten, assimilierten Blockältesten setzten sich für sie ein und alle kamen zum Kartoffelschälen. Damit wollten sie sich von ihrem eigenen Gewissen freikaufen oder bei dem jüdischen Gott, der womöglich doch existiert und alles sieht, was geschieht, sogar in Majdanek. Eine gewisse Zeit arbeiteten dort Dr. Jitzchak Schiper[12], der Minsker Rabbi, sowie andere jüdische gesellschaftlich Aktive und Literaten (ich nenne hier keine Namen, die ich damals nicht sicher ermitteln konnte). Bei jedem Transport, der ins lebende Lager gebracht wurde, fanden sich die jüdischen Blockältesten ein und fragten:

Ist unter euch ein slowakischer Jude? (In allen Büros waren die Slowaken »an der Macht« und für ihre Landsleute fanden sie sofort leichtere Arbeit.) Ein Tscheche, oder ein Rabbiner?

12 Dr. Ignacy Schiper, 1884–1943, polnischer Historiker.

Wer vortrat, wurde ausgefragt, ob es tatsächlich stimmte und der größte Teil wurde zu den Kartoffeln geschickt. In unserer Gruppe war ein Mensch, der vortrat. Auf dem Platz standen gerade slowakische Lagerschreiber. Als der Blockälteste den unauffälligen Menschen fragte, was für ein Bürger er sei, antwortete dieser kurz:

Tschechoslowake.

Ein Lagerschreiber näherte sich gerade und musterte den kleinen älteren Menschen. Plötzlich stürzte er überrascht auf ihn zu und umarmte ihn. Sofort kamen andere dazu und jeder Einzelne umarmte den Menschen mit großer Ehrfurcht. Das war der berühmte tschechisch-jüdische Millionär Strauss. Er bekam sofort einen Posten als Küchenaufseher. Er nahm das Risiko auf sich, von Zeit zu Zeit bei Nacht Essen für seine früheren Lagerkameraden herauszubringen.

Alle diese Küchenarbeiter wohnten in besonderen Baracken und bei Anbruch des Abends wurden sie von Hunderten Menschen belagert, die sich daran machten, deren Geschirr auszukratzen und die dabei häufig einen Löffel Suppe fanden.

Eine besondere Gruppe war das »Scheiße-Kommando«. Sie arbeiteten beim Reinigen der Latrinen. Sie stanken furchtbar, weil sie zwölf Stunden täglich die Exkremente in die Fässer gießen und auf den umliegenden Feldern verteilen mussten. Das war aber auch einer der begünstigten Arbeitsplätze, weil sie dort weniger geschlagen wurden und es von Zeit zu Zeit eine Brotzulage gab. Auch um dorthin zu kommen, brauchte man gute Verbindungen. Diese Gruppen hatten bessere Chancen durchzuhalten.

Zwischen einer Baracke und der nächsten waren Kartoffeln angepflanzt. Diese eingesäten Flächen waren mit Draht umzäunt und beim Hinüberklettern konnte man von der Turmwache erschossen werden. Trotzdem schaffte es immer wieder einmal jemand, hinüberzugelangen und ein paar kleine junge Kartoffeln herauszureißen. Etliche Male gelang es meinem Freund Mendel. Wir aßen sie roh, leise bei Nacht auf dem Bett.

Abends schickte jede Baracke einige Leute, das Essen von der Küche zu holen. Die Menschen blieben draußen oder im Korridor stehen und warteten darauf, dass man die vollen Kessel herausbrachte. Derweil kitzelte der Geruch in der Nase, lockte und machte sie verrückt. Des Öfteren verlor jemand die Nerven und schlich sich tiefer hinein. Manchmal kam er glücklich heraus, sich unaufhörlich die Lippen leckend – manchmal kam er auch gar nicht wieder heraus.

Das Ärgste war, wenn ungeschälte Kartoffeln gekocht wurden. Nur wenige der Essensträger konnten sich beherrschen und der Versuchung widerstehen, unterwegs eine Kartoffel zu stehlen. Doch von allen Seiten wachten Augen und so etwas endete gewöhnlich mit schweren Qualen.

Aber beim Anblick der geringsten Möglichkeit, einen Extrabissen zu bekommen, konnte einen nichts abschrecken. Vogelfrei zu sein und geschlagen zu werden war zur natürlichen Alltäglichkeit geworden.

V

Im Lager gab es eine kleine Anzahl an Jungen zwischen zwölf und fünfzehn Jahren. Die meisten von ihnen waren jüdisch. Sie wurden von den vielen Tausenden bei den Gaskammern ausgewählt und zurückbehalten. Es waren bildschöne Kinder. Sie arbeiteten nicht schwer. Sie wurden von der Kommandantur als Botenjungen benutzt. Man nannte sie »die Lagerläufer«, weil sie von einem Ende des Feldes zum anderen liefen und alle wichtigen Meldungen im Lager ausriefen:

Der Blockälteste vom siebten Block sofort zum Lagerältesten!

Der Häftling Nummer 18765 sofort zum ersten Tor!

Sie teilten dem Stubendienst mit, wann man wegen des Brotes gehen sollte und wann morgens geweckt werden musste.

Sie waren die Stiefelputzer bei den Lagerältesten und der Häftlingsprominenz. Die Ältesten und Funktionäre waren alles alte Arrestanten, die schon viele Jahre vom Leben in der normalen Welt abgeschnitten waren, und deshalb war es verständlich, zu was sie die Jungen benutzten. Das ist ein Kapitel, über das zu schreiben am schwersten und schmerzhaftesten ist. Aber das war die Wirklichkeit, nicht nur in Majdanek. Diese Kinder hatten im Lager unbegrenzte Macht und alle zitterten vor ihnen. Ein »Läufer« wollte die Großen in allem nachahmen. Er schlug, genau wie sein Kapo es tat, aber mit kindlicher Einfalt, die gar nichts begreift.

Die Lagerverwaltung nutzte das aus und setzte die Kinder bei verschiedenen kleineren Arbeiten als Aufseher ein. Einmal, als ich mit einer Gruppe einen schweren Wagen schleppte, wachte über uns ein Junge von dreizehn Jahren. Er hielt einen riesigen Stecken in der Hand und ahmte das Schlagen der Großen nach. Er quälte spielerisch und hatte Freude, dass so Große und Erwachsene vor seinem Blick zitterten. Immer wieder rief er jemanden aus der Reihe und verteilte ungezielt Schläge über alle Gliedmaßen. Sobald ein Deutscher vorbeikam, fragte er ihn, ob es so richtig sei, wie er schlage. Dann lauschte er wie ein Hündchen allen Anweisungen und bemühte sich später, alles aufs Genaueste auszuführen. Ihnen konnte man nicht mal böse sein. Aber gerade deshalb war der Schmerz noch größer, weil es die brennenden Rachegelüste nicht gab, dic das Herz ein Stück weit füllen konnten. Die SS spielte hier mit dem Dressieren dieser kleinen Schläger nur eine Nebenrolle und es gab niemanden, gegen den sich der direkte Zorn richten konnte.

Es kam vor, wenn ein Kapo schlug, dass das Opfer schrie, ihn anflehte, an sein Gewissen appellierte. Schon das Reden selbst entsprang einem kleinen Fünkchen Hoffnung. Wenn man flehte, glaubte etwas in einem fest daran, dass die Rede gleich wirken werde, dass in einem Moment die Schläge aufhören werden. Vielleicht linderte schon allein dies unbewusst geringfügig den Schmerz. Wenn du aber die Augen hobst und über dir ein kindlich-törichtes Gesicht sahst, verstummtest du und ertrugst die Pein ohne den kleinsten Aufschrei, der dir die Schmerzen mit dem Hauch einer verschleierten Illusion hätte versüßen können.

Der Lagerälteste des dritten Feldes hatte einen »Pupil«[13] (so nannte man überall die protegierten Jünglinge in der Lagersprache), den man auf zwölf Jahre schätzte. Es war ein dunkler, hochgewachsener Junge in schwarzen, samtenen Hosen. Er kam mit den Eltern ins Lager. Bei der Gaskammer dachte sich einer der höheren Offiziere ein originelles Spiel aus: Er rief den Jungen zur Seite und begann, ihm das Gesicht zu streicheln:

Willst du Kapo im Lager werden? Du wirst schöne Hosen tragen, Schokolade essen und kannst befehlen, über wen du willst.

Der Junge war zuerst verwirrt, aber die Eltern, die glaubten, dass das Kind dem Offizier gefalle, winkten ihm von weitem zu, er solle ein fröhliches Gesicht machen und mit allem einverstanden sein. (Sie erfassten es vermutlich aus der Distanz.) Die Eltern des Kindes nahm man zur Seite und alle beneideten sie, weil sie glaubten, dass sie wegen des Kindes gerettet werden. Aber hier geschah etwas, das alles übersteigt, was die menschliche Fantasie an Grauenvollem sich auszudenken vermag:

Der Junge wurde in das dritte Feld aufgenommen. Man machte ihn zum offiziellen Kapo. Der Vater wurde in dasselbe Feld gebracht, die Mutter kam ins Frauenfeld. Am dritten Tag brachte man sie ins dritte Feld, damit sie ihr Kind sehen und sich mit ihm freuen konnte. Am selben Abend, als die Gruppen sich zum Appell aufstellten, trieb man sie auseinander und formierte sie zu einem großen Dreieck um den Galgen herum. Die Eltern des Kindes wurden hergeführt und zum blechernen Hahn gebracht. Dann holte man den Jungen und befahl ihm, er solle ihnen die Stricke umlegen und festziehen …

Die Menschen, die dem beiwohnten, hatten schon alles im Leben gesehen. Aber als sie das erzählten, bissen wir, die

13 poln.: pupil(ka): Liebling, Schützling.

wir verhärtet und erstarrt waren, uns auf die Lippen, dass es blutete! Grade beim Schreiben dieser Begebenheit will ich nüchtern sein. Ich empfände es als Lästerung des Menschengeschlechtes, wollte ich hier einen Hauch literarischer Schilderung zulassen. So werde ich nur meines Freundes Erzählung zu Wort kommen lassen, welche sich mir ins Gedächtnis eingrub, wie er sie beobachtet hatte:

Wir standen alle mit angehaltenem Atem: Solch ein Bild hatte keiner von uns je gesehen. Wir trauten unseren Ohren nicht, glaubten, dass hier nur ein grausiger Spaß geschähe. Die Eltern standen auf dem kleinen Tisch, mit den Schultern an den Galgen gelehnt und lächelten traurig. Sicher glaubten auch sie selbst, dass der Chef des Lagers nur spaße. Der Junge stand erschrocken da mit herabhängendem Kopf. Der Lagerchef von der SS hielt vor ihm eine pathetische Rede:

Du bist noch ein junges Kind. Wir wollen, dass es dir gut geht. Als Jude musst du im Feuer verbrannt werden, genau wie alle Juden. Ich will aber, dass du lebst. Deshalb wirst du unser Kind, ein deutsches, genau wie alle Deutschen. Denen, die dir hier gegenüberstehen, gehörst du deshalb gar nicht an. Du bist wie einer von uns, und sie sind – Juden. Du bist ein Kapo, und wie alle Kapos wirst du dich nicht weigern, zwei schmutzige Juden aufzuhängen, nicht wahr? Nun, jetzt beweise es vor allen, zeig mal, dass du kein Jude mehr bist.

Dem Jungen zitterten unmerklich die Hände, als er den Strick über die Hälse legte. Der Vater stand bleich und steif da; die Mutter wimmerte leise. Und selbst noch im letzten Zucken des Erstickens machten die leblosen Hände eine abweisende Geste. Damit wollten sie wohl das grausige Bewusstsein vertreiben.

Als der Junge von der Leiter herabstieg, tätschelten die SS-Leute ihm liebevoll die Wangen. Er wurde in die gesonderte Baracke der »höheren« Lagerfunktionäre gebracht und blieb dort wohnen.

Was bleibt mir noch von Majdanek zu erzählen?

VI

Als ich nach Majdanek kam, war der Junge schon einer der Hauptbefehlsgeber auf dem Feld. Er ging mit einer großen Stange auf dem Feld umher, prügelte alle und schlug Köpfe ein. Die Aura des Elternmörders schwebte über ihm und verbreitete noch mehr Furcht. Er sah älter aus als sein tatsächliches Alter. Ich hätte ihn auf fünfzehn bis sechzehn Jahre geschätzt. Er platzte zu Inspektionen in die Baracken herein, war bei den ganztägigen Strafübungen zugegen und half bei den Selektionen. Ich weiß nicht, ob bei solchen Jungen das Gefühl für Reue schon ausgebildet ist. Ich bin aber sicher, dass unter seinen eigenen Gefühlen ein Trieb verborgen lag, sich immer größere Qualen anderer anzusehen, um sich selbst davon zu überzeugen, dass kein Opfer zu teuer ist, nicht einmal eine solche Tat, wie er sie begangen hatte, um all diesem zu entkommen. Ich muss aber zugeben, dass ich nach allem, was ich gesehen und gehört habe und trotz meiner guten Menschenkenntnisse aufgebe, bis zum tiefsten Grund der menschlichen Seele vordringen zu wollen. Es sind nicht mehr als Erklärungsversuche, die jemand anders, jemand, der frischer und weniger überlastet ist, wird analysieren und vertiefen müssen.

Und doch wurden nicht alle Jungen verdorben. Es gab elf- bis zwölfjährige Jungen, die im Lager einen Vater oder Bruder hatten. Wie erwachsene, reife Menschen fanden sie vielerlei Mittel, ihren Nächsten alle erdenkliche Hilfe zukommen zu lassen. Ich selbst kannte einen Vater, der nach vier Wochen im Lager erfuhr, dass sein Kind lebte und »Läufer« in einem anderen Feld war. So ein Vater findet Mittel und Wege, Kontakt aufzunehmen. Ich erinnere mich, wie der Kleine geschickt bis zu uns ins Feld vordrang. Es war Abend. In der Baracke lagen viele Menschen und drückten sich müde auf den Fußboden. Die dunkle Umgebung machte es unmöglich, einen liegenden Schatten vom nächsten klar zu unterscheiden. Plötzlich erscheint ein Läufer in der Tür.

Einige springen vor Schreck instinktiv auf, andere blicken ihn nur stumm fragend an. Der Kleine mustert jedes einzelne Gesicht. Schließlich stürzt er auf einen zu, der nachdenklich in einer Ecke liegt: Papa! Papa! Dieser erzittert und bricht in Tränen aus wie ein Kind. Aber der Kleine bleibt ernst. Er streichelt voll Mitleid den geschorenen Kopf des Vaters wie ein Erwachsener und fleht ihn an: Nicht weinen, Papa, nicht weinen! Als ob hier die natürlichen Gesetze von Vater und Kind mit der Kleidung getauscht wurden. Der Kleine nimmt etwas von unter dem Saum heraus. Ein Stück Brot leuchtet auf, eine Wurst. Die Stimme des Kindes wird traurig und weich: Du bist hungrig, nicht wahr? Der Vater liebkost verschämt das Brot mit den Augen. Seine Finger irren ziellos über das kleine Gesicht. Das Kind stößt derweil schnell alle Wörter hervor, die sich die ganze Zeit in ihm angesammelt haben:

Ich bringe dir jeden Tag etwas, du wirst sehen, ich rede mit dem Oberscharführer wegen dir. Erzähl mir, wirst du geschlagen? Sag mir, wer!

Erst in der letzten Minute vor dem Abschließen ging das Kind weg. Es kam fast jeden Tag und brachte etwas mit. Und immer redete es mit dem Vater, wie man ein kleines, schwaches Kind beruhigt.

Es gab viele Läufer, die nicht wollten, dass man erfuhr, dass sie jemanden im Lager hatten. Sie machten es so raffiniert, dass niemand etwas bemerkte. Aber dem Vater eines Läufers ging es gewöhnlich besser. Den meisten besorgte die Leitung früher oder später eine leichtere Arbeit.

Auf diese Art war es möglich, dass eine große Anzahl Juden in unserem Feld (an die vier- bis fünftausend) solche schweren Wochen in Majdanek überstehen konnte und andere sogar bis zur vollständigen Ausrottung der Juden in Majdanek am Leben blieben. Aber darüber später.

Kapitel zwölf

I

Was man in Majdanek mit den Menschen tat, braucht man heutzutage nicht mehr zu berichten. Was ich aber doch betonen möchte, ist der bemerkenswerte Umstand, dass ich sieben Wochen in Majdanek war und nie einen Transport ankommen sah. Ich sah so viele Menschen aus dem Lager verschwinden, wusste, dass sie im »Neunzehner« gesammelt und von dort ins Krematorium geschickt wurden, ich sah aber nie, wie sie weggebracht wurden, außer weniger Male, von sehr weit, durch einen schmalen Spalt zwischen den Baracken. Außer denjenigen, die bei der Gaskammer, beim Bad und beim Krematorium arbeiteten, konnte niemand mit Gewissheit aus eigener Anschauung erfahren, was mit den Menschen geschah. Außer mit jenen, deren Qualen man mit eigenen Augen sah, und die zählten nur an die Tausende. Millionen aber verschwanden still und unbemerkt.[14]

Nur einmal beobachtete ich aus der Nähe die Ankunft eines großen Transportes, und das waren keine Juden.

Es war in der letzten Woche meines Aufenthaltes in Majdanek. In der Luft spürte man schon den ankommenden Sturm. Es war im Juni 1943. Die Russen hatten eine große Offensive begonnen und Bruchstücke von Nachrichten drangen auch bis zu uns vor. Von der anderen Seite hörten wir über starke militärische Operationen bei den italienischen Inseln. Genaue Informationen hatten wir nicht, also versuchten wir, etwas von den deutschen Soldatengesichtern

14 Strigler bezieht sich hier vermutlich auf die Gesamtzahl der ermordeten Juden in Polen. In Majdanek kamen etwa 60.000 Juden ums Leben.

abzulesen. Irgendwie gingen sie mit verzagten Gesichtern umher und schlugen sogar missmutig. In diesem Schlagen spürten wir jetzt ein Gefühl der Rache. Nun fühlte man, dass es sich lohnt, noch einen Tag zu leben, um weitere Nachrichtenfetzen von einer deutschen Niederlage aufzuschnappen und wenigstens auf passive Weise Rache zu nehmen.

Ganz besonders gingen Gerüchte um, dass neue Menschentransporte gebracht würden, die an unserer Stelle bei »Polstephan« arbeiten sollten, während wir zu leichterer Arbeit abkommandiert würden. Aber da ohnehin jeden Tag Gerüchte umgingen, die einander widersprachen, weckte das keine großen Hoffnungen. Und doch wartete man darauf.

Eines Abends kam ein SS-Mann und befahl, die Arbeit früher zu beenden. Es war noch eine Stunde bis zum »Feierabend«. Wir traten schnell in die Reihen und marschierten ab zum Lager. Als wir zu dem Weg kamen, der vom Lager zur Lubliner Landstraße führt, sah man in der Ferne eine große, schwarze Menschenschlange, die sich lang hinzog und immer näher auf uns zukam.

Die SS wollte uns offensichtlich vorher wegbringen, damit wir nichts sehen sollten. Aber es war schon zu spät. So ließ man uns auf einem parallelen Weg stehen, ca. zehn Meter vom Hauptweg, der ins Lager hineinführt, entfernt. Es war klar, dass wir dort Stunden würden warten müssen, bis die ganze Kolonne vorbeimarschiert war, damit die Reihen sich nicht womöglich vermischten.

Nach etwa zehn Minuten begann die lange Menschenschlange, uns gegenüber vorbeizuziehen. Soweit das Auge reichte, bis hinauf zum Berg strömte es unaufhörlich. Sofort im ersten Augenblick erkannte man, dass es keine Juden waren.

Es war eine merkwürdige Mischung von Menschen: junge, gesunde Männer, bäuerlich gekleidet, mit großen schweren Säcken auf den Schultern. Junge, erschöpfte Frauen mit Kindern auf den Armen oder Packen Essen und Bettzeug. Und in der Mitte alte, gesetzte Männer mit langen, grauen Bärten, die gemessenen Schrittes in der Reihe mitmarschierten. Es war klar, dass die Menschen nicht die geringste Ahnung hatten, wohin man sie brachte. Sie gingen still und ruhig, ließen mit merkwürdiger Geduld die großen Tropfen Schweiß von der Stirn rinnen. Bei denen, die noch weit entfernt waren, war müde Erschöpfung in den Schritten erkennbar; die Vorderen aber, die schon die hohen steinernen Gebäude erblickten, begannen lebhafter zu werden. Ihre Schritte rissen sich regelrecht von den Steinen los, hin zu den entfernten Silhouetten der Dächer, die mit dem Versprechen von Erholung nach solch langem Weg verführerisch lockten.

In unserer Reihe versuchte jeder zu raten, woher die Menschen kamen. Einer, ein Russe, erkannte sofort seine Landsleute und rief laut: Woher kommt ihr, Väterchen?

Eine tiefe, gesetzte Stimme von drüben antwortete: Aus Witebsk!

Eine zweite Stimme warf eine weitere Frage hinüber: Schon lange unterwegs?

Ein anderer Teil des Stromes antwortete: Schon lange ... Wochen ... und versank wieder im eigenen Trott.

Die Sonne schien derweil Gewissensbisse zu bekommen, dass sie diesen unheimlichen Transport begleitete und fürchtete, man könne sie verdächtigen zu wissen, wohin die Menschen gebracht werden. So begann sie, seitlich wegzurutschen, wie ein Dieb, über den sanft gestreckten Himmel. Sie fand schließlich ihren Weg, versprengte ein paar rote Wunden und ging hinter einem Grabhügel Erde unter. Die Menge strömte immer noch, strömte hinein in die sich blau verfärbenden Arme der beginnenden Majdaneker Nacht. Die Kamine der Umgebung sahen aus wie die mächtigen Zähne eines aufgerissenen Maules, das eine große Menschenmenge verschlingt.

An jenem Abend kamen wir spät zurück. Der Appell zog sich bis spät in die Nacht hin. Es lohnte schon fast nicht mehr, sich schlafen zu legen. Schon beim Appell konnten die Russen nicht stillstehen vor Ungeduld. Dieses Mal waren sie es, die erwarteten, in dem Transport jemanden aus der Familie zu treffen, Bekannte oder einfach Landsleute, bei denen man Neues erfahren konnte. Bei uns in der Baracke lief Iwan, der einzige Russe, die ganze Nacht ungeduldig auf und ab.

Erst am Tag wurden wir gewahr, dass von dem Transport kein einziger geblieben war. Man brachte nicht einmal ihre Kleidung zum Sortieren, sondern ließ sie zusammen mit den Packen auf einem großen Haufen verschimmeln.

II

Nur bei den Deutschen konnte sich so etwas zutragen: Drei Tage, nachdem der große Transport von Witebsk angekommen war, wurden wir, etliche zig Menschen, zu einer Arbeit herangezogen. Wir wurden zu einem Spital gebracht, wo man uns befahl zu warten. Dann kamen SS-Leute in weißen Kitteln heraus und riefen uns herein. Dort waren viele russische Kriegsgefangene, bei denen man Arme oder Beine, bei manchen beides amputiert hatte. Wir mussten sie auf den Schultern in schnellem Lauf zu den großen Wagen hinaustragen, die auf sie warteten. Sie waren so ausgemergelt, dass man nicht einmal das Gewicht spürte, das man trug. Sie sahen aus wie Skelette. Auf den Wagen bettete man sie auf Decken, da sie weich sitzen sollten. Nachdem wir alle hinausgetragen hatten, spannte man uns in die Wagen ein und wir mussten sie auf verschiedenen Umwegen vorsichtig ziehen, damit sie sich um Gottes Willen nicht einer am anderen stießen. Zwischen sie wurden dicke, wattierte Decken gelegt, damit einer mit seinen dürren Knochen den anderen unterwegs nicht drücken sollte. Wir zogen sie bis zum Tor des ersten Feldes.

Dort präsentierte sich uns ein riesiges, frisch gemaltes Schild mit einem großen roten Kreuz und einer Aufschrift über die ganze Breite des Tores:

Lazarettlager für Kriegsgefangene!

Hier war ein neues, hinterhältiges Spiel erkennbar. Wir mussten sie auf unseren Schultern hineintragen. Auf der linken Seite des ersten Feldes waren alle Baracken aufgeräumt worden, die Fußböden geschrubbt und die Betten mit neuen, weißen Überzügen bezogen. In jedem fein eingerichteten Raum gingen etliche Doktoren umher und wiesen mit Sorgfalt an, wie man die Kranken am behutsamsten hinlegen musste. In einigen Tagen wollten sie auch die zweite Hälfte von Häftlingen räumen und dort ein großes Spital für alle schwerkranken und unheilbaren russischen Kriegsinvaliden einrichten. Man kochte für sie spezielles gutes Essen und sorgte dafür, dass es ihnen vergleichsweise gut ging. Das heißt, die Deutschen waren vor der starken Offensive erschrocken und hatten beschlossen, ihre Taktik zu ändern. Man sah darin auch ein Zeichen, dass sich vielleicht auch einmal für die Juden etwas bessern könnte.

Wer kann aber die verlogenen Absichten derer ergründen, die noch vor einem Tag einen ganzen Transport gesunder Menschen des Volkes vergast hatten, dessen todgeweihte Invaliden sie jetzt so zu umhegen begannen. Vielleicht brauchten sie diese schnell inszenierte Komödie wegen irgendeiner heuchlerischen Kommission, von der sie natürlich vorher wussten, und die vermutlich wollte, dass man sie zum Narren hielt. Das Spiel des Quälens in den anderen Lagerteilen änderte sich jedenfalls um keinen Deut.

III

Vom Frauenlager drangen vage Gerüchte herüber, dass dort etwas passierte: Man begann damit, häufiger Selektionen durchzuführen. Die polnischen Aufseherinnen kamen jede Nacht, führten gemeinsam mit der Frauen-SS strenge Durchsuchungen durch und nahmen in der Eile, was sie nur fanden. Als ob sie Angst hätten, dass es bald zu spät sein würde. Sofort gab es neue Gerüchte: im fünften Feld registrierte man die jüngeren und gesünderen Frauen, um sie irgendwohin zu schicken. Man betrachtete jedes Fleckchen auf dem Körper, und wer von ihnen nicht gefiel, wurde in geschlossene Baracken abgesondert. Die Frauen hatten es eher geschafft, etwas Geld oder wertvolle Sachen zu verstecken. Jetzt wurden sie gequält, damit sie alles abgaben. Jeden zweiten Tag wurden sie von neuem aufgelistet und niemand wusste mit Sicherheit, zu welchem Zweck. Da sie sich nicht mehr auskannten, warfen sie an den Abenden Briefchen in das benachbarte vierte Feld oder schrien hinüber, um einen Rat, eine Anweisung bittend. Aber wer hätte ihnen so etwas geben können? So flogen nur Fetzen von Unruhe vom vierten zum dritten Feld und steckten alle mit schmerzlicher Erwartung an.

Wer von den Frauen konnte, vergrub das versteckte Vermögen in der Erde bei der Baracke oder in einem Loch im Bett. Bei den Männern war es schlimmer, weil sie strenger bewacht wurden. Und viele von denen, die nackt hergekommen waren, besaßen bereits etwas. So war ihre Unruhe größer.

In den Besitz von etwas zu gelangen war auf verschiedene Art möglich. Mein Freund Itzel zum Beispiel war im Bad. Dort nahm man jedes Mal die Kleidung weg und gab frische aus. Als er nach einigen Tagen die Nummer annähen musste, fasste er zufällig an etwas Hartes im Schulterpolster. Dort war ein goldenes Kettchen, das einen Juden einst vor dem bösen Blick schützen sollte.

Ein noch wertvolleres Vermögen besaßen einige der holländischen Juden: kleine Torarollen. Von den Zehntausenden blieben knappe Hundert. Es waren traditionelle Juden und sie hielten hartnäckig die Gebote, sogar in Majdanek.

Ich werde nie den blonden Jüngling aus Holland vergessen, der sich um keinen Preis mit dem Gedanken abfinden konnte, hier mit entblößtem Kopf zu gehen. Er bekam von irgendwoher eine kleine Kippa und trug sie auf dem Kopf, solange es ging. Während der anstrengenden Strafübungen heftete er sich die Kippa mit zwei dünnen Fäden an die Ohren. Etliche Male wurde sie von einem Vorarbeiter während des Marschierens bemerkt und er fing dafür starke Schläge ein. Er nahm sie dann für einige Minuten herunter, konnte es aber nicht lange aushalten. Ich erkannte, dass es sich bei ihm schon von einem psychischen Faktor zu einer physischen Unmöglichkeit gewandelt hatte. So war der größte Teil der holländischen Gruppe. Es fällt schwer, die Gefühle zu beherrschen und ruhig über jene zwei Holländer zu schreiben, die auf rätselhaften Wegen zu einem kleinen Tanach gekommen waren, die sich jeden Tag auf dem Weg zur Arbeit in die Tiefe der Reihen drückten und ununterbrochen aus dem Büchlein vor sich hin murmelten. Man sagte mir, sie hätten aus dem Krematorium etliche Bücher herausbekommen und sie an einem geheimen Ort versteckt, den nur sie kannten. Den Blockältesten war es schon verleidet, sie für diesen unbegreiflichen Starrsinn zu schlagen und sie schauten weg, wenn sie einen von ihnen des Nachts sahen, wie er beim kargen Mondschein seine Augen in das kleine Blättchen eingrub um jeden im Dunkel liegenden Buchstaben aufzulesen. Ich versuchte mehr als einmal, mit jemandem von ihnen eine Unterhaltung zu führen, ihn über die Gefahr aufzuklären, die er damit auf sich zog. Aber er schwieg die ganze Zeit, hörte mit Misstrauen bis zum Schluss zu und ging dann schweigend weg. Sie wurden immer weniger. Aber diejenigen, die noch am Leben blieben, setzten sich immer störrischer der Qual aus, nur um noch ein Kapitel Tanach lesen zu können. Oftmals hatte ich das Gefühl, dass sie die glücklicheren waren, welche wussten, dass dies ihre letzten Tage waren und die sich deshalb nicht das letztgültige menschliche Gefühl der seelischen Bestandsaufnahme für den Tag des jüngsten Gerichtes durch die Jagd nach Nahrung vertreiben ließen. Und ich dachte darüber nach, dass wir nicht das Recht hatten, uns zu hüten und über die Reihen zu wachen, nur um ja keine besondere Aufmerksamkeit auf uns zu ziehen, nur um noch einen Tag zu leben. Sie aber gingen hin mit den großen Visionen der Propheten, wenn auch einen Tag oder eine Woche früher.

In den Tagen der neuen Unruhe und des erwartungsvollen Fiebers ging ich einmal in einer Reihe mit den beiden. Sie hielten den Tanach geschickt in den Händen und unterhielten sich leise flüsternd darüber, wie man die Bücher retten könne, wenn man alle wegbringen würde. Es tat mir persönlich weh, dass man gar nichts mehr hatte, um das man sich sorgen könnte. Weder hatte man Gott im Herzen, um für ihn seine letzten Stunden zu überdenken; noch konnte man heilige Ehrfurcht vor dem Buch haben, wenn hier in jeder Minute so viele Menschen wie brennende Kerzen verloschen.

Aber die Zeit hat ihre eigenen Gesetze. Und nicht jeder konnte sich beizeiten in die jenseitige Welt hinüberbegeben. Der zweite Faden, der einen an das Diesseits band, stellte auch Forderungen und die geringste von ihnen beschäftigte die Gedanken. Es war nicht möglich, mit dem Verstand die kommenden Tage zu ergründen, und niemand wollte die Geschehnisse, die wie Raben in Richtung Lublin zogen, aus ihren Verstecken hervorlocken.

IV

Laut »offizieller« Statistik kamen in Majdanek anderthalb Millionen Menschen um.[15] In meiner vorliegenden Beschreibung spreche ich den Moment der Vergasung praktisch nicht an. Ich greife lediglich einige wenige Augenblicke des dortigen Lebens und Ringens heraus. Das ist sozusagen die Schilderung der ruhigen Seite Majdaneks. Die letzten Tage voller Unruhe schildere ich im zweiten Teil, als schon überall der Weggang in der Luft lag. Hier will ich nur anmerken, dass nur wenige Gruppen lebend aus Majdanek herauskamen:

15 In den ersten Jahren nach dem Krieg ging man von dieser Opferzahl aus. Spätere Forschungsarbeiten ergaben dann jedoch, dass etwa 60.000 Juden in Majdanek umgekommen waren.

die erste Gruppe, in der ich mich befand, mit ca. 1500 Menschen, dann eine zweite Gruppe von 500 und später eine kleine Gruppe, die nach Auschwitz geschickt wurde. Die übriggebliebenen Juden wurden gleich nach unserem Weggang (im November 1943) auf einem der Majdaneker Plätze erschossen (ca. 22.000 Juden). Viele Geschehnisse, Gestalten und Augenblicke lasse ich aus bestimmten Gründen für meine weiteren literarischen Arbeiten übrig. Hier ist nur das angeführt, was ich als Charakterzug des Lebens in Majdanek festzuhalten für nötig befand. Das andere, was ich im Verlauf meines siebenwöchigen Aufenthaltes in Majdanek sah, unterscheidet sich in gar nichts von dem, was in anderen Konzentrationslagern und Vernichtungsorten geschah, und was ich aus näherer und genauerer Perspektive schildern kann.

Angesichts der Last des Gesehenen kommen wir also nun zum zweiten Teil, zu den letzten Tagen. Ich nehme auch hier nur diejenigen Momente auf, die ein psychologisches Licht auf das werfen werden, was in den weiteren Werken geschildert wird. Das Buch möge deshalb nur als das erste Knirschen des Schlüssels zu der Epoche betrachtet werden, die unter dem Zeichen von Majdanek stehen wird.

Zweiter Teil

Hinaus aus Majdanek

Kapitel eins

I

Tausend Paar hölzerner Schuhe erklingen mit nervtötender Stimme: Klapp! Klapp! Klapp! Die ganze Lubliner Landstraße sieht aus wie eine große, steinerne Klaviatur, über welche riesengroße, lange Finger mit Köpfen den Weg suchen zu einer müden, eintönigen Melodie. Das Klappern zersägt die Schritte der schleppenden Menge, als wollte es ihnen den Weg versperren.

Tausend Männer bewegen sich hinaus aus dem KL Majdanek auf dem Weg zu einer neuen Etappe. Jeder Schritt klopft mit neuem Zweifel am Herzen an: wohin? Bringt man uns denn überhaupt irgendwo hin? Niemand weiß es. Wenn alles müde und angespannt ist, ist es schwer, den zerrütteten Verstand zu viel zu quälen. Also schweigen die verdunkelten Gedanken und antworten nicht.

Aus der Ferne sieht man noch den Platz des Arbeitskommandos »Straßenbau«, wo tausende Juden jeden Tag zerschlagen und gepeinigt wurden. Noch liegen in den Winkeln die letzten Schreie verborgen, die hier von allen Seiten ertönten, und wieder ziehen vor dem fiebernden Auge die Silhouetten der verschiedenen Schläger vorbei: Der ganze Körper erschaudert noch einmal beim erneuten Erleben des Durchgemachten in Gedanken, zum wievielten Male; und wieder reißt du deine Augen in wildem Unglauben auf:

Ist es wirklich wahr? Gehst du tatsächlich auf eigenen Füßen aus Majdanek hinaus?

Jemand, der wie ein Souffleur in deiner Seele liegt, redet fortwährend auf dein gequältes »Ich« ein:

Da siehst du es, du hast dich selbst verurteilt, hast jeden Tag resigniert auf den Scheiterhaufen gewartet. Jetzt hat sich dein Schicksal eine Laune erlaubt. Aber wer kann sich das anhören, dieses ganze geflüsterte Gewirr von Hoffnungen, die nicht verstummen wollen?

Ich lasse sie in meinem Gemüt umherstreifen, lasse sie ihren Spott über den alten Skeptiker in mir ausschütten.

Aus den unergründlichen Tiefen in dir taucht ein Wurm auf, der dich mit seinen Zweifeln aufrütteln will. Er will dir klarmachen, dass du immer noch unter der Nazi-Knute stehst, dass du weiter unter Bewachung, in Reih und Glied, marschierst und dass dir immer noch für die geringste Bewegung außer der Reihe die Kugel droht. Weißt du denn, zischt er, was dir in einer Stunde passieren kann, morgen? Aber wer hat jetzt Zeit und Nerven, einem verbitterten Wurm zuzuhören, der irgendwo in der Tiefe seines Blutes verborgen liegt?

Die Sinne begreifen jetzt gar nichts, nur das, was die Augen sehen und die Glieder spüren. Und klar ist derweil nur eins: Du gehst fort von Majdanek! Weiter lohnt es nicht und lässt es sich nicht denken.

Ein Torbogen blinzelt dem gegenüberliegenden über die Distanz mit wildem Erstaunen zu: Wo bringt man sie hin, die Judenschar? Gehören sie denn nicht mehr zu unserer dem Untergang geweihten Welt?

Aus der Ferne droht uns die Gaskammer mit erhobenem verräuchertem Finger wie ein verärgerter Rebbe, dem ein Junge aus dem Cheder weggelaufen ist.

Und jeder spürt, dass ihm diese Welt fremd wird.

II

Reihe um Reihe, fünf bei fünf. So marschieren tausend Menschen von einem Tor zum nächsten. Wird diese Welt aus Stacheldraht und giftigen Blicken gar kein Ende nehmen? Die hölzernen Schuh-Ketten, die jeder Einzelne an seine nackten Füße gehängt hat, versuchen derweil auf ihre wortlose Art den Gesang vom Auszug aus Lublin anzustimmen. Wir sind die ersten Juden, die von Majdanek zur Arbeit weggeschickt werden. Jedenfalls haben das die Anführer des Lagers zugesichert. Alle gedanklichen Betrachtungen führen wirklich zu demselben optimistischen Schluss: Hier in Lublin verlangt und braucht man deine Arbeit nicht, folglich braucht man auch dich nicht; du dienst hier höchstens noch als Objekt für die sadistischen Neigungen irgendwelcher SS-Leute oder verkommener Kapos und Vorarbeiter. In einer Fabrik aber braucht man deine Hände, schaut man darauf, was deine Finger leisten können! Dort wird dein Körper eine Maschine sein, die schafft und baut, deshalb wird er auch wie eine Maschine gehütet werden.

So geht eine Reihe neben der anderen und man flüstert sich ins Ohr: Vor Arbeit schreckt man nicht zurück, Hauptsache – Arbeit.

Junge Männer, ausgesucht kräftige Jungen nur, deren einziges Gespenst die große lederne Peitsche mit dem bleiernen Kügelchen am Ende war – wen von ihnen kann der neue unbekannte Ort schrecken, wo man wird arbeiten müssen?

Die Gedanken wollen es nicht recht glauben:

Macht die SS etwa nur einen ihrer grausamen Späße? Inszenieren sie etwa eine ihrer raffinierten Maßnahmen? Es kann sein, dass sie uns extra so eingekleidet, registriert und gemustert haben und uns zum Haupteingang bringen, wo das Lager an den freien Weg zur Stadt grenzt. Es soll sich hierdurch bei den närrischen Häftlingen der Gedanke festsetzen, dass sie gehen und das Lager verlassen werden. Später haben sie dann die Gelegenheit, in den Genuss einer großen, teuflischen Freude zu kommen, wenn sie uns dicht vor dem Tor bitter enttäuschen. Wir alten Lagerfüchse erleben das nicht zum ersten Mal. Ganz dicht vor dem Ausgang erscheint plötzlich einer von der SS-Führung und platzt mit ironisch-donnerndem Gelächter heraus:

Hahaha, die Freiheit habt ihr euch ersehnt, was? Majdanek schmeckt euch nicht? Und später wird er in dem SS-spezifischen scheinbar freundlichen Ton eines Lehrers hinzufügen:

Und ihr, erwachsene, reife Menschen von dem so legendärklugen Volk, habt es tatsächlich geglaubt? Habt ihr gemeint, dass wir, die SS, euch, die Juden, so einfach hinauslassen werden aus unseren Händen? Wisst ihr denn nicht, dass die Freiheit und das Leben unter uns euch nur schaden können?

Einerseits kann das Kommando gegeben werden umzukehren, oder aber auch, überhaupt nicht mehr wiederzukommen.

Wie böse Wölfe attackieren dich die Grübeleien, eine grässlicher als die andere, stechen mit spitzen Zähnen bis ins Mark. Nein! Niemand kann sich die Wirkung einer solchen kalten Dusche auf die nach Freiheit dürstenden Nerven vorstellen – wie es einmal der Lagerkommandant von Białobrzegi bezeichnet hat.

Wir bewegen uns derweil immer näher und näher zum Ausgang. Das Herz klopft wie mit Millionen Hämmern. Alles ist bis zum Zerreißen, bis zum Platzen gespannt: Gehen wir wirklich hinaus oder nicht?

Wir sind hinter dem Tor. Die KL-Bewachung tritt ab. Anstatt der SS kommen andere Bewaffnete, in allerlei Uniformen. Man mustert sie verstohlen um zu erraten, wer sie sind:

Es sind abkommandierte SA-Leute!

Es sind Wächter der Organisation »Todt«!

Es ist Miliz von einer deutschen Zivilfabrik!

Eine echte militärische Formation ist es jedenfalls nicht, alles in uns zittert vor unglaublicher Euphorie:

Wir werden in zivile Hände übergeben!

Wieder und wieder schaut man sich um, ob die SS uns nicht folgt. Forschend guckt man in die Gesichter unserer neuen bewaffneten Begleiter; mit Gewalt will man aus jedem Zucken ihrer Brauen herauslesen: Was denken sie? Was wissen sie über uns? Aber sie gehen stumm und ruhig an unserer Seite wie bewegliche Mumien. Schon ist der letzte Mann unserer Prozession außerhalb des Tores. Jemand kriecht unvorsichtigerweise aus der Reihe heraus. Einer von der Bewachung wirft das letzte nicht gerauchte Stück einer Zigarette fort. Zwei hungernde Augen bemerken es sofort und eine dürre Hand streckt sich aus der Reihe und greift das Fitzelchen für sich. Und – nichts! Unsere Wächter gehen weiter, ruhig, als ob sie gar nichts gesehen hätten. Weder fällt ein Schuss, noch hört man ein Knurren. Das Herz beginnt regelrecht zu klopfen bei solch ungewohnten Sitten. Nur in Gedanken beginnt man deutlich zu spüren, dass man schon in anderen Händen ist. Die »Holländer« (Holzschuhe) fangen an, fröhlicher zum Marschrhythmus zu klappen und unwillkürlich entringen sich Seufzer der Erleichterung jeder Brust, die tausendfach zusammenströmen. Jemand summt eine abgegriffene Melodie, zwei Reihen weiter nimmt man sie auf und es wird einem fröhlicher ums Herz – als ginge man in eine andere Welt hinein.

Kapitel zwei

I

Bereits vor zwei Wochen begann ein Gerücht von Mund zu Mund zu gehen, wie eine Taube ohne Nest: Das KL wird aufgelöst! Das heißt, der »arische« Teil wird nach Oświęcim (Auschwitz) oder in ein anderes deutsches Lager geschickt, und die Juden – die Juden …

Niemand wusste, wer als erster die Nachricht verbreitet hatte, weder die Stubendienste, noch die Blockschreiber und nicht einmal eine solch mächtige Person wie der Blockälteste. Das düstere Geflüster stahl sich von Ohr zu Ohr und es war ein Wunder, wo diese neue Furcht im Herzen noch Platz fand. Irgendjemand fragte irgendwo nach, von da lief es weiter, bis es zur Leitung der SS gelangte. Von dort kam die Warnung: Sie wollten bloß mal wissen, wer diese unsinnigen Gerüchte wiederhole. Für solche Leute gebe es spezielle Kurorte, um die Nerven zu beruhigen. Der große Lagerchef brach vor dem slowakisch-jüdischen Lagerschreiber sogar in Lachen aus:

Solch eine Idiotie zu wiederholen! Wisse er denn nicht, wie viele KZs es in diesem finsteren Osten gebe, ist das immer noch zu wenig?

Und wieder schüttelte es ihn vor dröhnendem Gelächter:

So was Absurdes! So was Absurdes! Weiß er denn zum Beispiel von den Plänen, neue Lager auf polnischem Gebiet zu eröffnen, an Kandidaten für Bewohner wird es nicht mangeln. Auch Majdanek wird vergrößert werden und dann doppelt so viele Menschen aufnehmen können, es werden Fabriken gebaut und alle werden mit Arbeit beschäftigt sein.

Auf dem Appellplatz wurde vor jedem Block der »Tagesbefehl« verlesen: In Kürze werden die Regelungen im Lager erleichtert werden. Anstatt der Strafübungen müsse jeder einen ganzen Tag zur Fabrikarbeit hinausgehen. Es wird verboten sein, ohne Grund zu schlagen. Für die Arbeit wird ein Akkordlohn gezahlt werden, zwei bis drei Złoty wöchentlich. Die Lebensmittelzuweisungen werden vergrößert werden. Im Lager wird es eine Kantine geben, wo man für das verdiente Geld (es wird spezielles Lagergeld sein, das nur im Lager umläuft) kaufen kann, was man nur wolle.

Menschen, die sich an jeden Strohhalm klammern und alles mit rosa Brille sehen, gaben sogleich Kommentare dazu ab: Majdanek wird aufhören, KZ zu sein! Es werden hier dieselben Gesetze eingeführt werden wie in den Arbeitslagern. Andere wussten schon »ganz sicher«, dass man im Lager bald rauchen dürfe, dass man jeden Tag Zigaretten bekomme und sogar dass »ein spezieller Befehl gekommen ist (von wem?), die Juden besser zu behandeln«. Aber nichts dergleichen! Gerüchte in einem Lager können sich ständig gegenseitig widersprechen und niemand sollte sich auf eine Seite hinüberziehen lassen. Ein Jude im Lager hat gelernt, auf alles eine Erwiderung zu geben, die gar nichts besagt und doch allen Recht gibt:

Bei »ihnen« kann alles möglich sein. Es ist auch möglich Geld zu zahlen, mehr Brot zu geben, bessere Kleidung auszugeben, aufzuhören zu schlagen und – in den Tod zu schicken. Was gibt es da zu reden und Haarspalterei zu betreiben?

Ein Wort, ein Gerücht ist jedoch kein »Muselmann«[16], den man im Gas ersticken kann und aus und vorbei! Es helfen also alle Warnungen nichts, die Schauermeldungen, parallel zu den »Verbesserungs«-Gerüchten, gehen um frank und frei, schlängeln sich durch Gruppen Erschöpfter und Zerschlagener ins Dunkel der Bettenwinkel. Und schon reden

16 Muselmann wurde in den KZs ein ausgemergelter und bis auf die Knochen abgemagerter Häftling genannt.

Funktionäre darüber, leihen die niederen SS-Ränge ihnen ein Ohr, man hört sogar auf, wegen der Verbreitung solcher Gerüchte zu drohen, sie zu leugnen, insbesondere, da alle so offiziell proklamierten Verbesserungen verebbt sind. Das Schlagen und Peinigen wurde schärfer, in den Nächten seufzte man schwerer über gebrochene, zerschlagene Rücken und bestätigte damit:

Majdanek bleibt Majdanek!

Die ganz Vorsichtigen wiederholten zum wievielten Male ihre Litanei:

Da sie uns hier sowieso nicht lebend herauslassen, dann also Schluss damit! Sollen sie es besser gleich machen.

Aber auch damit ließ man sich dort Zeit. Die Arbeit ging weiter wie jeden Tag. Wer schwach war ging in den »Neunzehner«, wer noch Kraft dazu hatte, stand am Morgen mit einem tiefen Stöhnen zum Appell auf.

II

Dr. Jitzchak Schiper ging nicht zur Arbeit. Ein SS-Mann hatte ihm irgendwie ein Bein lädiert und es war ihm nicht möglich zu arbeiten. Sein Blockältester wollte ihn nicht in den »Neunzehner« schicken und deckte ihn deshalb mit allen Mitteln. Man hatte ihm gesagt, dass er ein großer Gelehrter sei, dass er damals viele Bücher geschrieben habe. Das rührte sein Herz und er gedachte seiner beim »Nachschlag« Suppe und beim Schutz vor der Arbeit. Es gelang sogar, ihn bei den Kartoffelschälern unterzubringen, damit er nicht auffallen solle. Nur zum Appell zu gehen fiel ihm wegen der erhaltenen Schläge schwer. So bestimmte der Blockälteste den großen gutmütigen Szlojmele, einen Fuhrmann aus Komarów, ihn jeden Tag zum Appell auf seinen kräftigen Armen hinauszutragen, wie ein Kind. Beim Appell, wenn alle strammstehen mussten, gerade aufgerichtet mit entblößtem Kopf, vergaß Szlojme nicht, seinem Nachbarn schnell zuzuflüstern:

Herr Doktor, haltet Euch an mir fest, Ihr sollt um Himmels willen nicht umfallen.

Eine ungewöhnliche Verehrung bewies der junge Mann diesem merkwürdigen Doktor gegenüber, der keine Kranken und auch sich selbst nicht heilen konnte und der doch ein Doktor war. Er kam ihm vor wie eine Art Gott, der nicht allein laufen kann, sondern getragen werden muss, genau wie eine Torarolle zum Beispiel.

Gewöhnlich konnte man sich während der Arbeit bei dem Gehetze zwischen den vielen Vorarbeitern und SS-Männern nicht einmal anschauen. Doch manchmal geschah es, dass sie weggingen auf den Berg, sich dort Opfer für ihre Peitschen und Stangen auszusuchen. Dann hatten wir Fachleute und Pflasterer etwas Zeit, ein paar Worte zu wechseln. Szlojmele, der schon 1940 mit mir in einem Konzentrationslager zusammen war, nahm dann seinen Hammer und kam zu mir herüber. Ich legte eine Steinreihe und er die zweite, und zwischen einem Hammerschlag und dem nächsten suchte er bei mir Antworten auf alle seine Zweifel und Überlegungen. Einmal stellte er mir eine Frage:

Motl, was sagst du zu diesem Doktor? Du weißt schon, ich bin kein Talmudstudent, habe nichts gelernt, ich kann nicht einmal unterschreiben, aber ich habe ihn so gern!

Ich schwieg und der Junge redete weiter:

Er ist bestimmt ein großer Gelehrter, nicht wahr? Ich hab gesehen, wie er etwas mit einem Bleistift gezeichnet hat, als er auf dem Bett lag. Aber weißt du, was ich dir sagen will: Er ist kaputt.

Die Knochen knackten von dem stundenlangen Mit-gebeugtem-Rücken-im-Sand-knien. Der Schmerz in allen Gliedern zog hinauf bis ins Hirn und ließ es nicht aufnehmen, was zu den Ohren gelangte. Jedes Stück des Menschen war verkümmert und lechzte nach Ruhe. Ich war wirklich nicht fähig, über jemand anderen nachzudenken, nicht mal für einen Augenblick. Etwas später hatten sich die Glieder daran gewöhnt, die Schmerzen zu schlucken und ließen die

Gedanken ihren Überlegungen nachgehen. Unvermittelt nahm ich plötzlich wahr, dass Szlojmele redete. Es dauerte Minuten, bis ich begriff, dass er über einen Doktor sprach. Ein Funke Neugier, der noch von früher in mir versteckt lag, riss alle Zäune ein und stellte durch mich eine Frage:

Welcher Doktor?

Es stellte sich heraus, dass ich völlig vergessen hatte, dass Szlojme in der achten Baracke Bett an Bett mit Schiper lebte.

»Er ist kaputt!«, klang mir der vorhin gehörte Satz noch einmal im Ohr und obwohl ich das ganze »vorhin« schon vergessen hatte, griff doch etwas mit schmerzhaft-sehnsüchtiger Trauer mir ans Herz. Schiper in der Nachbarschaft zu haben war, als hielte man noch einen Faden in der Hand, der einen mit der einstigen Kultur des vor vielen, vielen Jahren existierenden jüdischen Lebens verband.

Ich fragte noch einmal stirnrunzelnd bei Szlojme nach: Du sagst, kaputt, meinst du das wörtlich?

Aber er war vorher schon über seine eigenen Worte erschrocken.

Im Verlauf der wenigen Wochen, die er in Majdanek war, fühlte er solch eine Bedeutsamkeit in sich, für die er keine Worte hatte. Er hatte sich immer für seine groben Fuhrmannshände und seine Pferdekraft geschämt. Erst hier erfuhr er eine große Wertschätzung seiner Hände. Und mit Freude trug er auf ihnen den hinkenden Gelehrten. Er spürte deutlich, dass ein Teil von dessen gelehrter Bedeutsamkeit in seine Adern, in seine Glieder hinüberströmte, wenn er ihn zum Appell hinaustrug. Kann man denn wissen, warum solch ein junger Kerl wie Szlojme Schiper so liebgewonnen hatte? Es war aber aus jedem seiner Worte die Befürchtung herauszuhören, er könne ihn von seiner Seite verlieren.

Deshalb korrigierte er sich und begann, mir eine wahre Flut von Wörtern ins Ohr zu flüstern, die sich gegenseitig überschlugen:

Weißt du, er erzählt mir nachts Neuigkeiten, der Doktor, er weiß alles, was auf der Welt geschieht, hörst du?

Dieses Mal lauschte ich schon mit allen meinen Gliedern: Neuigkeiten? Woher hat er Neuigkeiten?

Aber Szlojmele ließ sich nicht lange fragen. Glücklich darüber, dass es ihm gelungen war, mein Interesse zu wecken, überschüttete er mich buchstäblich mit Wörtern, kroch mir mit den Lippen tief ins Ohr:

Er hat eine Zeitung, jeden Tag bekommt er von irgendwo ein Blatt.

Vom Berg begann die Horde Übeltäter mit knallenden Peitschen herabzuströmen und wir mussten unser Gespräch abbrechen. Jeder von uns vertiefte sich wieder in den Berg aus Sand und Steinen.

III

Ich wusste von verschiedenen Persönlichkeiten, die hier im Lager waren. Ich hatte aber jeden Antrieb verloren, hinzugehen und mich mit ihnen zu unterhalten. Mit den wenigen Minuten freier Bewegung hatte man nicht gewusst, wofür man sie zuerst nutzen sollte. Doch an jenem Tag spät abends, schleppte ich mich trotz großer Müdigkeit mit Mühe zu Szlojmele in die Baracke.

In einer hinteren Ecke, tief im Betten-Labyrinth, saßen schon etliche gebeugte Gestalten auf der Erde und hörten jemandem zu. Ich kroch leise auf allen Vieren hin. In der zunehmenden Dunkelheit sah man kaum Schipers Gestalt, welche halbangelehnt auf der untersten »Etage« eines Bettes saß. Er erzählte im Flüsterton:

Die Alliierten haben Lampedusa eingenommen.[17]

So sehr er sich auch bemühte, seine Stimme zu dämpfen, durchdrang doch seine Begeisterung jedes Wort:

Ich sage euch, Kameraden, noch – Tage! Wenige Tage alles in allem und wir werden befreit. Nach Lampedusa wird

17 Die italienische Besatzung der Insel kapitulierte am 13. Juni 1943.

Sizilien drankommen. Von Sizilien nach Rom ist es Luftlinie nur ein Katzensprung. Italien wird bald kapitulieren und der Weg über den Brenner wird offen sein.

Und außerdem die Russen, sie drängen mit ganzem Nachdruck nach Witebsk.

Es stellte sich heraus, dass es ihm schon über eine Woche gelang, täglich von irgendwoher eine alte »Glos Lubelski« (Lubliner Stimme, ein von den Nazis verkauftes Blättchen für die Lubliner Gegend) zu bekommen, aus der er Nachrichten schöpfte und sie mit seinen optimistischen Kommentaren an viele vertrauenswürdige Zuhörer weitergab.

In allen Ecken lagen zusammengedrängt kleine Grüppchen und gaben sich den Gerüchten hin, eines schauerlicher als das andere. Aber Schiper interessierte das nicht. Mit sicherem Ton legte er schwarz auf weiß dar, dass selbst wenn »sie« überlegten, etwas zu erreichen – würden sie es schon nicht mehr schaffen. Die Zeit würde ihnen davonlaufen. Ich weiß nicht, wollte er nur ein bisschen Trost spenden in der aussichtslosen Situation, oder war er selbst davon überzeugt, was sein Optimismus ihm eingab?

Ich war zum ersten Mal beim Anhören der Nachrichten dabei, ungeladen, und hätte mich deshalb ruhig verhalten sollen, mich nicht zu Wort melden dürfen. Ich bin aber eher nüchtern und pessimistisch, deshalb drängte es mich, mich einzumischen. Insbesondere da die zerschlagenen Glieder sich mit letzter Kraft dieser Art Versuchung entgegenstellten, die Gefahren, die schon bis ins Mark vordrangen, zu verharmlosen. Ich warf deshalb mit gezügelter Wut mitten in das Geflüster hinein:

Sie wissen, Doktor, dass Sie großes Unrecht tun, wenn Sie falschen Trost spenden wollen? So leicht wird der Deutsche nicht besiegt. Derweil werden uns noch die Knochen gebrochen, bereiten sie für uns einen teuflischen Plan vor, den sie von heute auf morgen ausführen können. Ich meine, dass wir besser klare Überlegungen anstellen sollten, um dem Tod vorbereitet in die Augen sehen zu können. Vielleicht kann einem mit nüchterner Berechnung gelingen, einen Plan aufzustellen, wie man sich in letzter Minute retten kann. Überhaupt ist es besser, wenn man klar weiß, was einen erwartet.

Es wurde still. Still und trübselig. Niemand warf auch nur einen Blick in die Richtung, aus der die Wörter gekommen waren. Alle ließen die Köpfe hängen mit der Verzweiflung von Leuten, denen man die Befreiung aus den Händen genommen hatte.

Ich fühlte mich schuldig an einem Verbrechen, das ich nicht begangen, dessen ich mich aber doch schuldig gemacht hatte. Ich schämte mich vor mir selbst und es tat mir leid. Warum hatte ich es gesagt? Es war aber schon nicht mehr zurückzunehmen. Die Hoffnung, die noch vor Minuten allen den Kopf liebkost hatte, war weggespült worden. An ihrer Stelle blieb ein hohler, trauriger Schrecken zurück, der die Haare auf den Köpfen zu Berge stehen ließ. Ich fühlte mich wie ein Dieb, der jemandem das Teuerste geraubt hatte und doch selbst mit leeren Händen zurückblieb. Ich wollte deshalb keinen Blick mehr auf die Köpfe werfen, über die die Abenddämmerung eine aschen-dunkle Traurigkeit herabschickte, sondern begann, mich im Sitzen leise zwischen den Betten davonzustehlen, damit nicht das geringste Geräusch von mir zu hören sei. Es wurde mir klar, dass jedes Rascheln von mir diesen Menschen noch mehr Kummer verschaffen würde. Als ich in der spätabendlichen Blässe zu meiner direkt benachbart gelegenen Baracke zurückschlich, war ich vor Verärgerung über mich selbst den Tränen nahe.

Aber als ich auf dem Bett lag, ohne eine Spur Schlaf in den Augen, fühlte ich plötzlich in mir eine eigentümliche Gewissheit. Bar jeder Logik und Überlegung begriff ich mit solcher Klarheit, mit einem Verstehen, das sich nicht in Worte oder Gedanken fassen lässt, dass ich das, was ich gesagt hatte, sagen musste, dass es nötig war, ausgesprochen zu werden. Die langen Jahre der Gefahren im Lager hatten mich gelehrt, dass die Stimme des Blutes stets Recht hat. Gerade diese Stimme, die von einer noch tieferen Wurzel kommt als der Instinkt, zu der der Verstand nicht vordringen und ihr zustimmen kann, gerade sie hatte mich meist nicht getäuscht. Und jene Stimme hörte ich damals.

Aus der ganzen erstickenden Finsternis begannen sich vor meinen Augen düstere Schemen zu formieren, die auf mich einschrien und unverhohlen vom Nahen einer großen bedrohlichen Gefahr kündeten. Ich spürte physisch, wie sie meine Haut berührten.

Wie in jener Nacht vor dem Abtransport nach Majdanek hätte ich hinausschreien mögen zu allen, bereute ich es, dass ich mich von Anfang an so still zurückgezogen hatte. Aber hier kam niemand herein um aufzurütteln und zu sagen, dass es zu spät war. Hier gab es auch die Möglichkeiten nicht.

Am Morgen erklang der Galgen wie an jedem Tag. Wie jedes Mal begann er mit einem Jammerton und klang dann mit einem lachenden Knirschen aus.

Kapitel drei

I

Der Tag zog kalt und grau herauf. Wie immer sprang jeder auf und begann, mit müden Fingern in der Finsternis den Lagerplatz glattzustreichen. Das Bett zog die matten Glieder magisch an. Während die Fingerspitzen fieberhaft den kleinsten Ritzen auf dem Bett nachforschten, füllte die geringste Berührung des Bettes die Glieder mit Schläfrigkeit. Die Angst aber, sich zum morgendlichen Schluck Kaffee zu verspäten, vertrieb die letzten Reste Schlaf, die noch eine Weile an den Lidern hängenblieben.

Die lange Reihe formierte sich schnell, und beim Schein des Mondes, der erschrocken mit einem Auge einen letzten Blick durch die geöffnete Tür hereinwarf, bekam jeder eine Kelle Kaffee in die Blechschüssel gegossen, schlürfte ihn im Stehen aus und gab die Schüssel an den nächsten in der Reihe weiter. Heute ist es allen nicht besonders froh ums Herz. Von Zeit zu Zeit muss man die Jacken in der Baracke zurücklassen und in den blauen Hemden zur Arbeit gehen. Heute meldete der Stubendienst, dass die Jacken zur Kontrolle dableiben müssen. Genau jetzt bahnt sich ein kalter Tag an. Kann sein, dass es regnen wird. Alles geht blitzschnell. Schon steht jeder Block gesondert in Reih und Glied. Man zittert vor Kälte. Die Glieder bitten selbst an den heißen Tagen um mehr Sonne. Der Hunger will zumindest gemildert und von ein bisschen sonniger Zärtlichkeit gestreichelt werden. Besonders heute, da es ein solch kalter Morgen ist, gar nicht wie im Juli. Schon verschmilzt ein Block mit dem nächsten, es formieren sich die »Arbeitsstellen« und nun rückt die »Kommandantur«-Abteilung durch das Tor aus. In jedem ihrer Schritte erkennt man die Furcht. Niemand weiß, ob man ihn nicht zur Mittagszeit als Toten zurücktragen wird. Als nächstes rücken die Fachleute vom Feld gegenüber aus. Von unserem Feld geht eine kleine Gruppe, sich ihnen anzuschließen. Ihre blau-weiß gestreifte Kleidung schimmert etwas selbstsicherer. Sie werden nicht so gequält. Die slowakischen Juden laufen mit ihren »Funktionärsbinden« am Arm auf dem Hof umher und helfen mit übertriebener Unterwürfigkeit, die Reihen durchzuzählen, die am Tor vorbeimarschieren. Ihre Gesichter ändern sich von einem Moment auf den anderen. Manches Mal ist das eine oder andere zum deutschen Wachposten gewandt und zerfließt regelrecht vor hündischer Unterwürfigkeit und bedingungslosem Gehorsam. Und dann dreht sich dasselbe Gesicht zu den Abgezählten in der Reihe um und innerhalb einer halben Sekunde bekommt es den majestätischen Ausdruck eines stolzen Befehlshabers.

Jedes Mal, wenn ich durch das Tor »ausrücke«, kann ich nicht genug staunen über diese wundersame Muskelakrobatik, die einfache menschliche Gesichter hervorbringen können. Wir gehören zu den letzten. Jede Minute ist uns wertvoll. Mit Trauer sehen wir, wie vom zweiten Feld die Griechen zu ihrer Arbeit beim Krematorium gehen und wir wissen, dass das auch uns nicht erspart bleiben wird. Noch gehen wir zum Straßenbau. Der Blick wendet sich noch einmal zur Baracke. Wer weiß, sieht man sie womöglich zum letzten Mal?

Der Arbeitstag beginnt normal. Hier läuft der kleine krummbeinige Blockführer um die Gruppe herum, sich seinen täglichen »Verdienst« zu suchen. Dafür sucht er Opfer, um ihnen 25 Schläge zu verpassen, wobei es seine Natur ist, sich jedes Mal zu verzählen. Und da wird die Luft vom rohen Geschrei der Vorarbeiter aller Art zerlöchert. Wie jeden Tag steht der dicke Willi mit einem groben Stecken und befiehlt immer wieder jemandem kalt und berechnend: Bück dich! Verzweifelt bettelt das Opfer mit allen Worten, die die menschliche Sprache besitzt, um Unterwürfigkeit und Flehen auszudrücken, verspricht ihm die heutige Portion Brot, die

Suppe, die Wurst, die er am Sonntag bekommen wird, weiß er doch, dass das Bücken bei Willi ein gebrochenes Rückgrat bedeutet, einen aufgeplatzten Hintern und damit auch den sicheren Gang in die Gaskammer. Aber Willi hat heute schon etliche Portionen Brot »verdient«, zig Suppen und von der Hälfte die sonntägliche Wurst. Jetzt sucht er kein Brot, sondern Vergnügen, das gar erhabene Glück, das weiche Fleisch eines menschlichen Gesäßes zu spalten, mit einem Klotz sich einen ausgemergelten Rücken vorzunehmen.

Und dort spaziert Janusz umher und nimmt freudig das Geschrei jedes Überraschten auf, der elektrisiert von seinem unerwarteten Hieb umfällt.

Plötzlich beginnt es vom Himmel herab mit dicken warmen Tropfen zu weinen. Binnen weniger Minuten stürzt ein Platzregen nieder, der über die Augen und den Hals läuft, das Hemd durchweicht. Zuerst fangen wir noch gierig die Tropfen mit dem Mund auf. Im Lager gibt es überhaupt kein Wasser und nur wenn es regnet haben wir die Gelegenheit, den trockenen Hals zu benetzen. Aber bald beginnt es vom Kopf zu rinnen, die dünnen Hosen und das Hemd kleben am Körper und jagen eine nasse Kälte in die Knochen. Die Vorarbeiter und die SS rennen in die nächste Baracke, die man begonnen hatte aufzubauen. Von dort schreien sie zu uns heraus:

Weiter arbeiten! Wer sich einen Schritt von seinem Platz bewegt, wird sofort erschossen! Aber wie arbeiten, wenn der Wasserstrom die Augen übergießt und wenn auf jeden Kopf ein Sturzbach niedergeht? Jeder bietet seinen Körper resigniert dem Peitschen des Wassers dar, soll es tun, was ihm gefällt. Man beugt nur den Kopf tiefer hinab, damit die Wassernadeln nicht in die Augen stechen. Dem Regen gelüstet aber nicht so schnell danach, von uns abzulassen. Wie es scheint, gefällt ihm das Spiel mit uns. Man wartet: Vielleicht werden sie uns doch irgendwohin in Deckung gehen lassen. Die Sonne ist aber barmherziger als der Mensch. Sie kommt aus einem Winkel hervor und beginnt, mit einem Lächeln den ungezogenen Regen auszuschimpfen. Das Unwetter schämt sich und beginnt, sich mehr und mehr zurückzuziehen und mit kreiselnden Schritten über die Weite der Felder abzuziehen. Der Tag lächelt uns wieder zu, wie ein Kind das gerade Schabernack getrieben hat und jetzt über des Vaters Verdruss lacht.

Die Arbeit geht wieder weiter. Normal vergeht dieser Tag wie der gestrige KL-Tag, wie vor einer Woche, wie vor Monaten. Mit begehrlicher Erwartung zählt man leise jede Minute, die vergeht, und die Mittagspause schleppt sich mit trägen Schritten heran. Man hat Angst, die Augen zu heben, nachzusehen, wie hoch die Sonne schon steht. Nur durch ihre warmen Lippen, die die Feuchtigkeit aus den Kleidern saugen, spürt man, dass die ersehnte Stunde näher rückt. Jeder bereitet sich mit unterdrückter Freude darauf vor, einen langen Atemzug zu tun und mit ausgestrecktem Rücken eine Welle frischer Luft einzuatmen.

II

Plötzlich beginnt sich eine Unruhe dort oben am Ende des Platzes bei dem Berg auszubreiten. Schon ist alles in Bewegung. Ein großer SS-Mann erhebt sich von seinem Platz und beginnt mit einem Geschrei, das selbst ihm unnatürlich vorkommen muss, zu laufen:

Schluss! Die Arbeit beenden! Alles marschiert sofort zurück zum Lager!

Im Gehirn tut es einen harten Schlag wie ein Donner: Wehe, jetzt geht es los! Instinktiv suchen die Augen nach einem Platz: Vielleicht sich davonstehlen? Sich im Betonfass nebenan verstecken? Verzweifelt bettelt der Lebenswille beim Verstand: Hilfe, was soll man tun? Gib mir einen Rat! Kräftige Schläge lassen den Gedanken nicht zu Ende führen. Alle werden schnell in Reihen zusammengetrieben, mit teuflischem Gehetze wird alles zum Lager vorwärtsgedrängt. Am Tor vergisst die SS in der großen Eile, jeden mit den üblichen Eintrittsschlägen zu empfangen. Was geschieht hier? Mit

Furcht im Blick sucht jeder die Lösung im Gesicht des anderen. Es weiß aber niemand etwas. Die Blockältesten haben nur gehört, dass heute nicht mehr gearbeitet wird. Man wird irgendwie Menschen auswählen.

Menschen auswählen! Nein, Sie, die Sie in keinem Ghetto und Konzentrationslager waren, keine Sprache der Welt wird in der Lage sein, Ihnen zu erklären, zu übersetzen, was das bedeutet. Ein Fälscher und Lügner wird jener Schreiber sein, der es unternimmt, es Ihnen überhaupt zu übersetzen.

Wie dem auch sei: Menschen auswählen! Ein Lagermensch weiß natürlich, wonach das riecht, was man beim Hören solch kurzer Meldung fühlt. Tod? Wer hätte denn auf den nicht gewartet? Wer, wenn er ihm begegnete, hätte ihn nicht mit ruhigem Schweigen angenommen, wenn er ihn klar erkannt hätte? Der Hauptpunkt ist aber das unbewusste Entsetzen um die unausgesprochene Meldung herum.

Das Mittagessen wird in Eile ausgegeben. Gleich wird es eine außerplanmäßige Zählung geben, blockweise. Weintreter, der Blockschreiber, warnt, man solle achtgeben, dass die Füße sauber sind. Im Lager gibt es kein Wasser, und doch muss man die Kontrollen über sich ergehen lassen, bei denen nach einem Bröckchen Schmutz auf dem Körper, auf den Zehennägeln gesucht wird. Heute, so heißt es, wird kontrolliert ... Aber jeder weiß, dass es bei dem heutigen Alarm nicht darum geht.

He, auf wie viele wartet der Tod schon mit offenem, neugierigem Maul? Aber beim Mittag in der Reihe drängt man sich und niemand will der kommenden Stunde direkt in die Augen sehen.

Antreten! Noch ehe das Wort deinen Verstand erreicht, entsteht um deinen Block herum eine Kette aus Blockältesten, Stubendiensten, Helfern und SS. Man beginnt, die Menschen von einem Ende des Platzes zum anderen zu treiben, planlos, oder nur zu dem einzigen Zweck, sie zu verwirren.

Was wird hier geschehen? Jedem steigt auf seine Art aus der Tiefe des Bewusstseins eine Ahnung auf. Man sieht sich an der Schwelle eines Umbruchs. Was auch geschieht, aber so wie jetzt wird es nicht mehr sein.

Unnötigerweise hageln Schläge auf die Köpfe ein. Alle Befehle werden sowieso genauestens ausgeführt.

Ausziehen!

Und schon steht jeder nackt da. Nein, es ist nicht bloß der willenlose Gehorsam der ausgezehrten Masse; viel mehr ist es der Pulsschlag eines geheimen, pulsierenden Lebens, das irgendwo unter dem stockenden, erschrockenen Blut rieselt. Es ist die Neugier von Menschen, die so schnell wie möglich hinter die Kulissen des eigenen Schicksals blicken wollen. Sie treiben die Geschehnisse mit eigenen Händen immer schneller an: Fieberhaft reißen sie die Hosen, die Schuhe von sich herab, schneller! Schneller! Lass uns sehen, wie es weitergeht.

Auf die andere Seite rüber! Jeder packt seine Sachen und stürmt hinüber.

Anziehen! Augenblicklich ist alles in Bewegung. Findet hier bloß ein Nervenkrieg statt? Es ist nichts und wieder nichts, versucht einer aus der Menge sich selbst laut zu trösten. Gleich aber werden die Gedanken wieder in wildem, schnellem Galopp getrieben. Bewaffnete SS-Leute geben den Befehl, eine größere Gruppe vom Platz abzusondern. Es dauert etliche Sekunden, bis ich erkenne, dass ich mitten drin bin. Nach und nach werden wir auf die Neunzehner Baracke zugetrieben. Oh! Ein Kontingent! Gestern erst hatte man vom Neunzehner die letzten Reserven zur Gaskammer herausgeholt, jetzt ist man im Begriff, sie mit frischen Opfern zu versorgen. Jeder mit einem kleinen bisschen wachen Lebenswillen versucht, sich zurückzuziehen, wird aber von den Ankommenden zurückgedrängt und in den großen, mit Draht umzäunten Hof hineingestoßen.

Wieder der Befehl, sich auszuziehen. Nackt steht jeder da und wartet, dass man ihn aus der Liste aufrufen wird. Eine Kommission aus SS-Offizieren und SA-Männern steht in Zweierreihen gegenüber; jeder Aufgerufene aus der Reihe der Nackten tritt in die Mitte hinein. Eine Minute steht er mit dem Gesicht zur Reihe. Zwanzig stechende Augen saugen sich in sein Gesicht, in Hände und Füße und in jedes seiner Glieder ein.

Ein Zeichen mit dem Finger, und der Nackte dreht sich um wie ein Automat, mit dem Rücken zur Kommission. Wieder ein kurzes Betrachten und wieder eine Anweisung mit der Spitze eines Bleistifts:

Rechts! Links! Rechts, links ...

Ist der Körper arg dürr, das Gesäß schwarz von den Schlägen, oder ist einfach die Haut eingefallen, geht die Geste nach rechts, wo die dunkle Öffnung der Neunzehner Baracke wie ein großes, zahnloses und bestürztes Maul gafft. Verloren verschwindet dort eine Gestalt nach der anderen:

Zu alt! Zu jung! Zu dünn! Zu fett! (Erstaunlich: es gab auch solche noch.)

Ein nur kurzes Innehalten, eine Veränderung der Bleistiftspitze: Links! Und schon wiegt sich ein junger, kokett tänzelnder Körper durchs Tor auf den Platz hinaus. Mehr als einer versteht, worum es hier geht und versucht, die Anweisung falsch auszulegen. Aber es reicht eine Geste des »Hauptarztes«, ein gereiztes Hochziehen der Braue seines trüben Auges, und schon greifen zig Hände den Schwindler und Trickser und werfen ihn zurück in das irdische Fegefeuer wie jene legendären Dämonen in ihren Erbauungsbüchern.

Ich werde als einer der letzten durch das Tor hinausgestoßen. Draußen ziehen die Menschen sich mit panikartiger Geschwindigkeit an. Sind wir die »Glücklichen«, die Auserwählten? Die Augen blicken sich suchend um: Kann man schon frei zurückgehen zu den Baracken? Wir sind von einem Spalier aus Funktionären umstellt. Jedem wird klar, dass dies erst der Anfang einer langen Kette von Ereignissen ist. Es kommt einem vor, als wäre man über einen großen Berg gelangt und erkennt erst jetzt, dass man von Bergen umgeben ist. Wieder wird aus uns eine Reihe gebildet und wir werden in den Verwaltungstrakt gebracht. Dort werden wir in die große leergeräumte Baracke Nummer 13 gestoßen.

Hinter uns wird die mächtige, schwere Tür verschlossen. Das rostige Knarren beim Zusperren des Schlosses auf jener Seite der Tür knirscht in jedem Herzen wider.

III

Wir sind eingeschlossen. Es gibt nichts mehr zu reden oder zu denken. Es bleibt nur noch zu warten! Die Nerven lassen dich aber nicht ruhig auf dem Boden sitzen. Jemand hat herausgefunden, dass es auch eine Hintertür gibt, die von einem Lagerschreiber bewacht wird. Man drängt sich dorthin, will durch das kleine Schlüsselloch etwas von ihm erfahren: Weiß er vielleicht ... kann er vielleicht ... wird er vielleicht ...

Nach einer Stunde fangen die Herzen wieder an zu klopfen. Ein Knirschen zersägt die Spannung. Die Tür öffnet sich mit einem Luftzug.

Alle müssen hinausgehen! Man geht ins Bad!

Wir stellen uns auf dem Appellplatz auf und werden grüppchenweise zum Baden und Umziehen gebracht. Das Waschen und Scheren geht zu schnell. Wir werden ins Magazin geführt. Jeder bekommt andere Kleidung. Zivilkleidung mit einem roten Farbstrich auf Hose und Jacke. Manche bekommen noch sehr gute Kleidung. Wäre nicht die daraufgeschmierte Farbe, wäre sie noch ganz anständig. Dafür nimmt man uns die Holzschuhe weg, die noch einen ledernen Saum haben und gibt uns Holzschuhe in Form von Schiffchen, die bei jedem Schritt von den nackten Füßen fallen. Das soll ein »Gegenmittel« gegen das Fliehen unterwegs sein. Wir werden ins Lager zurückgebracht, wieder hineingestoßen und eingeschlossen. Als wir uns auf den Boden niederlegen, schlägt man an die Türen. Ein Befehl:

Alle sollen sich drinnen in Reihen aufstellen! Man wird abzählen. Man zählt ab und zählt und kann zu keinem Ergebnis kommen. Es sind zwei Mann mehr als auf der Liste. Wenn man zur Überprüfung noch einmal durchzählt, fehlt gar einer an der festgesetzten Zahl. Die Nerven haben nicht durchgehalten. Niemand will einem zufälligen Schicksal folgen. Man tappt im Dunkeln und doch will man irgendetwas an seiner Bestimmung ändern – obwohl man selbst nicht weiß, ob zum Guten oder zum Schlechten. Hier in der Baracke haben viele Angst, dass man von hier zum Tod oder, weiß der Teufel wohin, weggebracht wird. Also bemühen sie sich, durch die Hintertür hinauszukommen. Was einer geschafft hat, auf seinem nackten Leib hereinzuschmuggeln, gibt er zu diesem Zweck dem Lagerschreiber. Weiß er denn, was ihn draußen erwarten wird, wenn er zurück in seine Baracke kommt? Niemand will darüber nachdenken. Alles in ihm strebt nur danach, hier wegzukommen. Mag alles mit ihm geschehen, nur dieses hier nicht. Als ob ihn hier etwas Schrecklicheres erwartete als dort.

Dagegen sind die Menschen der noch nicht aussortierten Baracken aufs Neue aufgeregt. Dort gehen Gerüchte um, wir würden in eine Fabrik von Milch und Honig geschickt, Essen bekäme man dort in rauen Mengen, freie Bewegung, keine SS, eine Art Ghetto, Männer und Frauen zusammen ... Man ist neidisch auf uns, bedauert, dass man sich nicht in die Reihe hineingezwängt hat, die zur Selektion gebracht worden ist.

Drinnen steckt man dem Sekretär der Schreibstube verschiedene Geschenke zu, damit er einen von der Liste streicht und hinauslässt. In den abgesperrten Baracken geben die Menschen dem Stubendienst das Letzte von sich weg, damit er sie aus der Baracke hinauslässt, sie werden schon wissen, wie sich zu den Auserwählten hineinzuschmuggeln.

Der Blockschreiber merkt sich zwar, wie viele er hineinlässt und wie viele hinausgehen. Ist es aber möglich, dass er alles behält? Die Menschen hier spielen mit ihrem Leben ein besessenes Blinde-Kuh-Spiel. Durch den kleinen Türspalt wird Schicksal gegen Schicksal getauscht. Öffnet man einem, schlüpfen zwei hinaus; sollen zwei hineingehen, drängen sich vier hinein. Ist es da ein Wunder, dass bei jedem Durchzählen das Ergebnis nicht stimmt?

Die SS kommt und verlangt die genaue Liste, die Anzahl und die genauen Namen. Die Schreiber können dies nicht vorweisen. Die SS beginnt, mit großen, ledernen Lulavim[18] auf die Menge einzuschlagen. Es werden auch die Aristokraten nicht geschont, die slowakisch-jüdischen Lagerschreiber. Jemand, der es sich zu spät überlegt hat, versucht ausgerechnet jetzt, sich hereinzustehlen. Die Tür wird jetzt streng von einem verdeckten SS-Mann überwacht, und man erwischt ihn. Die Schreiber suchen ein Opfer, auf dessen Rücken man die ganze Schuld an der Unordnung abladen kann, und hier fällt ihnen ein Opfer wie von selbst in die Hände. Mit Triumph wird es zur SS-Verwaltung geführt: Dieser hier ist gerade gekommen!

Ein kurzes Verhör: Ist er schon vorher hier gewesen und hat sich nur versteckt, oder will er erst jetzt hereinkommen? Das edle Gesicht des Gefassten ist blutig von den Schlägen und zu Tode erschrocken. Es stellt sich heraus, dass er ein Rabbiner oder ein Rabbi von irgendwoher ist. Ich kann im Tumult nicht erkennen, wer oder was. Die böse Stimmung der SS verliert sich. Ein freudiges Lächeln breitet sich auf ihren großen, fleischigen Lippen aus: Oho, ein Rabbiner! Das Opfer wird hinausgeführt und das chaotische Zählen beginnt von neuem. Nach einer halben Stunde schreit jemand zur Tür herein, dass der Rabbiner aufgehängt worden ist! Wer hier nicht eingetragen ist und bis zur letzten Minute versucht zu manipulieren, oder wer sich spekulativ auf der zweiten Liste hat eintragen lassen und auf der ersten nicht, soll ganz klar wissen, was ihn erwarten kann. Die Schreiber werden vom Schreien ganz heiser. Die Nacht beginnt derweil über die Köpfe herabzufallen und wickelt um jeden Namen auf den geschriebenen Listen einen Schatten. Es gibt deshalb eine Unterbrechung. Die SS geht zum Nachtessen.

18 Bezeichnung für einen Dattelpalmenzweig oder für den ganzen Feststrauß zu Sukkot, der aus einem Dattelpalmenzweig, Weidenzweigen, Myrthenzweigen und einem Etrog (Zitrusfrucht) besteht.

Kapitel vier

I

In der Nacht mussten sich alle Ausgewählten auf dem Platz aufstellen. Draußen nahe am Tor warteten beim Schein des elektrischen Lichtes eine Reihe Offiziere und SS-Leute, die zusammen mit Kapos und dem Lagerältesten gemeinsam die letzte Kontrolle durchführen und dabei für das bisherige Chaos bestrafen sollten. Jeder Einzelne wurde gesondert vorgelesen. Zwei Kapos kontrollierten, ob die Liste mit der auf der Brust aufgenähten Nummer übereinstimmte. Als die ersten fünfzig fertig waren, brachte man sie zur Tür der Baracke und befahl ihnen, einzeln hineinzugehen. An der Tür stand der hochgewachsene Wiener Kapo mit noch jemandem. Sie hielten dicke Stecken in den Händen. Jeder musste hineinlaufen und über die finstere Schwelle springen. Von den zwei Kapos hagelte es dabei Schläge, soviel es nur ging. In der Baracke setzte sich jeder erschlagen in einer Ecke auf die Erde und schwieg.

Man konnte hören, wie der große Kapo sich von Zeit zu Zeit vor einem Opfer ironisch »rechtfertigte«:

Ihr werdet von hier weggeschickt und ich habe dann keine Gelegenheit mehr, euch zu schlagen. Da habt ihr also von mir ein Abschiedsgeschenk, zum ewigen Andenken.

Diese Zählung sollte die endgültige sein.

Die SS hatte befohlen, die Listen rückwärts vorzulesen, damit die Menschen den Überblick verloren. Da ich bei Tag einer der letzten war, befand sich meine Nummer unter den zweiten fünfzig. Mein Körper war schon so an Schläge gewöhnt, dass ich einzelne Hiebe schon fast nicht mehr wahrnahm. Dieses Mal aber, als ich beim blassen Schein der

Torlampe den Großen stehen sah, lief mir der lang vergessene Beigeschmack eines Schauders durch die Glieder. Es war vielleicht weniger die Angst vor den paar starken Schlägen, die ich gleich bekommen würde, als viel mehr das Entsetzen, mich etliche Sekunden in der Nähe des Wiener Kapos zu befinden. Ich bereitete mich deshalb darauf vor, rechtzeitig einen solch flinken Sprung zu machen, dass es mir gelingen sollte, jegliche Prügel von seiner Hand zu vermeiden.

Endlich höre ich, wie mein Name aufgerufen wird. Ich schreie: Ja! Und schon stehe ich, mit noch jemandem, vor der Tür. Für eine Sekunde bemerke ich, dass die Hand des Großen unten ist. Schnell wie der Wind springe ich hinein in die Baracke. Habe ich es nur nicht gespürt? Oder habe ich durch meinen blitzartigen Sprung tatsächlich den Schlag vermieden, so wie ich im Verlauf der Höllenjahre dank eines gelungenen Sprunges viele Sachen vermieden habe? Noch heute weiß ich es nicht mit Sicherheit.

Ich spürte nur einen starken Schlag von Seiten des Großen, der gegen meinen hölzernen Schuh traf. Irgendetwas schlug geräuschvoll auf die Steine bei der Tür auf. Ganz vage spürte ich, dass mir an einem Fuß leichter geworden war. Während ich in eine Ecke trottete, merkte ich, dass ich an einem Fuß barfuß war. Was tun? Verzweiflung ergriff mich: Sollte ich nochmal hinausgehen und den Schuh suchen? Das instinktive Gefühl des Schauders vor den heutigen Schlägen zog mich mit magischer Kraft zu Boden. Nur halb bei Verstand rechnete ich mir aus, dass hinauszugehen und den Schuh zu holen bedeuten würde, von den beiden Dämonen an der Tür wahrhaftig gequält zu werden. Ich hatte schon den festen Entschluss gefasst, den zweiten Schuh hier zurückzulassen. Sollte man uns irgendwo hinschicken, würde ich barfuß gehen.

Aber plötzlich wurde es draußen beim Verlesen der Namen still. Eine dichte, heisere Stimme fragte mit erkennbarem Zorn: Wer hat hier einen Schuh verloren?

Kalter Angstschweiß brach mir aus. Was würde jetzt mit mir geschehen? Die ganze Versammlung draußen schwieg.

Die Frage wurde noch einmal von jemandem auf Polnisch wiederholt. Dieses Mal antwortete jemand, aber mein Gehör konnte nicht mitbekommen, was. Dann rief wieder die krächzende Stimme an der Tür zum Lagerschreiber hinüber, der die Namen von der Liste verlesen hatte:

Schreiber. Wie lautet der Name des Letzten, der mit den zweiten fünfzig Häftlingen hineingegangen ist?

Mein ganzer Körper lauschte angespannt. Sogar das Herz hörte auf zu schlagen, um nicht mit dem geringsten Geräusch zu stören. Es kam mir so vor, als hörte ich das Rascheln der Papiere beim Umblättern der Liste. Eine dünne, gebrochene Stimme ließ mich nicht lange nachdenken:

Strigler, Herr Lagerältester!

Dieses Mal spüre ich den Geschmack des Todes klar und deutlich. Wie jedes Mal in solchen Augenblicken werde ich nüchtern und ruhig, bereit alles anzunehmen.

Jetzt werden sie mich aufhängen, schießt mir ein Gedanke mit gleichgültiger Trauer durch den Kopf. Es liegt aber keine Angst in dieser Erkenntnis. Man kann nur distanziert darüber nachdenken:

Aufhängen ... aufhängen ... Wie jeder Augenblick zwischen Leben und Tod dauert auch jetzt diese stille Pause lange, schon zu lange. Alles in mir ist angespannt vor gleichgültiger Neugier auf das, was weiter geschehen mag. Auf dem hölzernen Boden hinter der Schwelle lassen sich etliche Schritte einer hochgewachsenen Gestalt hören. Er steht eine Minute, dann brüllt er:

STRIGLER!

Ich erkenne ihn nun deutlich. Jetzt weiß ich, dass alles verloren ist. Ich liege in meiner Ecke, beobachte ihn – und schweige. Ich sehe, wie er sein Lämpchen anzündet und von Mensch zu Mensch geht. Die Baracke ist noch spärlich belegt mit Menschen, die sich ausstrecken, um eine Minute auszuruhen. Sie nutzen die Gelegenheit, solange hier erst so wenige sind und es noch ruhig ist. Tu ich also auch, als ob. Bald reißt eine kräftige Hand mich hoch:

Dein Name?

Meine Stimme ist in der Kehle erstarrt und vom letzten Beben des Zitterns wie eingesponnen. Ich antworte merkwürdig ruhig und fast natürlich: Strigler! Eine Weile ist er etwas verwirrt, weil er mich gefunden hat, und vielleicht von meiner gar nicht erschrockenen Antwort. Er dreht einen Schuh in seiner Hand, meinen »verlorenen« Schuh. Er beugt sich zu mir herunter, ich bleibe unbeweglich liegen. Ein stechender Blick mustert mich: Ist das dein Schuh?

Ja.

Warum bist du nicht zurückgekommen, ihn suchen?

Ich wollte euch nicht beim Ordnen der Liste stören.

Hast du nicht gehört, wie ich deinen Namen aufgerufen hab?

Ich habe es gehört. Aber ich wollte noch ein paar Minuten Zeit gewinnen, bevor ich geschlagen werde.

Was hast du gedacht zu tun, ohne den einen Schuh?

Ich habe beschlossen, ohne Schuhe zu gehen.

Er beugte sich noch weiter zu mir herunter. Ich spürte den Geruch von Schnaps aus seinem Mund. Seine Augen blickten tief in meine hinein. Wieder erwachte der Schauder in mir zusammen mit dem Bewusstsein, dass direkt vor mir der Vampir von der Kommandanturstelle stand. Wie benommen hörte ich sein leises Flüstern: Was wollen sie von euch, diese Nazis? Sag mir!

Dieses Mal schwieg ich betäubt, konnte kein einziges Wort hervorbringen. Er wartete noch eine Minute, richtete sich auf und ging mit unsicheren Schritten davon. Neue Menschen kamen durch die Tür herein. Wieder hörte man den Widerhall der Schläge über Köpfe und Rücken und die Stimme des großen Wiener Kapos.

Ein merkwürdiger, unirdischer Schreck ergriff mich: Genau hier hat er gestanden? Und er hat mich nicht erstickt? Aber nein! Er hat mich buchstäblich nicht angerührt. Und was hat er gesagt? Wollte er mich provozieren? Aber warum? Kann er mich denn nicht einfach so ersticken und peinigen?

Ich hatte aus seiner Rede einen vergrabenen Funken Ernst herauskrächzen gehört. Heute denke ich: Wer weiß, was auf dem Grund einer solchen Verbrecherseele gelegen hat? Damals dachte ich über gar nichts nach. Ich streckte nur die Hand aus und berührte meinen Schuh. Ich zog ihn still und leise an und spürte keinerlei Wunder darin, was eben geschehen war. Es war doch so simpel, dass es um jede Minute des Nachdenkens schade gewesen wäre:

Ein Mensch hatte mir meinen verlorenen Schuh zurückgebracht, den er gefunden hatte ...

II

Jene Nacht ... wenige solcher Nächte kann ein Mensch durchstehen. Schon war die Baracke vollgestopft mit Menschen. Einen ganzen Tag hatte man nichts gegessen und jetzt standen an der Tür alle Schläger. Von der Küche hatte man einen Wagen mit Suppenfässern gebracht. Einige Petroleumlampen beleuchteten die Baracke. Es war weder richtig hell noch richtig dunkel. Vorher hatten alle Menschen hier eine erkennbare schattige Gestalt. Jetzt sahen sie aus wie verschwommene Wachsfiguren, welche bei jedem Schaukeln einer der aufgehängten Lampen umhersprangen. Die großen Schatten um die kleinen Körper herum sahen aus wie ein schmutzig schwarzes Triefen von geschmolzenem Licht. Man begann, das Essen in dieser irritierenden Dunkelheit auszuteilen. Die Menge, die alle Schranken der Angst und des Anstands niedergerissen hatte, warf sich auf die Fässer und Suppeneimer. Die betrunkenen Kapos und Ältesten hatten nur darauf gewartet. Man fing an, Menschen mit Füßen zu treten, Stiefel drückten auf röchelnde Hälse, Gepfeife, Geschrei, hitziges Prügeln mit Gummistecken in die Menge.

Eine Nacht? Sollte noch jemand jene Nacht miterlebt und überlebt haben, möge er kommen und Zeugnis geben, ob es nur eine Nacht gewesen ist.

In der Frühe führt man uns in Richtung Bad. Wir werden zu einem Feld auf der anderen Seite gebracht, das mit Draht umzäunt ist. Dort treffen wir auf etliche Hundert junger Frauen aus dem fünften Feld. Sie sollen mit uns in dieselbe Fabrik fahren. Es wird uns ein wenig leichter ums Herz: Vielleicht werden wir doch zu einem Arbeitsplatz mit besseren Bedingungen gebracht? In jedem lebt ein Gedanke auf: Letzten Endes wissen die Deutschen doch, dass wir unschuldige Menschen sind. Vielleicht haben sie es sich anders überlegt und haben Gewissensbisse, dass sie schon so viele von uns vernichtet haben? Ja, sie haben Angst vor uns, deshalb wollen sie uns bessere Bedingungen schaffen, damit wir nicht umkommen, sondern für sie arbeiten können.

Nun sind wir mit den Frauen zusammen. Manche erkennen ihre Schwestern, ihre Frauen, man unterhält sich frei miteinander, aber niemand schreitet ein. Man küsst sich und fängt an, gemeinsame Pläne zu schmieden, wie man es einrichten kann, dass man gemeinsam fährt. Man tröstet sich, dass diese Nacht die letzte des Majdaneker Alptraums gewesen ist. Nun denn, man hat auch diese überstanden. Die Frauen übertönen sich gegenseitig, als sie alle gleichzeitig berichten, wie es ihnen beim Warten im Verlauf der angespannten Nacht ergangen ist. Gesichter beginnen mit einem bleiernen, schiefen Lächeln über Vergangenes, das man schon hinter sich hat, zu leuchten.

Plötzlich wieder ein Befehl: Aufstellen in einer Schlange. Das Einschreiben beginnt von neuem. Man fragt jeden genau aus, was für ein Fachmann er sei und ob er noch irgendwo Verwandte habe. Alles wird genauestens auf langen Bögen notiert, bei denen die Überschriften verdeckt sind, damit man nicht sehen kann, warum man etwas notiert und wohin der Transport geht. Das dauert viele Stunden.

Als ich meinen Beruf angebe: Maler, blättern sie die Bögen durch. Ein Schreiber ordnet an, beim Namen ein besonderes Zeichen zu machen. Ich höre bloß wie er sagt:

Möglich, dass sie doch Maler brauchen.

Ich folgere daraus, dass die Schicksale der Gruppe auf verschiedenen Wegen verlaufen werden. Es wird noch eine weitere Auslese geben von Brauchbaren und Nicht-Brauchbaren. Und du weißt nicht, wofür.

Ein Wind hat derweil seinen Weg zu uns in die Drahtverhaue gefunden. Er kommt nicht, um die müden Köpfe sanft zu streicheln, sondern er pfeift wütend, als hätten wir ihn bei seinem Spaziergang gestört. Ihm kommt ein Platzregen zu Hilfe. Es beginnt, wie aus Kübeln zu schütten. Die Schlange beginnt sich zu krümmen, ein Glied drängt sich an das andere. Jeder will, dass der andere wenigstens von einer Seite die stechenden Sturzbäche abschirmen solle. Jemand will in seiner Verwirrung die Tür des Platzes öffnen. Ein SS-Posten aus dem gegenüberliegenden Wachhäuschen fängt an, mit seiner Waffe zu hantieren. Also steht man! Dem Regen, so scheint es, gefällt das Spiel mit unseren Knochen. Man trägt nur eine dünne Jacke und ein Hemd. Auf dem löchrigen Platz entsteht eine Pfütze an der anderen und wir stehen mittendrin. Die nackten Füße stecken in den weißen, hölzernen Holländerklompen. Inmitten der Wasserfluten sieht es aus, als machten Magier einen Ausflug mit kleinen Zauberschiffen über das Meer. Die Kleidung klebt am Körper. Selbst die dickeren Jacken beginnen sich von der Nässe zu verziehen. Alle sehen aus wie vollgesogene Gummischwämme.

Aus heiterem Himmel wird der Platz von einem wilden Gejage ergriffen. Zuerst siehst du nicht, wer jagt, du spürst nur, wie die Reihe sich auflöst, wie sich die Pfütze unter deinen Füßen zerläuft, und du wirst mitgeschleppt. Dann erkennst du, wie ein Trupp Männer mit über den Kopf geworfenen Gummipelerinen wie ein Wirbelwind herbeistürmt und beginnt, die Menge zu treiben. Wohin? Niemand weiß es. Der Regen rinnt über die Augen und raubt den Willen, sich zu orientieren. Alle werden in das Vorderhaus eines Gebäudes getrieben, Männer und Frauen gesondert. Vom Vorderhaus wird man weitergetrieben in verschiedene obskure Räume hinein, die immer tiefer und tiefer zu allen Seiten führen. Menschen, bei denen der Selbsterhaltungstrieb sich irgendwo drinnen noch regt, versuchen zurückzubleiben. In jede Ecke drängen sich ein, zwei, die sich mit Gewalt hineinquetschen, sich in die Wand hineindrücken wollen. Vielleicht geschieht ein Wunder und sie werden dort verschluckt werden. Es tauchen über ihnen aber zehn, hundert auf, jeder mit demselben Gefühl, dass genau dieser Winkel ihn retten wird. Aber die Wunder wollen nicht geschehen. Hände gleiten, ohne es zu merken, über Hälse, Fingernägel tasten über Nasen und Augen, Menschen kämpfen miteinander, wissen selbst nicht, um was. Für einen Winkel, einen Platz ist man bereit, Leben auszulöschen, Gurgeln durchzubeißen, alles zu zerstören und umzubringen. Psychose? Wahnsinn? Man weiß selbst nicht mehr, was. Wie Schafe drängt man zu den leeren Kleiderschränken, zu den großen, schwarzen Phantomen in Form von Kesseln.

Wieder erscheinen uniformierte Leute mit ihren großen Gummiknüppeln. Sie schlagen mit aller Gewalt, treten Fallende mit Füßen und treiben von zwischen den Kesseln, aus den Ecken und Schränken die Menschen heraus. Alle werden tiefer und tiefer in die mysteriösen Räume hineingetrieben, wo schmutzige eiserne Röhren sich wie angeschwollene Adern an den Wänden entlangziehen. Resigniert drängt die Menge weiter, instinktiv die kräftigen, treibenden Schläge meidend. Nur bei einigen wenigen sind die Grenzen des unbewusst Spürbaren niedergerissen, es stören sie nicht mehr die Fußtritte, sie spüren den Hagel der Schläge auf ihre Köpfe und Leiber nicht mehr. Mit letzten Kräften klammern sie sich niedergebeugt mit den Händen an ein Stück Rohr oder drücken den schon krampfenden Körper in einer Ecke gegen die Wand. Nur die wild hervorstehenden Augen leisten noch einen letzten Widerstand.

Aus einer entfernten Ecke kommt die erste Stimme:

Hilfe, Leute! Wir sind in der Gaskammer!

Und das genügt, um einen Schrei des Entsetzens durch die ganze Menge zu jagen. Dürre, geäderte Hände schlagen mit letzter Verzweiflung laut auf die Brust ein. Einige lehnen sich in resignierender Machtlosigkeit an die Wand. Nur die Augen sprechen wortlos ihr Vidui[19]. Bei vielen hat der Schrecken noch nicht alles abgetötet, in ihnen bäumt sich hier und da noch eine lebendige Fiber, sie schreien. Wollen sie das restliche Geschrei des nicht mehr erlebbaren Lebens hinausschreien?

Diejenigen, in denen noch etwas lebt, wollen noch nicht sterben! Sie schreien, reißen sich die Haare vom Kopf, schlagen die Köpfe an die Wand und versuchen hektisch, sich durch das schreckliche Gedränge hierhin und dorthin durchzuwinden. Es ist der letzte Ausbruch von Lebensenergie im Angesicht des Todes. An der Seite spricht jemand mit lautem Wehklagen Gebete. Um ihn scharen sich einige, die schon die Kraft verloren haben, selbst ein Wort hervorzubringen. Sie drängen sich in unverständlich hartnäckigem Geschiebe um ihn, als ob sie sicher wären, dass es hier an der Seite des laut betenden Juden leichter und besser sein wird. So viele Lippen sprechen ihm leise murmelnd nach, Wort um Wort.

Ein junges, dünnes Stimmchen erzählt mit ruhiger Deutlichkeit, wie sein Großvater sich hier das letzte Mal ausgezogen hat. Auch er hat genau hier gestanden und sich in letzter Minute zu jener Seite dort hinausgeflüchtet.

Im letzten Vorderhaus stehen wir in einer Gruppe zusammengedrängt. Ich bin unter denen, die sich durchgekämpft haben und bis zur letzten Tür vorgedrungen sind. Ich denke mir, zuerst muss man sehen, was sich hier tut, vielleicht lässt sich etwas ausrichten. In einer Ecke steht ein Schrank, auf dem verschiedene Dinge herumliegen, die von den vorhergehenden Menschen zurückgelassen wurden: Löffel, Taschenmesser und Nadeln, »Briefchen« mit Nähnadeln. Manche vergessen, an welchem Ort sie sich befinden. Schon greifen sich gierige Hände in verrückter, tiefsitzender Gedankenlosigkeit die Nadeln, die vielleicht noch gestern in einem

19 Jüdisches Sterbegebet.

Rucksack verpackt waren, von einem lebendigen Menschen zurückgelassen, bevor er zum »Waschen« hineinging. Da taucht in der Mitte Moniek auf. Eine Rauferei um die letzten Nadeln bricht aus. Das ist schon nicht mehr die Gier nach Nadeln, sondern das letzte Aufflammen eines Aufschreis unsinnigen Leugnens durch geistloses Greifen nach allem, was unter die Hände kommt.

Andere, Vernünftigere, versuchen, an die Streitenden zu appellieren:

Leute! Wozu braucht ihr all diese unnützen Sachen? Auch die, die dies gebracht haben, haben es gestern noch gebraucht. Wer weiß, von wie weit sie es hergeschleppt haben. Und heute? Ihr seht es doch.

Wer hat aber Ohren, den anderen anzuhören? Wo doch sowieso jeder alles tut, ohne irgendetwas zu sehen, ohne auf die eigene Angst zu hören, die das Herz zerreißt. Und wie kann Moniek hören, wenn seine Stirn schon blau von Beulen ist?

Die Angst war aber unnötig. Die Jungen, die bei der Gaskammer arbeiteten, hatten recht, als sie uns durch die Türspalten versuchten zu trösten: Man wird euch nicht vergasen! Ihr werdet alle ganz sicher weggeschickt.

Sie selbst hatten den Kommandanten darum gebeten, man solle uns nicht im Regenguss stehenlassen. Aber anstatt uns irgendwo anders hineinzulassen, brachte die SS uns hierher, um mit unseren Nerven zu spielen. Es steckte aber noch etwas anderes dahinter:

Wir waren von einer Fabrik »bestellt« worden. Ihre Vorsteher hatten kommen und uns übernehmen sollen. Wir waren schon aus der Zuständigkeit des Lagers heraus. Jene verspäteten sich aber. Deshalb brachte die SS uns hinein, um abzuwarten. Wenn die Vorsteher nicht gekommen wären, hätte man uns gar nicht wieder ins Lager aufnehmen müssen.

So wogte das Schicksal …

Nach einer Stunde fing die Sonne an zu scheinen, die SS platzte mit wildem Gelächter über den gelungenen »Scherz« herein und trieb uns mit denselben Mitteln wieder hinaus.

Einer, ein Hoher, fragte lächelnd, wie man die Stunde verbracht habe, ob die Zeit angenehm vergangen sei.

Die späte Uhrzeit trug dazu bei, dass man uns wieder mit Stecken trieb. Es war eine Meldung gekommen, dass für uns nur ein Zug zum Verladen bereitstehe. Man musste uns deshalb schnell der Wachmannschaft ausliefern, die unseretwegen gekommen war. Mit befreitem Atem sog jeder eine frische Portion Luft ein, spürte in sich die Hoffnung, von neuem zu leben. Das Unglaubliche, dass man solche 24 Stunden überstehen konnte, hatte bewiesen, wie stark ein Mensch sein kann und wie unerforscht die Kräfte des menschlichen physischen und psychischen Organismus noch sind. Wie viele aber wurden allein in diesen 24 Stunden traumatisiert? Bei wie vielen wurde die Seele unwiderruflich erschüttert? Niemand versuchte in jener großen Jagd das herauszufinden.

III

Draußen marschieren zuerst die Männer. Am Weg stehen Stubendienste mit großen Körben Brot und teilen 400 Gramm Brot, ein Stück Margarine und ein Stück Käse pro Kopf aus. Das ist die Portion für drei Tage im Voraus. Der SS-Mann, der den Transport leitet, lässt den Lagerkommandanten ausrufen, dass niemand das Brot aufessen solle, weil es für eine dreitägige Reise reichen müsse. Die Waggons würden verschlossen werden und unterwegs werde man nichts weiter austeilen.

Aber sobald man durch das erste Tor ausrückt, fängt jeder heimlich an, Stückchen von seiner Portion abzuzwacken und es während des Marschierens in der Reihe zu kauen. Zuerst ist es nur einer an der Spitze. Aber es steckt eine Reihe nach der anderen an.

Die neue Begleitung bemerkt es. Sie überwachen jede unserer Bewegungen. Sie warnen:

Denkt dran, später werdet ihr hungern!

Ein Beherzter aus einer Reihe antwortet:

Es geht nicht mehr, Herr Wachmann! Wir sind so hungrig und erschöpft, dass man keinen weiteren Schritt machen kann. Darum lieber sich jetzt sattessen und später wieder hungern. An Hunger ist man gewöhnt, aber sattessen kann man sich jetzt das einzige Mal.

Der Wachmann verstummt wie als Zeichen des Einverständnisses. Doch viele beherrschen sich nach den ersten Bissen und stecken einen Teil des Brotes für später weg.

Etliche Schritte hinter uns marschieren die Frauen. Sie hat man besser behandelt. Sie haben Lederschuhe bekommen (die Holzschuhe waren meist zu groß und passten nicht für die kleinen Frauenfüße) und dünne, geblümte Kleider. Man hat ihnen auch die Haare auf dem Kopf nicht bis auf den Schädel abgeschoren. Sie gehen dort und singen. Zorn kocht in der Mitte unserer Reihen hoch: Wie kommen sie auf die Idee zu singen? Ein Wort steigt aus der Reihe hoch, das alles mit Verachtung beantwortet und den Zorn löscht: Weiber! Was so viel heißen soll wie: Was kann man von solchen Geschöpfen wie Frauen erwarten? Wenn eine ein schöneres Kleid hat als die andere, singt sie. Das ist für sie das Glück, das wie eine Scherbe auf dem Auge[20] liegt und die Außenwelt ausblendet.

Ein zweiter in der Reihe verteidigt sie leise:

Was wollt ihr? Junge Kinder, die gerade eben einen Hauch freier Luft gespürt haben, warum sollen sie nicht singen? Mögen auch sie für eine Minute vergessen, wer sie sind. So oft haben sie gesehen, wie andere singen, während sie selbst niedergeschlagen waren. Nun sollen sie auch ein Mal das Glück der anderen erleben. Wer weiß, ob sie es morgen noch können. Ich selbst bin schon für immer voller Trauer, und doch würde ich jetzt gern singen. Es geht nicht ums Überleben, das werden wir sowieso nicht. Es ist aber ein

20 Es ist ein jüdischer Brauch, den Toten Scherben auf die Augen zu legen.

Glück, nicht mehr Willis oder Janusz' Gesicht anschauen zu müssen.

Man führt uns auf den Weg in die Stadt. Wir treffen schon auf die ersten Häuser. Bald aber kommt von irgendwoher ein dringender Befehl, den Transport anzuhalten. Stehen wir also wieder und wälzen allerlei Gedanken. Der ganze Transport macht kehrt. Verzweiflung packt die Menge. Frauen beginnen zu zittern:

Man bringt uns zurück! Zurück! Man wird uns doch nicht etwa ins Lager zurückbringen?

Wir gehen benommen mit müden Schritten auf dem Weg zurück. Es interessiert schon niemanden mehr, was sie mit uns machen werden. Wie viele Male ist es denn möglich, dieses seltsame, wilde und provozierende Spiel mitzumachen?

Wir marschieren jetzt schon etliche Kilometer zurück. In der Ferne taucht schon der erste vage Widerschein des Lagers auf. Man ist sich schon fast sicher, dass sich ein grausames Spiel anbahnt. Aber da führt eine Seitenstraße zum Dorf hinunter und wir werden dorthin umgelenkt.

Niemand weiß, was hier passiert. Einer, der in Lublin wohnt, hat eine Vermutung, die einleuchtet:

Sie wollten uns durch die Stadt zu der Bahnstation bringen. In letzter Minute haben sie sich überlegt, dass es nicht zweckmäßig ist, eine so große Menge durch eine belebte Stadt zu führen. Mancher könnte ausbrechen und fliehen. Es könnte zur Folge haben, dass man jemanden erschießt. Wem aber nützt es, das in aller Öffentlichkeit zu tun?

Jetzt führt man uns durch das Dorf Majdanek. Hier war das Ghetto für die Lubliner Juden, die man aus der Stadt vertrieben hatte. Jetzt stehen hier die kleinen, verschämten Bauernhäuschen, denen die hergetriebenen Juden mit dem Rest des nicht verbrannten Familienatems keine Wärme einhauchen konnten.

In der Ferne sind die Drahtzäune des zweiten Lagers, Plage-Laskiewicz, sichtbar. Der Wind trägt von dort zerstobene Brocken Geschrei herüber: Passiert dort auch etwas? Niemand weiß, was mit den verbliebenen Juden in Majdanek selbst und mit den Lagern von Lublin geschehen wird. Jeder vermutet, dass er noch jemanden in einem von den Lagern hat, und der Gedanke beunruhigt, dass den gehörten Gerüchten zufolge alle in der ganzen Umgebung liquidiert werden sollen.

Auf den verschiedenen sich windenden Wiesenwegen, wo uns von beiden Seiten einige Weidenzweige von sich traurig wiegenden Bäumen begrüßen, begegnen wir wieder einem Stück frischer Natur. Jetzt sieht man schon in der Ferne die Bahnlinie. Zwischen zwei von Bäumen umgebenen Hausreihen steht ein langer, leerer Zug und atmet schwer wie ein Asthmatiker, der zu einem hohen Stockwerk hinaufgestiegen ist.

Der SS-Offizier, der uns erwartet, ist ruhig und höflich. Er erklärt, dass der Zug noch nicht bereit sei. Wir könnten uns derweil ruhig an den Rand ins Gras setzen und warten. Wer wolle, könne essen, aber wir haben noch einen weiten Weg, es ist besser es aufzuheben für später. Er spricht, was nötig ist, und geht eilig davon. Wir sitzen und strecken die Rücken, wischen uns den Schweiß der Erschöpfung ab und schöpfen so viel Atem wie möglich, solange man es noch so reichlich tun kann.

Bald aber sieht jemand, dass die Frauen bei den anderen Waggons auch so dasitzen und die Wachleute stehen und plaudern mit ihnen in schmeichlerischem Ton. Einer kann sich nicht beherrschen und bewegt sich langsam dorthin, dann ein zweiter, ein zehnter …

Das Gras um uns herum lacht, die Bäume der umliegenden Obstgärten auf beiden Seiten der Linie stehen und rufen, sie erzählen, dass die Welt weiterhin blüht und dass der Flieder immer noch duftet, wenn auch ohne uns, ohne uns. Die Jugend wird munter. Ein Tänzchen rieselt durch das Blut. Die Mädchen drängen sich zum Männerkreis und die Männer mischen sich unter die Grüppchen der Mädchen. Die Wachmänner schauen zu und sagen nichts. Es beginnt ein Flanieren entlang der wenigen bewachten Meter des Bahngeländes.

Die jungen Leute beginnen laut zu reden, als wollten sie die ganze Zeit nachholen, in der sie einer vom anderen getrennt waren. Man flirtet, von einer Seite hört man auch lautes Lachen. Sind das dieselben Menschen, die eben noch dort so verloschen und verzweifelt waren? Wie schnell die Gruppe in ihr eigenes Alter zurückgefunden hat!

Eines der Mädchen rief laut: Ach, wenn ich jetzt so ein kleines Stück Flieder bei mir hätte, wie es auf diesen Bäumen da drüben wächst! Wenn ich es in der Hand hielte, würde ich meinen, dass ich ein Stück meiner Jugend, einen Teil meines zerstörten Heimes in der Hand hielte.

In einem Jugendlichen erwachte der Ritter. Wie ein Eichhörnchen rannte er blitzschnell zu einem Baum an der Seite. Schon war er oben und seine Hände griffen einen Fliederzweig. Fünfzehnhundert Paar Augen verfolgten mit hungriger Neugier diese schon lang vergessene Szene eines freien Lebens: Ein Junge auf einem Baum – reißt Flieder! Die Wachleute gerieten in wilden Zorn: So also sieht es aus, wenn man den Juden ein bisschen Freiheit lässt! Sie begannen, die Menge näher zu den Waggons zu treiben. Einer von ihnen lud ein Gewehr, ein Schuss peitschte und eine kleine weiße Rauchwolke schwebte verloren beim Fliederbusch.

Der Junge fiel vom Baum. Aber nur vor lauter Schreck. Die Kugel war über ihm durchgeflogen, und der Schreck hatte ihn getroffen und hinuntergeworfen. Eine Weile verharrte er ganz erschlagen mit einem zerbrochenen Fliederzweig in der Hand. Aber bald hatte er sich davon überzeugt, dass er nicht erschossen worden war. Schnell stand er auf und lief in die Menge hinein. Seine Augen suchten dort jemanden. Als er sie erkannte, lächelte er glücklich. Mit einer respektvollen Geste der Hand überreichte er das zerbrochene Zweiglein und murmelte verschämt: Du wolltest Flieder …

Alle Augen applaudierten ihm in stillem Jubel.

Selbst auf den Gesichtern der Wachleute zeigte sich ein Lächeln, das sie sich aber gleich im Entstehen wieder verkniffen.

Ein Pfeifton signalisierte, dass die Waggons da waren, bereit zum Abfahren. Von der Seite kam der einzige SS-Offizier zurück und die Wachleute stellten sich an allen Seiten auf, stramm wie Statuen mit strengem Blick.

Das Einladen begann.

Kapitel fünf

I

Jemand schnappt ein Wort auf: Nach Radom! So sagt der Transportbegleiter und so ist es auch auf einem der Waggons vermerkt. Man zerbricht sich den Kopf: Was ist dort, in diesem Radom? Fabriken? Ein Ghetto? Auf jeden Fall ist schon das bloße Fortgehen aus Majdanek eine große Sache. Das Verhalten von Seiten der Wachmannschaft beim Beladen der Waggons trägt auch zur Beruhigung bei. Sie stoßen zwar, aber mit erkennbarer Vorsicht. Die Viehwagen werden mit sechzig Mann je Waggon beladen. Nicht wenige von uns haben schon mehrtägige Fahrten mit doppelter Anzahl an Personen in den gleichen Waggons durchgemacht. In all dem sieht man ein gutes Zeichen für die Zukunft: Wer weiß? Vielleicht haben sie tatsächlich ihre Beziehung zu den Juden geändert? Man hat doch so viel davon geredet!

Der Zug hatte Zeit und schleppte sich langsam wie ein müder Greis dahin, zwischen den grünenden Feldern und Landschaften. Ein Junge hatte es geschafft, ein kleines Taschenmesser zu verstecken und fand nun eine Arbeit. Er fing an, einen kleinen Ritz in die dreckige Waggonwand zu schnitzen und dann machte er sich beharrlich daran, ihn immer mehr zu vertiefen. Nach einer Stunde ergoss sich ein sprudelnder runder Lichtstrom, der einem kleinen Loch in der Wand entsprang, in den Waggon. Es sah aus, als schaute die ganze Welt mit einem Auge hier herein.

Sechzig neugierige Augenpaare werfen ihren Blick dorthin, wollen durch das kleine Loch ihre Sehnsucht nach der weitläufigen Freiheit von Land und Wald stillen. Da eilt eine Bahnstation vorbei, irgendwo bei einem Dorf. Einer ruft aus, er habe daneben eine Gruppe Menschen mit Judensternen auf dem Arm gesehen. Jeder bettelt bei dem, der sich auf das Loch gestürzt hat und dort nun buchstäblich mit dem Auge festklebt:

He, lass noch jemanden gucken! Du hast doch schon was gesehen.

Bei vielen kocht der Zorn hoch:

Lass noch andere dran, wenn nicht … wenn nicht …

Jeder Einzelne drängt sich gegen die Wand des Waggons. Man will durch die allerschmalsten Spalten etwas sehen. Man presst den Kopf an die kleinen haarfeinen Ritzchen: Ach, könnte man doch die Augen, nur die nackten Augen, hinausschicken in die Freiheit und schauen, sich einmal umschauen und sich berauschen an der geraubten, nicht umzäunten Welt!

Jeder kommt sich vor wie Lots Töchter:

Im Lager lebend konnte man sich nicht mehr vorstellen, dass es noch eine andere Welt gibt, außer diesem Sodom, eingehüllt im Lodern von Schwefel und Rauch. Und hier kokettieren breite Leinwände blauen, üppigen Himmels und Menschen spazieren unter ihm, als ob nichts wäre. Solch merkwürdige Menschen, die nichts von Gaskammern und von hochgewachsenen Kapos wissen. Oh, es lohnt, sie sich einmal anzuschauen! Und sei es durch den kleinsten Spalt. Man kann fast nicht glauben, dass jene auf zwei Beinen gehen und dieselben Geschöpfe sind wie du und ich und wir alle. Jeder normale und einfache Mensch, so kommt es dir in deiner schablonenhaften Lagermentalität vor, müsste doch eingesperrt sein, geschlagen und selektiert oder ständig in verschlossenen stickigen Waggons auf unbekannten Wegen transportiert werden.

Aber auch dort draußen lebt man mit anderen Vorstellungen. Da siehst du, wie ein Bauer auf dem Feld seine Arbeit unterbricht, eine schwarze Hand an die Brauen legt um die Sonne abzuschirmen und mit blinzelnden Augen unserem Zug wie einer wunderlichen Erscheinung nachschaut, bis er in die Weite entschwindet. Ganze Dörfer mit schläfrigen Einwohnern gaffen mit Entsetzen aus den eingesunkenen Fenstern ihrer Katen auf den langen, endlosen Zug, durch dessen Spalten so viele schmale Augenpaare herausglänzen.

Was für eine Teufelsbrut sind wir denn eigentlich? Städte, Dörfer, Landschaften – alles weicht zurück und flieht in wüster Panik vor uns, noch ehe man sie in den Blick bekommt. Vor wem? Vor uns oder vor dem wilden Pfeifen unseres schwer ächzenden Zuges?

Offensichtlich führen wir unser unglückliches Schicksal mit uns, welches über der langen Schlange Waggons seine schreckliche Fahne gehisst hat und damit Schrecken auf allen Pfaden und Wegen aussät, auf denen wir vorbeifahren.

Radom! Eine Stadt, durch deren Adern einst brodelndes jüdisches Blut floss. Lebt die Stadt noch? Betreibt sie noch die alten Manufakturen und den Handel, ohne den geringsten Beitrag jüdischer Hände? Mit Neugier schauen wir auf die große Stadt hinaus: He, wie sieht die Welt heute aus, ohne Juden, ohne einen einzigen Juden? Aber alles steht an demselben Ort. Derselbe Bahnhof, dieselben Aufschriften auf denselben Fabriken. Gar nichts hat sich verändert, genau wie sich die polnischen Straßen und der polnische Wald an den Landstraßen nicht geändert haben. Alles hat uns offensichtlich vergessen, als ob wir niemals hier gelebt und existiert hätten.

Es zeigt sich, dass alle von demselben trüben Gedanken ergriffen sind: Man braucht uns nicht! Man hatte etliche Millionen umtriebige, regsame und tätige Menschen genommen, sie aus den Städten herausgerissen, aus dem Boden, der sich wie in sie eingewurzelt hat, und – nichts. Weder erkennt man irgendwo, dass sie fehlen, noch liegt über der Stadt und dem Land Trauer um sie.

In einer Ecke stimmt jemand eine traurige Melodie an:

Gute Heimat, liebe Heimat, du hast mich verraten …

Alle im Waggon spüren den eigenen, unbewussten Schmerz in den Worten und der ganze Waggon stimmt im Chor ein in die populäre Melodie. Sogar die Räder des Zuges rattern mit im Takt: Verraten ... Verraten ...

Jeden Einzelnen hat die Heimat auf eine andere Art verraten. Pojzner zum Beispiel, der im hintersten Winkel auf dem Rücken liegt, will jene verratenen Zeiten mit Gewalt zurückholen, durch seine bloße Fantasie. Vielleicht kommen ihm jene Zeiten in seines Vaters Haus mit der ganzen rabbinischen Ausstattung in den Sinn. Denn jetzt unterbricht er das ruhige, flüsternde Polnisch, das er mit seinem Sohn spricht und geht über zur Intonation eines frommen Gebetes. Der enge stickige Wagen wird noch enger und stickiger, als ob sich hier geheime, unsichtbare Gestalten in unsere Mitte hereingedrängt hätten. Von der Lagersonne und dem ewigen Hunger gezeichnete Gesichter verlieren auf einmal die ganze Herbheit vieler Jahre. Und raue Stimmen verschränken sich ineinander:

Oj, oj, oj, be'ejn mejlez jojscher ...[21]

Es reichte aber, dass in einem anderen Winkel sich ein anderer an etwas erinnert, und schon steigt eine zweite Melodie in die Höhe. Dort bei der Tür liegt Moniek ausgestreckt. Er erinnert sich voller Sehnsucht an etwas und versucht, alle hier zu übertönen. Zu Zeiten der Freiheit ein Schläger und Messerheld, ist er es gewohnt, alles mit Gewalt zu nehmen, sogar den stickigen Äther für seine singende Stimme. Er erinnert sich, wie es scheint, an jene Tage, als er sich leidenschaftlich für Mädchen interessierte, über die er so gern im Lager erzählt hatte, und etwas wie raue Sehnsucht schnürt ihm das Herz ein. Mit seiner Bärentatze auf den Köpfen der Singenden bringt er einen nach dem anderen zum Schweigen. Alle spüren die Autorität der Kraft und es wird still. Moniek beginnt ein polnisches melancholisches Lied zu singen:

In den Augen meiner Zosza
Ist wunderschön der Glanz

21 Gebet zu Jom Kippur.

In die Ecken kommt Bewegung. Die, die aus Gewohnheit vor jeder Faust kuschen, wollen dem mächtigen Schläger und ehemaligem »Vorarbeiter« Moniek beweisen, dass sie bereit sind, ihm bei allem zu helfen, sogar beim Singen. Etliche zögernde Stimmen beginnen einzufallen:

Wenn sie dich leise bittet
Küss mich noch ein Mal.

Und wieder stimmen allerlei Menschen mit ein, halb krächzend, halb sehnend wiegen sich an die dreißig Stimmen mit Moniek im Chor:

Mehr brauche ich heut nicht,
Nur dich in schweren Tagen.
Und bei Nacht, wenn ich verschließ die Tür
Dann sollst du, Zosza, sein bei mir.

Einem Begleiter aus der Wachmannschaft gefällt es aber nicht, dass man im Waggon singt:

Was ist das für eine Feier dort bei den Jidden?

Durch das kleine Loch im Waggon kriecht das runde Rohr eines Gewehrlaufes herein, wie ein neugieriges kindliches Näschen. Augenblicklich verstummen die Stimmen in allen Kehlen. Es wird still wie auf einem Friedhof. Diesmal macht die Büchse keine großen Geschäfte, sondern zieht sich zurück so unschuldig, wie sie gekommen ist. Sie lässt aber die Angst in jedermanns Augen zurück. Eine erstarrte Stille steht an ihrer Statt Wache in allen Mündern.

II

Aber Münder können ein aufgezwungenes Schweigen nicht lange aushalten. Es kommt einem vor, als ob man damit für immer zum Schweigen gebracht würde. Besonders da man hier seit langer Zeit das erste Mal die Gelegenheit hat, miteinander zu reden, ohne dass jemand lauschen kann; wenn die Erinnerungen und Gedanken sich ungestört entfalten können, ohne unvermittelt unterbrochen zu werden. Man will reden, aussprechen, was einen schon so lange quält und nicht in Worte gekleidet werden konnte. Also erzählt man sich Erinnerungen leise ins Ohr, was jeder hier vor nicht so langer Zeit erlebt hat.

Was kann hier eigentlich einer dem anderen noch Neues erzählen? Hat doch jeder von uns so viel mitgemacht. Ich habe doch selbst schon so oft die Flügel des Todes über mir gespürt, was für ein Interesse kann ich also an den Erzählungen meines Nachbarn haben? Und doch lausche ich ihm mit von Sekunde zu Sekunde steigender Anspannung. Ich spüre, wie eine große tiefe Beschämung mich überkommt; wie ich mich mit den geschwächten Fäusten auf die Wände werfen will, sie aufbrechen, um mich auf den erstbesten Deutschen zu werfen und ihm mit den Zähnen an die Gurgel zu gehen.

Wie schlicht er es erzählt:

Er war in Lemberg. Bei den ersten »Aktionen«, die die Deutschen anfingen, war es ihm gelungen sich zu verstecken. Schon damals wurde geredet, dass man in den Tod fahre. Nicht jeder wollte das glauben. Er glaubte es aber, deshalb war er äußerst vorsichtig. Erst bei der allerletzten Aktion fiel er herein. Man hatte ein paar tausend Juden, Männer und Frauen, jung und alt, zusammengetrieben und zu den Waggons abgeführt. Man wusste, dass man in den Tod fährt. Die SS selbst leugnete es nicht. Aber dieses Mal war es der örtliche Gestapomann leid, sie angekleidet und mit den Paketen hinauszuschicken. Sie wurden sowieso in den Tod geschickt, warum also sollten die Kleider von »ihren« Juden Fremden in die Hände fallen? Es kam daher der Befehl, sich neben den Waggons nackt auszuziehen. Die Kleider wurden schnell weggebracht und die Menschen wurden noch schneller hineingetrieben, damit nicht womöglich ein zufälliger Blick aus einer entfernten Ecke erkennen sollte, was hier passierte. In der Eile trieb man nackte Männer und Frauen zusammen hinein. Hundertundzwanzig Mann zusammengepresst. Drei Tage und drei Nächte fuhren sie so zusammengedrängt einer am anderen. Es war nicht möglich, sich umzudrehen, eine

Bewegung zu machen. Menschen erstickten im Waggon und blieben tot und versteift stehen, sogen die Wärme aus dem benachbarten, angepressten Körper. Es war nicht möglich, Urin oder Stuhlgang zu lassen, weil ein Körper in den zweiten hineingedrückt war, so schmierte sich Körper an Körper.

Alle waren zusammengedrückt und verflochten. Es war nicht möglich, eine Hand oder ein Glied zu bewegen. Männer, Frauen und Kinder waren wie roher Teig ineinandergeknetet. Bei mehr als einem erhitzte sich das letzte bisschen Blut in dem noch nicht vollständig versteiften Körper in einer verrückten wilden sexuellen Erregung, die gerade in dem dunklen Bewusstsein, dass jetzt bald der Tod kommen und alles vorbei sein würde, verzweifelt scharf war. Es liefen erotische Schauer durchs Blut, wenn der Körper wie ein wilder Hund erregt wurde und dabei mit gebundenen Händen eingeklemmt war.

Die dichte Luft erstickte sogar den gepeinigten Aufschrei, der sich dem Hals entriss, wenn die verwirrt keuchenden Glieder aufkochten vor erstickter Lust und erloschen.

Genug! Bat ich meinen Nachbarn. Ich konnte nicht mehr von dieser schauderhaftesten Schändung von Menschen hören. Ich selbst hatte ein Mal solch einen Zug vorbeifahren sehen. Hier aber hörte ich es von einem Menschen, der es selbst mitgemacht hatte, der mir seine Seele entblößte, nackt wie damals, und mir den ganzen Komplex Mensch in solchen Momenten aufzeigte.

Er selbst hatte sich gerettet. Nackt war es ihm geglückt, durch ein aufgebrochenes Brett vom Waggon zu springen, tief in einem Wald. Der Einzige, der es gewagt hatte. Jetzt fragte er sich, fragte mich: Hat es sich gelohnt? Dass ich gesprungen bin als Nackter und doch etwas mitgenommen habe. Ein Schatten von jenem, das schauderhafter und schrecklicher als der Tod ist, ist doch bei mir im Blut haften geblieben. Bin doch auch ich an Leib und Seele geschändet worden und gegen meinen Willen gezwungen worden, durch das Geschrei meines Leibes andere zu schänden.

Was hätte ich denn solchem Bekenntnis zufügen können? Wie hätte ich ihn damals in seinem Seelenleid trösten können, wenn die ganze Welt solchen Trost schon nicht mehr spenden konnte? Und doch versuchte ich ihn zu beruhigen, ihm aufzuzeigen, dass er, indem er sich rettete, ein Zeugnis bewahrt hatte, einen Befehl von der geschändeten Menschheit, Rache zu üben. Er lachte, lachte richtig: Du redest kindisch! Wer würde es denn glauben? Wir werden nicht leben. Selbst wenn wir es aufschrieben und das Geschriebene durch ein Wunder später gefunden würde, würden die Finder uns als Verrückte betrachten, die in gequälten Visionen verschiedene kranke Fantasien gesehen haben. Es wird eine »tugendhafte« Moral kommen und über solche Dokumente ein Feigenblatt legen, um die nackte Schande zu bedecken.

Sieh mal, sagte er, du bist ein Schreiber. Selbst wenn du am Leben bleibst, wirst du dich schämen, über solche Sachen zu schreiben. Du wirst nur schöne Reden und Wunder suchen. Die graue Wahrheit wirst du ständig ersticken, oder nur halb berichten.

Sein Körper ist längst verfault in der lehmigen Erde des Skarżysker Schießstandes. Aber wie die Wahrheit seiner Worte noch lebt! Da schämt sich meine Feder, jene Geschichten aufzuschreiben, die mit uns geschehen sind. Woher nimmt man denn die Kraft, das alles ohne Scham zu erzählen, ohne Scham.

III

Die Menge wurde müde und das kleine Loch in der Wand ängstigte. Nur Moniek ließ nicht von ihm ab. Er flüsterte irgendetwas mit einem großen Kerl, bei dem ein Ohr in den Kinnladen hineingedrückt war, und später glänzten beiden die Augen. Ständig berührten sie die obersten, eisernen Stangen des höchsten Fensters im Waggon. Etliche Male ging Moniek resigniert weg vom Fenster und drückte sich in seine Ecke. Er stand aber wieder auf und ging zum offenen Loch, als ob er von dort frischen Mut für irgendeine kühne Unternehmung schöpfte. Mit dem Auge sog er so viele Reize wie möglich von der freien Welt auf. Das rüttelte ihn wieder wach und er stieß mit dem Fuß seinen halbschlafenden Kumpel an. In seinen Augen flammte ein Glanz wie bei einem angebundenen Sperber, der vor sich einen machtlosen Vogel sieht. Jener richtete sich träge von seinem beengten Platz auf und geriet mit dem Kopf mitten in die Flutwelle von Monieks zitternd leiser, aber glühender Rede:

Sewek, wir sind nicht weit von Radom. Ich kenne die Gegend gut. Ich bin mit allen Bauern und Schicksen aus der Umgebung bekannt. Sie sind alle in mich verliebt gewesen. Wo immer wir hinkommen werden, wird man uns verstecken. Du wirst sehen. Zum Teufel, wir müssen es schnell machen. Sofort, weil der Zug fliegt.

Sie schauten sich die eingeschlafene Menge an und drängten sich leise zur Fensterecke. Das vergitterte Fenster war zu hoch. Deshalb beugte Moniek sich hinab, Sewek stellte sich auf seinen Rücken und fing schnell an, an den Stäben herumzuhantieren. Ein Geräusch weckte einen in der Nähe Schlafenden. Er riss ein Auge auf und sah den Einohrigen, wie er an etwas herumbastelte. Erschrocken stieß er brummend hervor: He, was machst du da? Aber Moniek versetzte ihm einen Stoß mit dem Fuß: He du, lieg still, wenn dir dein mieses Leben was wert ist. Bald aber erwachte ein zweiter, ein dritter und alle begannen, sich mit vor Schreck weit aufgerissenen Augen aufzusetzen. Noch vor zwei Tagen war Moniek derjenige, der quälte und schlug und jeder hatte vor ihm gezittert. Ein Schatten seiner gestrigen Macht war noch mitgekommen mit ihm auf den Weg. Jeder Einzelne sah und wendete das Auge ab, um nicht als erster Alarm schlagen zu müssen, weil man wusste, was es heißt, Monieks mächtigen Fäusten ausgeliefert zu sein.

Als man aber sah, dass sich hier etwas anbahnt, was für den ganzen Waggon zur Gefahr werden konnte, fingen alle gleichzeitig an zu schreien: Hört auf! Ihr macht uns alle unglücklich! Aber Moniek richtete sich auf, umfasste den ganzen Waggon mit seinem stählernen Blick und brüllte gedämpft:

He ihr! Was wollt ihr! Soll ich genau wie ihr verrecken! Ich habe noch etwas, wofür ich leben will! Wer will, kann gleich mit mir springen und sich retten, wenn er es kann. Wer nicht will, kann hier bleiben. Ihr meint womöglich, dass man euch in ein Pensionat bringt. Ich aber kenne schon die Wohltaten der Deutschen. Haltet also die Fresse und schaut der Vorstellung zu. Denn wer einen Pieps macht, den erwürge ich an Ort und Stelle. Eine Minute wurde es still. Nur ein Mensch mittleren Alters in einer Ecke regte sich auf:

Was glaubst du? Du bist noch in Majdanek? Du willst uns hier unglücklich machen? Das mindeste Geräusch wird die Wachleute aufwecken und man wird uns alle erschießen, noch ehe der erste den Sprung getan hat.

Eine kräftige Faust unterbrach seine Rede mittendrin. Ein Strom Blut begann aus der Nase zu rinnen. Schon erhob sich Monieks Hand zum nächsten Schlag, aber da griff jemand ihn von hinten an. Sofort erhoben sich Hände gegen ihn von allen Seiten. Ein leises Gezischel kam wie Zähneknirschen aus alles Ecken: Mörder! Wirst jetzt für alle Zeiten bezahlen. Wie durch ein Wunder erwachte in diesen gleichgültig Daliegenden jeder Körperteil. Alle drängten sich, zu schlagen, zu zerren. Ein stille Freude liebkoste das Herz: Sieh nur, sieh. Die Lust zur Rache ist noch da!

Nach wenigen Minuten lag Moniek zerschlagen und blutig da. Nur alle paar Minuten spuckte er durch die Zähne einen Mund voll blutigem Speichel direkt an die Wand. Er konnte nicht verschmerzen, dass man ihn, den Helden und Schläger, so niedergestreckt hatte. Er spürte, dass damit die Angst vor ihm für immer gebrochen war. Trübsinn ergriff ihn: Was konnte er jetzt noch erwarten? Wohin auch immer er jetzt käme, würde er nicht mehr herauskommen. Von Flucht konnte aber jetzt keine Rede mehr sein. Deshalb versuchte er, ein letztes bisschen Prestige durch Drohungen zu retten: Wartet nur, glaubt nicht, dass jetzt alles vorbei ist. Wenn wir erst vor Ort sind, werde ich es euch zeigen. Die Verachtung in allen Augen ließ ihn aber schnell verstummen. Nur noch leise murmelte er alle Flüche, die er kannte, vor sich hin.

Draußen führte die Sonne eine erschrockene Abenddämmerung an der Hand.

Kapitel sechs

I

Der Zug begann, sich gemächlicher zu bewegen. Er setzte zögernd jeden Schritt, den er mit den halbblinden, erloschenen Augen tat, als ob er hier einen gefährlichen Ort erspürte. Irgendwo auf einem Feld hinter Radom blieb er stehen. Aus der Ferne drang eine Stimme dem Waggon in die schwerhörigen Ohren: Aussteigen! Bei allen tat das Herz einen Sprung: Schon? Das kleine Loch zeigte ein stilles Feld in ruhigem, bezauberndem Grün. Man hörte nur, wie man eine Gruppe Menschen antrieb. Wohin? Vermutlich zu irgendeiner Arbeitsstelle. Wie es aussah, brachte man nicht alle in dieselbe Richtung.

Der Zug setzt sich wieder in Bewegung und jeder gewinnt sein Gleichgewicht zurück. Zehn Minuten, und wieder wird angehalten. Auf dem anderen, gegenüberliegenden Gleis fährt ein Zug mit etlichen Waggons zurück. Man sieht Bruchstücke von Blicken durch Augenspalten aus den verschlossenen Waggons. Man erkennt mehr mit den Sinnen als mit dem Blick: Juden!

Man versucht, das sinnlose Pfeifen des verärgerten Zuges zu übertönen, der unaufhörlich krächzt und Knäuel von Rauch aus seiner Kamin-Zigarre ausstößt, der durch alle kaum erkennbaren Spalten hereinkriecht: He, ihr da! Woher kommt ihr? Der Wind hilft mit und trägt die Antworten von gegenüber zu den Spalten herüber: Lublin ... Majdanek ... Wieder kriechen Wörter durch die schmalen Spalten:

Wohin? Warum?

Aber da ist der Wind das Spiel schon leid und beginnt sogar damit, die Wörter, die von einem Zug zum anderen hinübergelangen wollen, zornig zu verwirbeln. Nur Fetzen von Wörtern dringen bis zu den gespitzten Ohren durch: Radom … Druckerei …

Alle erinnern sich an etwas:

Wie es aussieht, stimmen die Gerüchte, die wir schon vor Wochen in Majdanek gehört hatten. Man hatte davon geredet, dass der SS wegen der Einberufung der Deutschen zum Militär qualifizierte Drucker fehlten. Besonders der große Propaganda-Apparat, den man in den Tagen des Niedergangs mit Volldampf betreiben musste, beanspruchte immer größere Bereiche. Man suchte damals sogar aus der Lagerkartei alle registrierten Drucker heraus. Etliche Male rief man sie, betrachtete sie und forschte nach, auf welchem Gebiet jeder spezialisiert war und welche Sprachen er beherrschte. Man kleidete sie in gute Anzüge und lederne Schuhe. Man flüsterte sogar, dass man sie in eine Fabrik bringen werde, wo sie unter guten Bedingungen arbeiten sollten und niemand wissen werde, dass sie Juden waren. Jemand hatte sogar schon gehört, dass sie als schlesische Deutsche umgeschrieben worden seien. Die Registrierten gingen im Lager zufrieden und mit einem gewissen Stolz umher. Ihre Lederschuhe quietschten laut, als wollten sie inmitten des Meeres hölzerner Clogs Achtung einfordern. Jeden zweiten Tag aufs Neue rief man sie, badete sie und kleidete sie frisch ein. So vergingen Wochen, ohne dass sie weggeschickt wurden. Es war offenbar schwer, jüdische Häftlinge zu nehmen, um sie offen einzusetzen, sie offiziell hinauszuschicken in eine Stadt des judenreinen Polen zur Druckerarbeit bei der »heiligen« nationalsozialistischen Propaganda. Ist es denn nicht wirklich peinlich: jüdische Arbeitskräfte aus einem Todeslager in der staatlichen Druckerei von Radom?

Aber wie jedes Auftreten von »Scham« bei der SS war es nur der Form halber, fremde Augen sollten es nicht sehen, niemand sollte es erfahren. Im Lager hieß es, sie fahren doch nicht, und als unser Transport festgelegt wurde, notierte man sie mit uns zusammen auf derselben Liste und gab ihnen das gleiche zum Anziehen wie allen. Bei allen Beamten hieß es, dass sie genau wie alle in die Fabriken von Hugo Schneiders Aktiengesellschaft (»HASAG«) kommen sollen. Nur dass man sie auf der Liste beisammen notierte und gemäß derselben Liste in den letzten Waggons konzentrierte. Erst jetzt, hier hinter Radom auf dem Feld, hielt man den Zug an, überführte sie schnell in den Zug gegenüber. Zur Desorientierung trieb man sie hin und her und erst später brachte man sie unter strenger Bewachung in die militärischen Druckereien nach Radom.

Ein Seufzer der Eifersucht entrang sich vielen Herzen. Jene kennen schon mehr oder weniger ihr Schicksal. Sie werden in einer Stadt arbeiten, die Möglichkeit haben, sich gelegentlich auf der Straße aufzuhalten, werden vielleicht nicht hungern und wer weiß? Möglicherweise werden sie irgendwann Gelegenheit haben zu fliehen. Dieser und jener erinnerte sich daran, dass er eigentlich auch einmal ein bisschen Ahnung vom Druckergewerbe hatte. Reue begann am Herzen zu nagen: Warum habe ich mich damals nicht gemeldet? Aber es war nichts zu machen. Die Räder des Zuges, die sich weiter und weiter drehten, klopften rhythmisch ohne Unterlass mit monotonem Rattern: Verloren! Verloren!

II

Der Zug blieb zwischen Feldern stehen. In der Ferne sah man schon eine Gruppe bewaffneter Männer in gelben Uniformen mit Hakenkreuzen auf den Armen stehen, die offensichtlich jemanden erwarteten. Der Zug kroch ihnen vor die Füße wie ein dressiertes, unterwürfiges Tier. Die Wachmannschaft in den grünen Uniformen sprang schnell vom Zug herab und machte dem einzigen SS-Offizier, der dabeistand, Meldung. Wir erkannten in ihm denselben, der uns in Lublin eingeladen hatte. Es kamen etliche der Gelbuniformierten dazu und fragten den Offizier etwas. Dieser wies sie mit einer energisch verneinenden Handbewegung ab. Die bewaffneten Leute aber ließen nicht ab und zeigten mit den Händen ständig in Richtung der Waggons. Es bestand kein Zweifel, dass sich dort unser Schicksal entscheiden würde. Niemand konnte aber das mindeste tun, es abzuwägen oder zu ändern.

Endlich kam der Ruf zum ersten Waggon: Alle steigen langsam aus! Die Türen aller Waggons öffneten sich weit. Beim ersten Waggon formierte sich bereits eine Hundertschaft Frauen. Es begann ein eiliges Jagen. Einer sprang über den anderen, um dem Schlag der antreibenden Kolben auszuweichen. Die formierten Reihen stellte man eine neben die andere, damit sie weniger Platz einnahmen. Eine Gruppe ukrainischer und polnisch-sprechender Miliz umstellte uns. Sie waren mit Gewehren und Revolvern bewaffnet. Am Ende des Ärmels hatte jeder eine silberne Aufschrift in gotischen Buchstaben: Werkschutz. Wir sind also tatsächlich in eine Fabrik gekommen. Das könnte die Fabrik-Miliz sein. Ganz nah hörte man einen Schuss. Ein weißes Rauchfähnchen löste sich von einem Waggondach und verwickelte spielerisch Stückchen roten Himmels in kleine, verrückte Kreisel. Ein zweiter Schuss, ein dritter, ein sechster.

Nahe beim Waggon stand ein junger Bursche. Ein Faden Blut zog sich in krummer Linie von der Schläfe direkt in den Mund. Ein hölzerner Holländerschuh lag bei seinem nackten Fuß. Sein Mund war aufgerissen, als ob er eine sehr wichtige Frage hätte stellen wollen, die man ihm aber in der Mitte abgeschnitten hatte.

Alle verstummten. Selbst die Mädchengruppen, die etwas weiter weg standen, wehklagten nicht, sondern sie bedauerten ihn nur mit traurigen, aber gleichgültig abgestumpften Mienen: Ach, solch ein bildschöner Junge! Mit einer Neugier, die alle Gefahren vergessen ließ, drängten sich andere vor und konnten nicht genug staunen: Seht nur, ein Junge, wie das Licht! Schön wie Gold! Und wirklich: Von dem Jungen strahlte etwas wie ein lichter Schein, als ob der Tod selbst ihm einen unwirklich schönen Kranz geflochten und damit seinen Kopf geschmückt habe.

Bei dem Erschossenen regte sich noch etwas. Ein Lid hob sich, als ob es dem erloschenen Auge noch eine Sekunde Sehvermögen schenken wollte. Ein deutscher »Werkschutz« schoss zweimal von beiden Seiten, der Junge drehte sich und fiel mit dem Kopf ins dichte Gras am Rand. War es ein Gnadenschuss? Oder wollte er nur nicht, dass die Mädchen weiter die feingezeichnete ausgestreckte Gestalt des Erschossenen bewundern sollen? Aus seinem rohen, unbewegten Gesicht war nichts herauszulesen. Er hängte ruhig sein Gewehr zurück auf die Schulter und ging wieder zur Seite.

Einige Schritte weiter lag ein 18-jähriges erschossenes Mädchen. Auf ihrem Gesicht lag noch der rosige, glücklich jugendliche Schimmer von Milch und Blut. Gleich nach dem Tod kam all das Schöne, das drinnen noch verborgen gelegen hatte, hervor und erstrahlte zum Abschied mit dem ganzen Charme, der seiner Stunde noch still entgegengesehen hatte. Umsonst. Ihr Haar säumte das rotgemusterte Kleid wie ein Kragen um den Hals. Die Kugel steckte in der jungen, schamhaften Brust, die sich deutlich durch das dünne KL-Kleid abzeichnete. Sie lag mit ausgebreiteten Armen wie zum Kreuzigen. Ihre nackten Beine waren breit zu beiden Seiten gespreizt und von unter ihrem hinaufgeschobenen Kleid schrien Stücke des jungen, nackten Leibes zu Gott hinauf. Zwei Werkschutzmänner gingen zu ihr hin, rissen den oberen Teil des steifen Kleides auf und versuchten mit neugierigen Fingern die Kugel aus der durchlöcherten Brust zu drücken. Der ältere der Wachleute, mit grauem Kopf, murmelte halb verdrießlich, halb mit Begehren in der Stimme mehr zu sich selbst als zu jemandem dort: Sie ist doch noch warm und jung, die Teufelsjüdin. Ungefähr hundert Meter weiter war ein großer mit Drähten umzäunter Platz voller Baracken zu sehen. Man konnte sehen, wie Hunderte zivil gekleidete Menschen – Männer, Frauen und ab und zu Kinder – sich an den Zäunen drängten und einen Blick aus der Ferne auf uns werfen wollten. Wir meinten, dass es ein Internierungslager für ausländische Bürger oder etwas in der Art war. Grüßende Hände winkten von dort. Man schrie dort etwas, wie auf Jiddisch. He, sollten das etwa Juden sein? Ein Ghetto, wo es noch Frauen zusammen mit Kindern gab? Sollte das heißen, dass ... Aber wer konnte denn in solchen Stunden einen Gedanken zu Ende führen.

Dann sahen wir, wie merkwürdig uniformierte Männer mit schwarzroten Hüten die Menschen mit Gummistöcken von den Zäunen forttrieben. Bald öffnete sich in der Mitte ein geflochtenes Tor und zwei Jungen mit einer breiten Trage kamen in unsere Richtung gelaufen. Sie näherten sich wortlos dem erschossenen Jungen. Mit angehaltenem Atem verfolgten fünfzehnhundert menschliche Wesen, wie die zwei den Erschossenen auf die breite Trage legten. Durch das Bewegen des Toten fing frisches Blut an zu laufen, das ihm über das ganze Gesicht strömte.

Mit einer stummen Geste wies ihnen der in der Nähe stehende Wachmann den Körper des weiter weg liegenden Mädchens. Die zwei Jungen näherten sich auch ihr wortlos und legten sie auf die Trage neben den erschossenen Jungen. Ihre Hand hing schlaff von der Trage herab. Die Jungen schoben sie wieder auf die Trage hinauf. Sie kam genau auf dem durchlöcherten Kopf des Jungen zu liegen. Es sah aus, als streichele sie ihm den Kopf, als tröste sie ihn in jener geheimen Sprache, die nur die Toten verstehen.

Das elende Erscheinungsbild der Jungen mit den ausgedorrten abgemagerten Beinen hatte in sich etwas Mystisches und Abschreckendes. Ihre eingefallenen Gesichter waren erkennbar jüdischer Prägung. In ihrer abgerissenen Kleidung, an der sich ablösende Fetzen hingen, sahen sie wie Gespenster einer anderen, fremden Welt aus, die gekommen waren, eine gewisse Schuld für ihren unbekannten, freudlosen Abgrund einzufordern.

Erst als die zwei Gestalten sich mit der toten Last entfernten, lösten sich bei etlichen Mädchen die Tränen in lautem

Weinen. Nur die herumstehenden Wachleute brachen in wildes Gelächter aus: Donnerwetter! Ein richtiges Brautpaar, ha-ha-ha. Da bringt man sie zu ihrer himmlischen Hochzeit.

Wenig später konnte ich noch ihrem Gespräch lauschen, das sie unter sich beim Drehen einer Zigarette führten: Trotzdem ist er ein anständiger Junge gewesen, der Teufel! Und der andere, der Schütze, fügte hinzu: Und sie? Die Jüdin? Eine hündische Brut. So eine blasse Schönheit mit schwarzen Haaren. Selbst die Augen sind bei ihnen teuflisch. Eine polnische Stimme fügte an: Teufel noch mal! Ich habe sie nur an der Brust berührt und der Kopf hat sich mir gedreht.

Weiter hinten bei den letzten Waggons lag ein vergessenes, ein zweites erschossenes Mädchen, aus dessen Kopf noch warmes, braunes Blut rann, das um sie herum das Gras färbte. Wieder kamen zwei ausgedorrte Gestalten und näherten sich ihr.

III

Die Taktik des Erschießens, um andere abzuschrecken, kannten wir schon. Man erschießt die Erstbesten, die einem unter die Hände kommen, wenn sie am wenigsten darauf vorbereitet sind. Das Unerwartete jagt den anderen einen Todesschrecken ein, die dann später nach solch einem Anblick alles ausführen, was man ihnen befiehlt. Und auch hier bewirkte das Blut auf den krummen grasbewachsenen Bahngleisen, dass jeder an seiner Stelle stand, ohne den geringsten Laut von sich zu geben.

Die uniformierten Menschen mit den Hakenkreuzen auf den Armen (später stellte sich heraus, dass es die deutschen zivilen Meister der Fabrik waren) traten zu den Reihen und jeder suchte sich auf eigene Faust Menschen aus der Reihe heraus.

Am Anfang drängte sich einer an den anderen, bemühte sich, in der Reihe möglichst unauffällig zu wirken, um bloß nicht ausgewählt zu werden, obwohl man nicht wusste, zu was. Bald danach fiel das Wort: Man sucht Fachleute aus! Diese werden im benachbarten Lager zur Arbeit bleiben und die anderen, die anderen wird man fortführen in Richtung Wald und dort, dort ... Man begann, den nahen dichten Wald mit durchdringenden Blicken zu fixieren, als wollte man dort nach einer Auskunft suchen, aber er schwieg beharrlich in seinen dichten, grünen Bart. Man konnte bei ihm nichts erblicken und nichts heraushören. Das Geräusch der Bäume klang wie das stille Flüstern über ein Geheimnis, das nur den Baumältesten erlaubt ist zu kennen.

Der dumpfe, diffuse Schreck übertrug sich von einer Reihe auf die nächste. Und da, wo es Furcht gibt, ist Vergessen nicht fern. Schon hatte man das kürzlich gesehene vergessen und jeder versuchte, sich selbst zu übertönen. In jeder Stimme lag Schmeichelei, Unterwürfigkeit, Bitten und Zanken. Und auch etwas Befehlendes, wie nur Verzweifelte befehlen können, flocht sich in den Klang. Ein Befehl über das eigene, unendliche Schicksal, der gleichzeitig ein Schrei nach Rettung war. Dies alles vermischte und verflocht sich zu einem einzigen Wort:

Ich! Mich! Ich! Mich!

Der SS-Offizier, der dort immer noch in ein Papier vertieft dastand, wurde von dem Tumult aufgeschreckt. Er kam gelaufen und appellierte an die uniformierten Männer:

Meine Herren, so geht es doch nicht! Die Menschen haben doch ein bestimmtes Ziel, wo sie hingeschickt werden sollen. Warum handelt hier jeder nach eigenem Gutdünken?

Die Meister beruhigten ihn aber in ironischem Ton:

Beruhige dich, Kamerad, für euch bleiben noch genügend übrig.

Jeder von ihnen stellte schnell seine Gruppe zusammen und führte sie ein Stück auf die Seite, wo er einen Wachmann bat, seinen Trupp zu bewachen. Niemand konnte wissen, ob seine Gruppe eine der besseren oder der schlimmeren war. Eines aber lag deutlich spürbar in der Luft: dass es um die am schlechtesten bestellt war, die in keiner Gruppe waren und die für das ungewisse »für euch« bestimmt waren.

Den Übriggebliebenen befahl man derweil, einige Schritte vorauszugehen. Gewehrkolben ermunterten zum Gehen. Geschorene Schädel begannen zu traben und Stirnen wurden mit Blut übergossen. Die Schläge trieben die Gruppe zusammen und formierten sie. Die, die zu spät zu den Ausgewählten hinüberwollten, wurden blutiggeschlagen.

Wieder die alte Geschichte.

Marsch! Die Männer gehen voraus und die Frauen wieder hintenan. Gegenüber steht eine Gruppe von zwanzig ausgewählten Männern und Frauen. Sie schauen wie versteinert zu, wie der Rest sich in Richtung Wald in Marsch setzt. Krumme Wege führen uns zu einer breiten, steinernen Trasse, die wie eine gerade Linie den Wald in der Mitte teilt. Wieder klappen hölzerne Schuhe auf dem steinernen Weg. Diesmal aber waren die Tritte schleifend, ohne den rhythmischen Hochmut von gestern, als die Schritte insgeheim beim Verlassen der Tore von Majdanek jubelten. Irgendein Spottvogel aus den Tiefen des Waldes krächzte jedem Klappen der Schuhe hinterher und wurde nicht müde, den ganzen Weg über seinen Spaß zu treiben.

Der Tag mit seinen Erlebnissen grub sich mit der Schwertesschärfe wiedererwachter Verzweiflung ins Herz. Eine tiefe Melancholie strich mit großen, erschrockenen Armen über die Köpfe. Es war schon zu erkennen, dass man sich hier nicht verbessert hatte. Das letzte junge Blut eines ausgerotteten Volkes schritt jetzt in dem Bewusstsein dahin, dass es seinem fatalen, traurig vorbestimmten Schicksal nirgendwohin mehr entrinnen konnte.

Der Weg zog sich etliche Kilometer durch einen dichten Wald. Man musste in der Reihe Schritt halten. Einigen fielen die Holzschuhe von den nackten Füßen und sie konnten nicht hinlaufen, sie aufzuheben; andere rieben sich mit dem harten Holz beim Marschieren bis auf die Knochen auf, mussten die Schuhe auf dem Weg liegenlassen und blieben barfuß zurück. Die Restlichen schleppten die hölzernen Ketten starrsinnig mit und rissen mit ihrem tonlosen Knarzen Stücke aus der abendlichen Stille des Waldes.

Ein Teil der Barfüßigen, die in der ersten Minute eine Erleichterung an den Füßen gespürt hatten, als hätten sie sich aus einer Umklammerung befreit, drängten in der Stille ihre Nachbarn in der Reihe, dasselbe zu tun. Sie hatten die einfache Rechnung angestellt: Bringt man uns zum Töten, brauchen wir sie sowieso nicht, wozu sich also in den letzten Momenten quälen? Bringt man uns aber zur Arbeit, wird man uns doch sicher etwas geben, um es an die Füße zu stecken! Die aber, die am vernünftigsten waren, zogen die Holzkloben von den Füßen und trugen sie unter dem Arm. Man kann nie wissen, sagten sie geheimnisvoll, wozu man solche Ausrüstung noch gebrauchen kann. Insbesondere als nach den ersten Kilometern durch die Steine bei vielen die Sohlen der Füße wundgerieben waren.

Der Tag hatte inzwischen begonnen, sich vom Wald zu verabschieden. Die sentimentale Sonne mochte gar nicht aufhören, die Nadelbäume zu küssen. Immer wieder umfasste sie jeden einzelnen Baum mit ihren heißen Armen, die jetzt mit schon vergehender Jungfräulichkeit liebkosten. Und noch kurz von dem Untergehen legte sie ihnen für eine Weile ihre roten müden Hände auf, liebkoste ein letztes Mal ihre Stirnlocken aus Zweigen, als ob sie sich auf einen langen Weg vorbereite und sich deshalb von allen verabschieden müsse.

In der Ferne zeigte sich ein großes, mit Draht umzäuntes Viereck. Die Sonne hängte sich in trauriger Entrücktheit in die Drähte und ließ mit Engelsgeduld die spitzen, stechenden Drahtnägel in ihren warmen, goldenen Leib eindringen. Die Wunden riefen in dem in Myriaden geteilten Körper eine Blutung hervor, der sie mit einer schrecklichen Röte übergoss. Wie von geheimer Hand verwandelte sie sich in ein großes blutiges Auge, das sich mit Zorn und Kummer herabgelassen hatte, das andere Gesicht der Welt anzuschauen.

Und ein Tag war gewesen und vergangen. Vor den Augen tanzten Gebäude und Baracken aus dem waldigen Dickicht hervor, wie aufgeschreckte Kinder, die sich hinter mächtigen Baumstämmen versteckt hatten. Erst als die Dunkelheit sich auf den weichen Gräsern ihr Lager bereitete, begannen sie uns entgegenzugehen, begleitet von dem heraufziehenden Königreich der alles verschlingenden Nacht.